W0320323

# DIE KLIMA KÄMPFER

## WER UNSEREN PLANETEN WIRKLICH RETTET UND WIE DU SELBST ZUM KLIMAHELDEN WERDEN KANNST – INSPIRIERENDE IDEEN FÜR DIE RETTUNG DER WELT

PENGUIN VERLAG

Sollte diese Publikation Links auf Webseiten Dritter enthalten,
so übernehmen wir für deren Inhalte keine Haftung,
da wir uns diese nicht zu eigen machen, sondern lediglich
auf deren Stand zum Zeitpunkt der Erstveröffentlichung verweisen.

FSC www.fsc.org MIX Papier aus verantwortungsvollen Quellen FSC® C083411

Klimaneutral* Druckprodukt ClimatePartner.com/14044-1912-1001

Penguin Random House Verlagsgruppe FSC® N001967

1. Auflage 2021
Copyright © 2021 by Penguin Verlag
in der Penguin Random House Verlagsgruppe GmbH,
Neumarkter Straße 28, 81673 München
Abbildungen im Innenteil: © Shutterstock, Yaska (Weltkugeln)
Umschlaggestaltung: total italic, Thierry Wijnberg, Amsterdam / Berlin
Covermotiv: © Shutterstock / Cafe Racer; Shutterstock / darsi
Umschlagabbildungen (innen): total italic, Thierry Wijnberg,
Amsterdam / Berlin unter Verwendung einer Vorlage von © Ed Hawkins,
University of Reading, http://www.showyourstripes.info; total italic,
Thierry Wijnberg, Amsterdam / Berlin, unter Verwendung einer Vorlage
von © Shutterstock / Kingppin (Weltkarte)
Satz: Uhl Massopust GmbH, Aalen
Druck und Bindung: CPI books GmbH, Leck
Printed in Germany 2021
ISBN 978-3-328-10729-3

www.penguin-verlag.de

## Inhaltsverzeichnis

## Klimakämpferinnen und Klimakämpfer: Gegen die Klimadepression

Ein Freitag im Sommer 2021: In Zürich gehen Tausende Schülerinnen und Schüler auf die Straße. Auf einem ihrer Transparente steht der Spruch: »Der beste Zeitpunkt, einen Baum zu pflanzen, war früher – der zweitbeste ist jetzt«. Einige Kilometer entfernt, auf dem Schornstein der Müllverbrennungsanlage von Hinwil, hat das Schweizer Start-up Climeworks eine Pilotanlage installiert, die Kohlendioxid aus der Luft filtert. Die beiden Ingenieure Christoph Gebald und Jan Wurzbacher, die das Unternehmen gegründet haben, gelten als Vorreiter dieser Technologie, die Negativemissionen erzeugt. Und am Rand von Basel, eine Zugstunde entfernt, hat der isländisch-dänische Künstler Olafur Eliasson die Räume eines Museums überflutet und in ein Biotop verwandelt, um für eine Welt zu werben, die für alle Spezies lebenswert ist.

An einem solchen ganz normalen Tag finden sich nicht nur in der Schweiz, sondern auch an vielen anderen Orten Menschen, die alle eins gemeinsam haben: Sie tun etwas gegen die Klimakrise. Sie lamentieren nicht über drohende Gefahren. Sie warten nicht darauf, dass jemand anderes für sie aktiv wird. Sie lassen sich nicht lähmen aus Angst vor dem, was auf uns zukommt. Sondern sie kämpfen für das Klima, mit allen ihnen zur Verfügung stehenden Mitteln. Solche Klimakämpferinnen und Klimakämpfer sind jeden Tag aktiv, an unzähligen Orten überall auf der Erde. Ihnen sind wir, Weltreporterinnen und Weltreporter auf allen

Kontinenten, nachgegangen, haben ihre Ideen kennengelernt und ihr Engagement bestaunt. Den Klimakämpferinnen und Klimakämpfern zwischen Mosambik und Mexiko, Indonesien und Dänemark, Australien und Kenia ist dieses Buch gewidmet. Es erzählt ihre mutigen Geschichten.

So selbstverständlich ist es nicht, für das Klima zu kämpfen. Im Gegenteil – heute scheint es leicht, in eine Klimadepression zu verfallen. Ein Blick ins Netz reicht aus: »Apokalyptische Zustände bei Waldbränden in Kalifornien«, »Klimakrise nicht mehr aufzuhalten«, »Worst-Case-Szenario kaum noch abwendbar«. Schlagzeilen wie diese beschreiben eine Realität, die tatsächlich kaum düsterer sein könnte. Das Weltwirtschaftsforum, das nicht als alarmistisch bekannt ist, stellte 2021 zum wiederholten Male fest, dass die größte Gefahr für die Welt von der Klimakrise ausgeht und nicht etwa von der aktuell allgegenwärtigen Corona-Pandemie. Der für Risiken zuständige Chef eines großen Schweizer Versicherungskonzerns warnte: »Es gibt keinen Impfstoff gegen Klimarisiken.« Und wie vor jedem Klimagipfel, so wurde auch Ende 2021 vor dem Gipfel in Glasgow die »letzte Chance« heraufbeschworen, um ein Weltklima zu sichern, in dem der Mensch langfristig überleben kann. Wie naheliegend scheint es da, einfach aufzugeben und sich dem Fatalismus zu fügen. Zumal Wissenschaft und Politik ihrerseits wenig Hoffnung machen.

Im Pariser Klimaabkommen, auf das sich im Dezember 2015 alle 195 Staaten der Welt einigten, ist die Begrenzung der Erderwärmung auf deutlich unter zwei Grad gegenüber den vorindustriellen Werten als Ziel formuliert. Der von den UN gegründete Weltklimarat IPCC warnte indes im August 2021, dass die Erde sich viel schneller aufheizt als bisher gedacht: Schon 2030 soll die kritische Marke von 1,5 Grad überschritten sein, zehn Jahre früher als bisher vorhergesagt. Wetterextreme, darunter Dürren, katastrophale Überschwemmungen und riesige Waldbrände, nehmen zu. Die Treibhausgasemissionen müssten umgehend und drastisch heruntergefahren werden, fordern die Wissenschaftlerinnen und Wissenschaftler. Doch dass das geschieht, ist nicht zu erwarten. Tatsächlich würden selbst die im Rahmen des Pariser Klimaabkommens gesammelten Verpflichtungen gerade einmal ausreichen, um »nur« einen Anstieg von drei Grad bis zum Jahr 2100 zu verursachen. Und das steht bislang bloß auf dem Papier, die Erreichung dieser Ziele liegt noch in weiter Ferne. Machen wir weiter wie bisher, wird die globale Temperatur wohl bis dahin um 4,5 Grad ansteigen.

Die Klimakrise ist auch deshalb die größte Gefahr für die Menschheit, weil sie praktisch alle Bereiche unseres Lebens umfasst. Krieg und Krisen; Hunger, Armut und soziale Ungleichheit (national wie global); Gesundheit im Allgemeinen und das Überspringen neuer Seuchen aus dem Tierreich auf den Menschen im Speziellen: Das sind nur einige der Probleme, die ihren Ursprung im Klimawandel haben und die die Klimakatastrophe noch radikal verschärfen wird. Von einer künftig »unbewohnbaren Erde« spricht der Autor David Wallace-Wells. Die Ursachen, die zur Erderwärmung führen, sind schon lange bekannt. Seit Beginn der Industrialisierung sorgt ein wachsender Anteil von Klimagasen (vor allem Kohlendioxid, kurz $CO_2$) in der Atmosphäre dafür, dass die von der Erdoberfläche zurückgeworfene Sonnenstrahlung nicht mehr im normalen Maß zurück ins All gestrahlt wird, sondern in der Atmosphäre bleibt und so die Erde erwärmt. Dabei ist die Konzentration der Treibhausgase in der Atmosphäre nicht wirklich ein historisches Erbe. Mehr als die Hälfte des Kohlendioxids ist in die Atmosphäre gelangt, nachdem die Vereinten Nationen 1992 den Erdgipfel von Rio ausrichteten, auf dem die Klimarahmenkonvention beschlossen wurde – die erste multilaterale Vereinbarung, mit deren Hilfe der Klimawandel gestoppt werden sollte.

Auch die Quellen der Treibhausgase nannte der Weltklimarat schon vor Jahren: $CO_2$, das aus der Verbrennung und Verarbeitung fossiler Brennstoffe, vor allem von Kohle, Erdgas und Erdöl entsteht, macht fast zwei Drittel aller vom Menschen verursachten Treibhausgase in der Atmosphäre aus. Noch einmal ein Zehntel ist $CO_2$, das durch das Niederbrennen von Wäldern, das Trockenlegen von Mooren und Veränderung der Böden in die Atmosphäre gelangt ist. Dazu kommen 16 Prozent Methan aus der Massentierhaltung, aus Mülldeponien, Kläranlagen oder dem Auftauen des Permafrosts. Lachgas (vor allem aus der Landwirtschaft) macht mehr als ein Zwanzigstel, FCKWs ein Fünfzigstel aus. Zu den eigentlichen Treibhausgasen hinzu kommt klimawirksam auch der Wasserdampf, der zwei Drittel unserer Atmosphäre ausmacht und dessen Anteil steigt, je wärmer Luft und Ozeane werden.

Es ist also durchaus naheliegend, Angst vor der Klimakrise zu haben. Wer sich mit ihr beschäftigt, kommt vermutlich gar nicht umhin, sich vor ihren Folgen zu fürchten. Nur lähmen lassen darf man sich nicht. Die Gründerin von »Fridays for Future«, Greta Thunberg, formulierte das in einer Rede vor Politikerinnen und Wirtschaftsführern so: »Ich will, dass ihr Panik habt. Ich will, dass ihr die gleiche

Angst spürt, die ich jeden Tag spüre. Und dann will ich, dass ihr handelt.« Das gilt letztlich für uns alle. Wir müssen gegen die Klimakrise handeln, so, als hinge unser Leben davon ab. Denn das tut es, jedenfalls das Leben, so wie wir es kennen. Die gute Nachricht: Wer handelt, der wird trotz Angst nicht trübsinnig. Ganz im Gegenteil: Etwas gegen die Klimakatastrophe zu tun, kann Spaß, Freude und Erfüllung bringen. Das zeigen die folgenden Porträts aller Klimakämpferinnen und Klimakämpfer, so unterschiedlich sie und ihre Motive auch sein mögen. Die von uns gesammelten Geschichten sollen deshalb nicht zuletzt auch Hoffnung machen. Hoffnung, dass es sich lohnt, selbst aktiv zu werden und zumindest einen kleinen Teil zur Rettung des Klimas beizutragen. Am Ende des Buchs geben unsere Klimakämpferinnen und Klimakämpfer dazu noch konkrete praktische Tipps.

Bei den Recherchen für dieses Buch haben wir versucht, so klimafreundlich wie möglich zu reisen. Dass wir alle in den Regionen leben, über die wir berichten, hat maßgeblich dazu beigetragen. Die Corona-Pandemie hat einige Recherchen durcheinandergewirbelt, aber auch gezeigt, was möglich ist, wenn eine globale Gefahr entschieden bekämpft wird. Beim Schreiben haben wir uns um eine geschlechtergerechte Sprache bemüht. Sollte uns das einmal nicht gelungen sein, bitten wir, dies zu entschuldigen. Und schließlich: Wenn wir im Untertitel des Buchs von denen sprechen, die unseren Planeten »wirklich« retten und in 25 Kapiteln Männer, Frauen, Transpersonen und Gruppen aus allen Weltregionen vorstellen, die sich für das Klima engagieren, dann soll das keinesfalls die Arbeit derjenigen abwerten, die das Gleiche auf ihre Weise tun. Die Vielfalt der von uns vorgestellten Klimakämpferinnen und Klimakämpfer soll im Gegensatz gerade zeigen, auf welch bunte und unterschiedliche Weise man für das Klima kämpfen kann. Hauptsache, man tut es.

## Hannah Moloney aus Hobart, Tasmanien, Australien
## DIE HOFFENDE

*Von Julica Jungehülsing*

»Inzwischen sehe ich der Feuersaison jeden Sommer mit Furcht entgegen.« Hannah Moloney zieht die Pforte zum Ziegenstall zu und blinzelt in die Morgensonne, im Melkeimer schwappen zwei Liter Milch. »Das war vor 15 Jahren nicht so.« Die Australierin lebt an einem steilen Hang im Süden von Hobart, der Hauptstadt Tasmaniens. Tief unter ihr funkelt der River Derwent, 180-Grad-Panorama perfekt wie eine Postkarte: Dächer und Kirchtürme, kugelige braune Hügel, Brücken und Landzungen, die in die Tasmansee hinausführen. Ihre Toggenburger Ziegen Gerty und Jilly ignorieren den Traumblick und kauen Grünzeug zum Frühstück, in den Beeten zwischen Stall und Werkstatt wachsen Brokkoli, Tomaten und Äpfel. Ihr altes Holzhaus hat die Australierin mit ihrem Mann in fröhlichem Pink gestrichen, passend zu ihren langen, derzeit rosa Haaren und einem breiten Lächeln, das selten aus ihrem Gesicht weicht. Die 37-Jährige ist keine ängstliche Frau, im Gegenteil. Doch angesichts der wachsenden Intensität und Häufigkeit von extremen Bränden, Stürmen und Überschwemmungen in ihrem Land wird selbst optimistischen Australierinnen wie ihr zuweilen mulmig zumute. Erst recht seit der katastrophalen Waldbrandsaison 2019/2020, die als Black Summer in die Geschichte einging und beispiellos brutal war.

Moloney lässt sich von der Klimakrise dennoch nicht überwältigen. Die bedrohliche Situation hat sie eher darin bestärkt, weiterhin die Welt zu retten, jeden Tag ein bisschen. Als 18-Jährige hat sie vom Abholzen bedrohte Regenwälder besetzt, inzwischen wählt sie für den Klimakampf andere Waffen. Sie lebt ihre Überzeugungen und arbeitet täglich an einer Umwelt, die weniger Energie braucht: in ihrem eigenen Leben, in ihrem Permakultur-Designbetrieb »Goodlife«, vor allem aber, indem sie ihr Wissen weitergibt und andere durch ihr Beispiel und mit ihrem Enthusiasmus ansteckt. »Australier lassen sich meiner Erfahrung nach nicht gerne sagen, was sie falsch machen, oder darüber belehren, was sie besser machen sollten – vielleicht gilt das auch anderswo«, sagt Moloney. »Zugleich erlebe ich, wie sehr sich Menschen durch positive Beispiele begeistern und mitziehen lassen. Das ist so viel kraftvoller, als zu predigen.« Über einen schmalen Pfad bringt sie ihre Ziegenmilch zum Haus. Als sie dieses Stück Land 2012 kaufte, fiel der begraste Unkrauthang so steil ab, dass sie ihn kaum überqueren konnte. Neun Jahre später hat sie das Land zu blühenden Terrassen kultiviert, eine kleine Permakulturfarm mitten in der Stadt aufgebaut. Hinter Permakultur steckt die Idee, die Wechselbeziehung zwischen Menschen, Pflanzen, Tieren und der Erde zu stärken. »Es geht dabei um viel mehr als nur um nachhaltiges Gärtnern«, sagt Moloney, die das Prinzip als »eine Form des positiven, nährenden Aktivismus« beschreibt. Sie sammelt die Eier aus dem Hühnerhaus und freut sich über lila-blau blühende Artischocken: »Zu spät zum Einlegen, jetzt sind sie nur noch Augenschmaus!«

Ihr Optimismus ist keine Naivität, sie sieht ihn eher als Notwendigkeit. »In der Klimawissenschaft gibt es nichts, das ›Wischiwaschi‹ ist«, sagt sie. »Die Situation ist unglaublich drängend.« Natürlich könne man sich angesichts der alarmierenden Fakten auch frustriert in einer Ecke zusammenrollen. »Aber mich motiviert etwas, das Radical Hope genannt wird – radikale Hoffnung: Es könnte ja sein, dass das, was wir tun, um nachhaltiger zu leben, funktioniert, also müssen wir es wenigstens versuchen.« Moloney schaut über die Stadt unten am Fluss und wird ernst: »Ich glaube nicht, dass wir Zeit haben, viel anderes zu tun, als jeden Tag aktiv am Klimaschutz zu arbeiten.«

Australien ist klimatisch extrem, klimapolitisch hingegen behäbig und langsam. Feuer, Wirbelstürme und Überschwemmungen gehören auf dem Kontinent seit jeher zum Alltag. Doch die Häufung und wachsende Intensität extremer Naturereignisse führen Wissenschaftler klar auf die Klimakrise zurück. »Unsere Forschung zeigt, dass sich das australische Klima aufgrund zunehmender Treibhausgase wie $CO_2$ in der Atmosphäre weiter erwärmt und die Häufigkeit von Extremereignissen wie Waldbränden, Dürren und Hitzewellen im Meer zunimmt«, sagt Jaci Brown, Direktorin des Klimazentrums der staatlichen Forschungsbehörde CSIRO.

Dabei gehört das Land nach wie vor mit 15,5 Tonnen Jahresausstoß zu den weltweit größten Pro-Kopf-Verursachern von $CO_2$. Dem halten konservative Politiker und Medien gerne entgegen, der Kontinent sei ja nur für 1,3 Prozent der weltweiten Emissionen verantwortlich, ganz nach dem Motto: »Was können wir da schon groß bewirken?« Während sich andere Industrienationen auf Nullemissionen bis

2050 festlegen, bleibt Australiens konservative Regierung Klimakonferenzen fern, arbeitet an »eigenen Lösungen« oder macht vage Ansagen. Obgleich selbst die schattigsten Gegenden des Landes wie der Südwesten Tasmaniens im Durchschnitt mindestens fünf Sonnenstunden pro Tag haben und die meisten Regionen mehr als zehn, stammt australischer Strom noch immer zu 75 Prozent aus Kohle. Zudem ist Australien einer der führenden Kohleexporteure der Welt: Im Rekordjahr 2018 verließen über 200 Millionen Tonnen des fossilen Brennstoffs auf Schiffen das Land, um Kraftwerke rund um den Globus zu befeuern. Seit 2020 ist Australien außerdem der weltgrößte Gaslieferant. Daher verdankt Australien den nur 1,3-prozentigen Anteil an weltweiten Emissionen einer Deutungskapriole, denn dieser Wert berücksichtigt nur die Emissionen innerhalb des Landes. Schon 2012 schätzte der Thinktank Beyond Zero Emissions, dass der Beitrag Australiens zu den globalen $CO_2$-Emissionen bei 4 statt 1,3 Prozent läge, würde man die exportierte Kohle mit einrechnen. Und damit wäre Australien Beyond Zero zufolge der weltweit sechstgrößte Verursacherstaat der Klimakrise.

Wasserkraft, Wind, Sonne – das Land hat alternative Ressourcen im Überfluss und ist reich und in der Lage, erneuerbare Technologien zu entwickeln und zu finanzieren, um diese effizient nutzen zu können. Selbst die Industrie dringt längst auf eine Wende. Seit dem Black Summer wollen 80 Prozent der Bevölkerung mehr Taten in der Klimapolitik sehen. Wie kann es sein, dass die Liebe zur Kohle dennoch nicht nachlässt? Ein Grund: Zusammen mit Hüttenkohle für die Stahlproduktion brachte Kohle Australien 2018 umgerechnet mehr als 42 Milliarden Euro ein, das waren 3,5 Prozent des Bruttosozialprodukts. Der andere Grund: Mehr als 15 Jahre lang prägten Leugner und Bremser die politische Landschaft, wobei das Niveau zuweilen ins Groteske abdriftete, etwa im Februar 2017. Australiens damaliger Finanzminister brachte ein Stück pechschwarze Kohle mit ins Parlament. Die Klimaanlagen in Canberra bliesen zeitgleich auf Hochtouren, draußen wütete eine der heftigsten Hitzewellen, die das Land bis dahin erlebt hatte. »Haben Sie keine Angst, es wird Ihnen nicht weh tun, es ist nur Kohle!«, rief ein aufgebrachter Scott Morrison mit dem schwarzen Klumpen wedelnd den Abgeordneten zu. Der damals 52-Jährige beschimpfte Grüne als »Kohlephobiker«, lobte den fossilen Rohstoff als »wichtigen Teil unserer nachhaltigen Energiewirtschaft der Zukunft« und versprach, er werde auch in Zukunft viele Arbeitsplätze sichern. Zwei Jahre später wählten die Australierinnen und Australier den Konservativen zum Premierminister. Ein paar Monate danach behauptete sein Parteikollege und Amtsvorgänger Tony Abbott in London, »die ›sogenannte‹ Wissenschaft zum Klimawandel [sei] absoluter Schwachsinn«. Progressive Australier duckten sich vor Scham, Wissenschaftlerinnen zuckten zusammen.

»Die Politiker haben konsequent die Angst-Karte gespielt«, sucht Hannah Moloney nach Erklärungen für das zögerliche Aufwachen vieler Landsleute angesichts der Klimakrise. »Das war Ende der 1990er mit der Flüchtlingspolitik ähnlich.« Die Angstparole damals lautete: »Wir werden von einer Flüchtlingswelle überschwemmt. Jobs, Haus und Hof sind in Gefahr!« Eine ähnliche Furcht hätten Liberals und Labour – die Parteien, die sich in Australiens absolutem Mehrheitswahlsystem in der Regierung abwechseln – zur Klimapolitik verbreitet. Statt den Übergang zu Erneuerbaren zu fördern und für die positiven Aspekte eines Wandels zu werben, werde mit Äußerungen wie »Ohne Kohle werdet ihr Jobs verlieren, ländliche Regionen werden in Armut versinken!« oder »Die Grünen wollen eure Autos verbieten!« wieder vor allem Furcht gesät.

Moloney lacht eine ihrer ansteckenden Lachsalven. Für sie hat ein Leben ohne eigenes Auto nichts Bedrohliches, im Gegenteil, sie war glücklich, als sie vor zwei Jahren ihren Wagen verkaufen konnte. »Ich würde es hassen, wieder ein eigenes Auto haben zu müssen«, sagt die überzeugte E-Bikerin. Ihre Tochter Frida reist im Kindersitz, und wenn Moloney für Jobs oder zum Campen einen fahrbaren Untersatz braucht, bucht sie den Nachbarschaftswagen. Ihr Mann Anton Vikstrom importiert gebrauchte Elektroautos aus Japan und verkauft sie in Australien, wo der Markt noch in den Kinderschuhen steckt. Ehe er die kompakten Nissan Leafs zu ihren neuen Besitzern bringt, tankt er sie an der eigenen Solaranlage auf. Die Familie fängt das in Hobart eher rare Regenwasser auf, hat mitten in bester Wohnlage eine Komposttoilette installiert und ist stolz, dass kaum Müll ihr knapp 3000 Quadratmeter großes Grundstück am Steilhang verlässt: Wurmfarm, Kompost, Ziegen, Hühner und Enten kümmern sich um die Wiederverwertung ihres organischen Abfalls. Vikstrom braut sein Bier selbst, pflegt einen Bienenstock, erntet und konserviert Früchte.

Autark ist die Familie damit jedoch keineswegs. »Selbstversorgung ist nichts für mich«, sagt Moloney, die bewusst nur auf etwa einem Fünftel ihres Grundstücks Gemüse kultiviert. Der Rest sind weniger arbeitsintensive Waldgärten, Ställe, eine Trampolinwiese und heimische Büsche. »Sich komplett selbst zu versorgen, ist furchtbar harte Arbeit und außerdem einsam und langweilig«, findet sie. Statt auf Selbst- setzt sie auf Gemeinschaftsversorgung: Die Familie tauscht Obst gegen Erzeugnisse der Nachbarn, Moloney organisiert nachhaltige Projekte in der Gemeinde und in ihrer Stadt und teilt ihr Wissen gerne, wo immer es geht – mit der ganzen Insel und mit dem Rest der Welt. Gemeinsam mit der Stadtverwaltung von Hobart organisiert sie Kompostworkshops und Touren durch die »essbaren Gärten« Tasmaniens. Sie veranstaltet Permakultur-Wochenenden und Kurse, in denen es um Bienenhaltung, Ziegen in der Stadt oder gesunde Hühner geht. Jeder Tag sei anders, freut sich Moloney, aber immer gehe es um das gleiche Ziel: nachhaltig zu leben, den ökologischen Fußabdruck zu reduzieren und die Welt zu retten.

In Australiens beliebtester Gartensendung gibt sie seit 2019 zur besten Fernsehsendezeit Tipps zu gesundem Boden, zu Nutztieren, Löwenzahntee oder Wurmfarmen. Im zweiten Monat der Corona-Pandemie startete sie eine Onlineserie mit Gratisvideos, in denen sie zeigt, wie sich mit wenig Aufwand auf kleinster Fläche Salat anbauen oder Tee aus vermeintlichem »Unkraut« brauen lässt. »Einige der Filme wurden über 10 0000-mal angesehen«, erzählt Moloney stolz. Feedback kam aus Europa, Afrika und Asien von Menschen, die anschließend zum ersten Mal in ihrem Leben etwas pflanzten und ernteten. »Für mich ist das einfach und selbstverständlich«, sagt Moloney, die auf einer Kräuterfarm in Brisbane aufwuchs, ehe sie in den äußersten Süden ihres Landes zog. »Für andere ist es ein radikaler Schritt. Die Reaktionen haben mir gezeigt, wie hungrig viele nach mehr Wissen sind.« Nebenbei sorgen positive

Rückmeldungen dafür, dass ihr selbst der Elan nicht ausgeht. Denn natürlich sind auch die Gute-Laune-Ressourcen der Australierin nicht unerschöpflich. »Es gibt eine Menge, was mich stört und beunruhigt. So sehr ich all das Großartige fühle, so stark erlebe ich auch die Herausforderungen und schwierigen Realitäten des Lebens«, sagt sie. Im Laufe der Jahre habe sie sich daher einen Puffer zugelegt. »Ich muss nicht jeden neuen Bericht über die Klimakrise studieren, ich habe die Fakten schon vor 20 Jahren verstanden.« Sie könne sich schlicht nicht ständig dieselben traumatischen Zahlen vor Augen führen. »Das wäre einfach zu lähmend. Natürlich verfolge ich die Entwicklung, aber ich gehe nicht jeder neuen Studie auf den Grund, ich brauche meine ganze Energie dafür, das Leben und die Probleme auf eine positive Weise anzugehen. Deshalb rationiere ich deprimierende Nachrichten.« Daran sei auch Australiens Medienwelt nicht unschuldig: »Sie wird von einer Handvoll reicher Männer kontrolliert. Medien spielen eine so wichtige Rolle in unserer Politik und Kultur, leider wird diese Macht derzeit zum Schlechten, nicht zum Guten genutzt.«

Als Moloney vor fast 20 Jahren das bedrohte Styx Valley 80 Kilometer westlich von Hobart vor den Motorsägen der Holzfäller verteidigte, hatten sie und ihre Mitstreitenden Erfolg: Ein Teil des bedrohten Waldes wurde unter Schutz gestellt. Damals tobten in Australiens kleinstem Bundesstaat die sogenannten Forest Wars, Waldkriege zwischen Holzindustrie und Umweltschützern, die Gesellschaft war extrem gespalten. »Korruption und das politische Klima in Tasmanien waren gruselig«, erinnert sich Moloney an die Jahrtausendwende. Inzwischen erlebt sie die Stimmung als gemäßigter, auch wenn viele tasmanische Aktivisten sich

2021 zuweilen fühlen müssen wie im legendären Film »Und täglich grüßt das Murmeltier«. Mehr als 300 000 Hektar bis dato geschützte Waldgebiete will der kleine Inselstaat wieder für die Industrie freigeben. Auch im Styx Tal der Baumriesen, das Moloney vor Jahren »rettete«, stehen durch eine Gesetzesänderung einige Flächen wieder auf der Liste der Holzfäller. »Natürlich ist das traurig«, sagt die Australierin. »Wir gewinnen, dann wieder stecken wir Niederlagen ein. Aber wir dürfen deshalb nicht aufgeben, nicht aufhören, das Gespräch zu führen.« Sie hofft, dass sich der Einsatz für die Umwelt in den kommenden Generationen fortsetzt. Auch das gehört für sie zur »radikalen Hoffnung«, einem Begriff, den Jonathan Lear prägte. »Ethik im Angesicht kultureller Zerstörung« hat der amerikanische Philosoph sein Buch »Radical Hope« untertitelt. Er untersucht darin, wie die nordamerikanischen Crow-Ureinwohner damit umgingen, als Mitte des 19. Jahrhunderts ihre traditionelle Lebensweise vor dem Aus stand. »Es geht darum, weiterzumachen«, beschreibt Moloney, wie sie das Prinzip der radikalen Hoffnung für sich interpretiert. »Wir wissen: Die Situation ist dramatisch.« Die Prognosen von einst über die Klimakrise seien längst Tatsachen geworden, die schon jetzt viele Menschen bedrohten. Im Norden von Australien müssen Bewohner niedrig gelegener Inseln in der Torres-Straße bereits damit umgehen, dass ihr Lebensraum jede Saison etwas weiter schrumpft. Eines der größten Naturwunder der Welt, das Great Barrier Reef vor der nördlichen Ostküste Australiens, hat in den vergangenen 25 Jahren fast die Hälfte seiner Korallen verloren. Die zuständige Behörde stufte die Zukunftsaussichten des Riffs 2019 von »schlecht« auf »sehr schlecht« herunter. Auch für diese Situation ist vor allem das Klima, oder genauer, die Erwärmung und Versauerung der Ozeane verantwortlich.

Aufzugeben ist für Moloney trotzdem keine Option: »Es könnte ja sein, dass wir das Ruder noch herumreißen können«, sagt sie. »Ich bin überzeugt, dass die Menschheit intelligent ist und auf dieser Erde weiter leben will. Also müssen wir alles probieren.« Rebecca Solnits »Hope in the Dark« ist ein weiteres Buch, das sie inspiriert hat. Auch die amerikanische Schriftstellerin plädiert dafür, angesichts von Klimakrise und sozialer Ungerechtigkeit nicht zu resignieren: »Hoffnung bedeutet nicht, die Realität zu leugnen. Sie bedeutet, sich ihr zu stellen und sie anzugehen, indem man sich daran erinnert, was das 21. Jahrhundert sonst noch gebracht hat, einschließlich der Bewegungen und Helden, die diese Themen jetzt angehen«, schreibt Solnit.

»Ich kann meine Zeit heute nicht mehr mit Waldblockaden verbringen«, sagt die Frau, die Mutter, Bloggerin, Fernsehfrau, Gärtnerin und Permakultur-Planerin in einer Person ist. Aber Moloney hat die bedrohten Wälder nicht vergessen. Im März 2021 lief sie einen Halbmarathon in der Tarkine-Region im Nordosten, die Tasmaniens indigene Bewohner Takayna nennen. »Ich bin definitiv keine Läuferin – aber es war das Training wert.« Die 450 000 Hektar sind durch ihren Artenreichtum ökologisch einzigartig und der größte gemäßigte Regenwald Australiens – und akut davon bedroht, durch Bergbau und andere Erschließungsprojekte zerstört zu werden. Der Marathon mit 150 gesponserten Teilnehmern war eine Spendenaktion der Bob Brown Foundation. Über 200 000 australische Dollar kamen zusammen, die den Schutz der Region als Weltkulturerbe vorantreiben sollen. Bob Brown, der Gründer und langjährige

Vorsitzende der australischen Grünen, zog sich 2012 aus der Parteipolitik zurück und kämpft seither mit seiner Stiftung gegen die Zerstörung der Umwelt, vor allem in seiner Heimat Tasmanien. Die Rettung der Takayna-Regenwälder und der Küste ist eines seiner wichtigsten Projekte. »Die Tarkine ist eine der letzten echten Wildnisregionen der Welt«, sagt Brown, dessen entschlossene Stimme für Umwelt- und Klimapolitik viele Australier im Parlament vermissen. »In Australien fehlen uns inspirierende Führungspersönlichkeiten«, findet auch Moloney. Im Nachbarland Neuseeland hingegen beeindrucke sie Premierministerin Jacinda Ardern. »Sie zeigt, wie man Menschen mitnehmen kann auf gerechte und inklusive Weise. Das geht unserer Regierung leider völlig ab.« Ardern veranschauliche damit auch: »Ja, es ist möglich, Politik kann sich ändern, und zwar in einer gar nicht so endlos langen Zeitspanne.«

Moloneys Fazit daraus lautet: »Jeder von uns hat mehr Macht, als wir glauben.« In Australien könne jede und jeder durch den Stimmzettel etwas ändern und durch Petitionen oder Proteste Druck auf die Industrie ausüben. »Nicht jeder ist ein politischer Aktivist«, weiß sie. Aber alle könnten irgendwo aktiv sein und den Boden verbessern, einen Baum pflanzen, für besseren Nahverkehr sorgen oder auf Einwegplastik verzichten – jeder kleine Schritt sei besser, als nichts zu tun. Obgleich sie ihre eigenen Hände am liebsten in der Gartenerde sieht, hat Moloney 2021 ihren Vorbildern nachgeeifert und selbst ein Buch geschrieben: »The Good Life. How to grow a better world« – Das gute Leben. Wie man eine bessere Welt wachsen lässt. »Es geht darin um unseren eigenen positiven Lebensansatz, darum, wie wir mit der Klimaherausforderung umgehen und mit den sozialen Problemen der Welt.« Einmal mehr hofft sie, mit ihrem eigenen Beispiel andere anzustecken.

»Ich denke nicht, dass jeder nach Tasmanien ziehen und einen riesigen Garten anlegen muss«, sagt Moloney. »Aber es gibt viel mehr Bedarf, Gespräche darüber zu führen, wie wir nach unseren Werten und mit radikaler Hoffnung leben und optimistisch handeln können angesichts der enormen Unsicherheit. Und das sind wichtige Gespräche.« Moloney blickt über den Fluss und die Dächer der Stadt tief unter ihr und wird ernst. »Wir haben nichts zu verlieren, aber wir haben alles zu gewinnen.«

## Lincoln Wamae aus Nairobi, Kenia
## DER RADGEBER

*Von Bettina Rühl*

Lincoln Wamae sitzt vor seiner Werkstatt in der kenianischen Hauptstadt Nairobi, auf den Knien einen Teller mit Reis und gebackenen Bohnen. Der 32-Jährige hat es sich für seine Mittagspause auf einem elektrischen Rollstuhl gemütlich gemacht, der neben E-Scootern und elektrischen Motorrädern vor seiner Werkstatt geparkt ist. Wamae hat sie selbst entworfen und gebaut. »Ich wünschte, dass es nur noch elektrische Fahrzeuge gäbe«, sagt er seufzend, während sein Blick von den Bohnen und dem Reis auf seinem Teller immer wieder zur vierspurigen Schnellstraße wandert, die ein paar Meter von ihm entfernt verläuft. Die vielen Lkw, die dicht vor seiner Nase vorbeidröhnen, stoßen schwarze Rußwolken aus. Nicht viel besser riechen die vielen Motorrad-Taxen, deren Fahrer sich durch jede kleine Lücke drängen, die sich im dichten Verkehr auftut. Für Wamae ist der Wayaki Highway vor seiner Werkstatttür eine ständige Provokation. Aber auch ein Ansporn, noch mehr Energie in seine Arbeit zu stecken, die zugleich seine Leidenschaft ist: Wamae will mehr Menschen dazu bringen, auf Benzin- und Dieselmotoren zu verzichten und auf elektrische Fahrzeuge umzusteigen. »Ich kann jedem, der es wissen will, versichern, dass E-Mobilität funktioniert.«

Im vergangenen Jahr habe er nur ein einziges Mal ein benzingetriebenes Fahrzeug benutzt: »Vor einer Woche musste ich zu einer Beerdigung, die für mein E-Bike zu weit entfernt war.« Genau genommen hat Wamae nicht nur ein E-Bike, sondern sieben. Sein Lieblingsfahrzeug ist ein Trike, das vorne eines, hinten zwei Räder hat und mit dem er auch schwere Lasten transportieren kann. Mit einer Batterieladung kommt er gut 100 Kilometer weit; da er die Batterien derzeit jedoch nur zu Hause wieder auffüllen kann, bleibt ihm faktisch eine Reichweite von 50 Kilometern. Das ist ein guter Wert. Die meisten E-Bikes, die Wamaes Werkstatt verlassen, schaffen aber immerhin 20 bis 30 Kilometer.

Bisher interessiert sich in Kenia allerdings kaum jemand dafür. Einer der Gründe hierfür sind die fehlenden Ladestationen. Mit bislang bescheidenem Erfolg bieten einige Unternehmen unterschiedliche E-Fahrzeuge an, darunter umgerüstete Safari-Autos oder solarbetriebene Lastenfahrräder. Die Vereinten Nationen und die kenianische Regierung wollen die E-Mobilität fördern. Beim Pariser Klimagipfel hat sich die kenianische Regierung 2015 auf einen Klima-Aktionsplan und eine Reduzierung des $CO_2$-Ausstoßes um 30 Prozent bis zum Jahr 2030 verpflichtet. Beim Verkehr anzusetzen, liegt nahe, denn nach den jüngsten Zahlen von 2016 liegt er beim Ausstoß von Treibhausgasen in Kenia an dritter Stelle, die Landwirtschaft mit großem Abstand vorne.

Wamae folgt mit den Augen einem Mann, der einen anderen im Rollstuhl über den holprigen, nicht asphaltierten Randstreifen neben der Schnellstraße schiebt. Der Rollstuhl schwankt durch die Schlaglöcher wie ein Schiff auf hoher See. Das ist vermutlich beängstigend für den Geschobenen und anstrengend für den Schiebenden. »Siehst du die beiden?«, fragt Wamae. »In Kenia sind die meisten Menschen mit Behinderungen darauf angewiesen, dass jemand sie dahin schiebt, wo sie hinwollen.« Das sei für beide eine Qual. Er würde Menschen mit Beeinträchtigungen gerne ihre Unabhängigkeit zurückgeben und ihnen mehr Beweglichkeit schenken. »Mit einem elektrischen Rollstuhl können sie alleine überall hinfahren, wo sie hinwollen« – vorausgesetzt, der Rollstuhl ist für die holprigen Straßen geeignet. Seiner Überzeugung nach könnten die Gefährte ihnen sogar dabei helfen, wirtschaftlich unabhängig zu werden und eine Familie zu ernähren: »Man kann damit beispielsweise Obst ausfahren oder andere Waren auf der Straße zum Verkauf anbieten. Und zwar ohne weiter Umwelt und Klima zu zerstören.«

Die Folgen der Klimakrise beunruhigen Wamae, sie sind in Kenia schon deutlich zu spüren. Extreme Wetterereignisse wie Dürre und Überschwemmungen sind häufiger geworden. »Außerdem waren Regen- und Trockenzeiten früher klar voneinander abgegrenzt«, erinnert sich Wamae. Wer sein Feld bestellen wollte, wusste, wann die beste Zeit für die Aussaat ist. »Heute haben sich die Zeiten verschoben, mitten in der Trockenzeit kann es plötzlich sintflutartig regnen.« Während der Himmel vielleicht trocken bleibt, wenn alle schon die Felder vorbereitet haben und die Saat dringend das erste Wasser braucht, um aufgehen zu können. Besonders problematisch sind die inzwischen häufigen Wetterextreme in den trockenen und halbtrockenen Regionen Kenias, im Nordosten und Norden des

Landes. Dort kommt es immer öfter zu bewaffneten Konflikten um Wasser und Weideland. An der Küste hingegen ist der Anstieg des Meereswassers teilweise schon spürbar, Salzwasser dringt dort bereits in einige Süßwassersysteme ein. Unter den Folgen der Klimakrise leiden diejenigen besonders, die wirtschaftlich ohnehin schlechter gestellt sind: Frauen, junge Menschen und ethnische Minderheiten. Nur wer finanzielle Reserven hat, kann auf die Krisen ausreichend reagieren.

Der wirtschaftliche Schaden für das Land ist jetzt schon erheblich und wird voraussichtlich weiter steigen. Denn in den Bereichen Landwirtschaft und Tourismus, Kenias wichtigsten Wirtschaftssektoren, hat die Klimakrise besonders spürbare Folgen. Die Ernteausfälle und andere Verluste infolge einer langen Dürre, die von 2008 bis 2011 andauerte, werden auf gut 12 Milliarden US-Dollar geschätzt – und diese Dürre ist nur eine von vielen. Im Jahr 2030 könnten die Schäden infolge der Wetterextreme und der unberechenbaren Jahreszeiten den Gegenwert von 2,6 Prozent des Bruttoinlandsproduktes ausmachen.

Um wie viel Geld es dabei geht, machen Zahlen der Weltbank deutlich. Demnach macht Kenia jetzt schon durchschnittlich alle fünf Jahre eine Dürre durch, die Kosten von 0,5 Milliarden US-Dollar verursacht. Im Durchschnitt alle sieben Jahre betragen die wirtschaftlichen Folgekosten der noch extremeren Dürre sogar 0,8 Milliarden US-Dollar.

Wamae nimmt seinen Teller und geht zurück in die Werkstatt. Sein Mitarbeiter Adam Abdelmalek steht an der Werkbank, hat einen alten Rahmen in die hydraulische Rohrbiegemaschine gespannt, um ihn in die gewünschte Form zu bringen. Der Rahmen stammt vom Schrott, wie rund 80 Prozent der Teile, die Wamae und seine inzwischen zwei Mitarbeiter verbauen. Die Energie zur Fortbewegung wird in recycelten Laptop-Batterien gespeichert. Früher ging Wamae noch selbst auf die Suche nach alten Batterien, inzwischen hat er eine Firma gefunden, mit der er kooperiert: Das private Abfallwirtschaftsunternehmen EnviroServe nimmt unter anderem gebrauchte Batterien an und gibt sie neuerdings an Wamae weiter. Eine Win-win-Situation, wie er findet: »Sie wissen endlich, wo sie ihre ganzen Batterien loswerden können, und ich brauche nicht mehr zeitaufwendig zu suchen.«

Die Batterien frischt er nicht in der Werkstatt an der Schnellstraße auf, sondern in der kleinen Bastelbude, in der seine Firma »Lincell Technologies« entstand: einem fensterlosen Raum, der in die Nische unter einer Treppe gezwängt ist. Wamae kann dort nur in einem kleinen Bereich aufrecht stehen, aber meist sitzt er ohnehin an seiner kleinen Werkbank. An den Wänden hängen so viele Werkzeuge, dass vom Mauerwerk kaum noch etwas zu sehen ist. Auf dem Boden stehen drei Plastiktonnen, gefüllt mit gebrauchten Laptop-Batterien. Geübt setzt Wamae den Schraubenzieher an und baut ein Batteriepack auseinander. Für den kenianischen Erfinder ist das fast tägliche Routine und damit die einfachste aller Übungen. Er sucht nach den Bereichen der Batterie, die noch nicht »tot« sind. Anschließend prüft er alle Zellen, die er für brauchbar hält, in einer Maschine auf deren Kapazität. Diejenigen, die noch Ladung halten können, baut er zu neuen Paketen zusammen, der Rest geht zurück an EnviroServe. Verwertbar seien etwa 20 bis 30 Prozent des Materials, das er bekomme. Dass die Batterien zuverlässig sind und nicht schon nach kurzer Zeit ausgetauscht werden müssen, ist für ihn Ehrensache. Bisher kam keine seiner Kundinnen, keiner seiner Kunden aus Nairobi. Alle müssten also eine weite Entfernung zurücklegen, um ihren Rollstuhl warten und die Batterie wechseln zu lassen. Das will er ihnen so lange wie möglich ersparen.

Die Idee, aus gebrauchten Stromspeichern und Schrott elektrische Rollstühle zu bauen, hatte er 2014. Damals war er gerade vom Land in die Hauptstadt Nairobi gezogen und musste die »Matatu« genannten Kleinbusse benutzen, die private Betreiber als einzigen Linienverkehr durch die Städte und über Land schicken. »Mir fiel auf, dass Menschen im Rollstuhl fast nie mitgenommen werden«, erinnert er sich. Vor allem nicht in der Hauptverkehrszeit, wenn es beim Drängeln und Schieben um freie Plätze am rauesten zugeht. »Den Busfahrern ist der Aufwand meist zu hoch, die Menschen in den Bus zu heben, den Rollstuhl zusammenzuklappen und ihn dann auf das Dach zu laden – Zeit ist schließlich Geld.« Also lassen sie die Menschen samt ihrer mechanischen Rollstühle einfach stehen. Sogar in der Regenzeit, obwohl manchmal regelrechte Fluten vom Himmel kommen. Eine Chance auf eine Mitfahrmöglichkeit haben Rollstuhlfahrerinnen und Rollstuhlfahrer erst, wenn alle anderen längst zu Hause sind und freie Plätze in den Matatus nicht mehr so begehrt sind. »Ich wollte eine Lösung für diese Menschen schaffen und erfand etwas, dem ich erst einmal keinen Namen gab«, erzählt Wamae. Bis er für diesen elektrisch betriebenen »Stuhl mit Rädern« alles zusammen hatte, brauchte er drei Jahre.

Seinen Prototyp hat Lincoln Wamae noch immer in seiner kleinen Werkstatt stehen. Denn auch wenn er seitdem

25 elektrische Rollstühle gebaut und fünf weitere in Arbeit hat, ist er auf diesen ersten besonders stolz. Um ihn vorzuführen, fährt er ihn mit etwas Rangieren auf die Straße. Der Rollstuhl – ein Dreirad – passt überall gerade so hindurch. »Als ich meinen Prototyp baute, musste ich die Breite aller Türen im Blick behalten«, erzählt der Erfinder. Die Millimeterarbeit hat sich bewährt.

Draußen führt er vor, dass sein Gefährt sogar Blinker hat und außerdem Lichter vorne und hinten. Das wäre noch nicht einmal nötig, es gibt in Kenia keine Vorschriften für elektrische Fahrzeuge. Wamaes kleine Werkstatt befindet sich in Githurai, einem Vorort von Nairobi. Die nicht asphaltierte Straße vor seinem Haus ist von kleinen Verkaufsständen gesäumt, sehr belebt und mit Schlaglöchern übersät. Wamae fährt los, schaukelt durch die Schlaglöcher oder umkurvt sie, weicht geschickt den Passanten aus. Die Dreiräder seien so stabil, dass sie mit jeder Straße gut klarkämen. Um zu zeigen, was sein Rollstuhl alles aushält, geht Wamae in Seitenlage, fährt auf zwei Rädern weiter.

Sein Prototyp kommt mit einer Batterieladung 40 Kilometer weit, seine jüngsten Modelle schaffen sogar 140 Kilometer. Außer den 25 Rollstühlen hat er bis jetzt rund 50 unterschiedliche elektrische Räder und Roller konstruiert. Alle sehen anders aus, Wamae erschafft sie in etwa so, wie manche Menschen kochen: Er guckt sich die Teile an, die er gerade auf Lager hat, und stellt daraus ein neues Fahrzeug zusammen. Einige baut er von Grund auf selbst, andere konvertiert er. Zum Beispiel kaufte er mal eine Fuhre chinesischer Motorroller, die nagelneu und frisch importiert waren, aber alle nicht funktionierten. Er baute sie um und brachte sie als E-Roller auf die Straße. Auf die Frage nach dem Grund dafür sagt er: »Ich hasse Benzinmotoren und liebe es, ökologisch zu leben.« Die meisten seiner Kundinnen und Kunden fänden ihn mithilfe des Internets. Viele reizt offenbar das ungewöhnliche Design seiner Gefährte, die sozusagen alle »maßgeschneidert« sind. »Aber viele lesen nicht aufmerksam genug und übersehen, dass sie bei mir nur E-Fahrzeuge kriegen.« Diese Menschen versucht er dann für die Idee der E-Mobilität zu gewinnen. »Ansonsten trennen sich unsere Wege – von mir wird niemand je ein Fahrzeug mit Verbrennungsmotor bekommen.«

Zurück in der Werkstatt, fallen noch mehr von seinen Erfindungen auf. An der Wand hängen elf Batterie-Pakete, die blinken und in digitalen Anzeigen jeweils unterschiedliche Prozentzahlen anzeigen. Wamae erklärt, was es damit auf sich hat: Die Batteriepakete sind seine Back-up-Stromversorgung. Ohne eine solche Notversorgung müsste er seine Arbeit immer wieder unterbrechen, weil der Strom in Kenia fast täglich ausfällt, mal mehr und mal weniger lang. Am Vortag sei die öffentliche Versorgung den ganzen Tag lang ausgeblieben, sagt er. Dank seiner recycelten Laptop-Batterien konnte Wamae trotzdem durchgehend arbeiten. Jetzt lädt er alle wieder auf und lässt sich einzeln anzeigen, wie weit jedes Paket schon geladen ist.

Technische Lösungen für unterschiedlichste Probleme scheinen nur so aus ihm herauszusprudeln. Auch eine Anlage zur Videoüberwachung hat er sich selbst gebastelt, er steuert sie über seinen Laptop. Mehrere Kameras übertragen ihm Bilder von der Straße und vom Eingangsbereich seines Hauses auf einen Bildschirm über seiner Werkbank. »Ich habe nicht immer Lust, mein E-Bike oder die Rollstühle mit reinzunehmen«, erklärt er den Grund für die Installation. »Aber wenn ich sie unbeobachtet draußen stehen ließe, wären sie vermutlich schnell weg.« An seinen Prototyp hat er außerdem einen Bewegungsmelder gebaut. Wenn jemand das Fahrzeug anfasst, gibt sein Handy Alarm. »Eine Spielerei«, sagt er, schließlich hat er ja schon die Videoüberwachung. Etwas zu erfinden, sei ihm noch nie schwergefallen. »Gott hat mir zum Glück das passende Gehirn dafür gegeben.«

Die höhere Schule habe er »aus familiären Gründen« nicht abschließen können. Mehr will er dazu nicht sagen, vermutlich spielte es auch eine Rolle, dass seine Eltern das Geld für die Schulgebühren nicht aufbringen konnten. Dass er nicht weiter lernen konnte, empfand er zunächst als vernichtenden Schlag, denn Wamae wusste seit Jahren, dass er Mechatronik studieren und Ingenieur werden wollte. Da ihm die Universität aus finanziellen Gründen verschlossen war, sah er nur einen Ausweg: sich alles selbst beizubringen. Aber dafür brauchte er einen Laptop, um das nötige Wissen im Internet zu suchen, reichte sein Handy nicht aus. Also ließ er einst in einem Laden einen Laptop mitgehen, ohne dafür zu zahlen. »Ich bereue das nicht, ohne den Computer wäre ich nicht da, wo ich heute bin.«

Das war im Jahr 2009, und Wamae baute als Erstes eine Drohne: Er wollte um jeden Preis aus Kenia weg und irgendwohin, wo er bessere Chancen hätte, vielleicht sogar eine geregelte Arbeit fände. Er wollte eine Drohne konstruieren, die ihn fortbringen würde. Aber das Projekt scheiterte: Beim Probeflug stürzte seine Drohne ab, zum Glück ohne ihn. »Ich habe damit so viel Geld verloren, dass ich mich seitdem auf Fahrzeuge konzentriere, die am Boden bleiben.« Was er erfindet, entscheidet häufig der Bedarf. »Laptop-Batterien zu recyceln, war für mich der einfachste und billigste Weg, an Batterien zu kommen«, sagt Wamae. Importierte Batterien seien für ihn zu teuer gewesen und schienen für sein Vorhaben nicht geeignet zu sein. Lithium-Ionen-Batterien waren die einzigen, die dafür infrage kamen, möglichst lange Distanzen mit einem leichten, elektrischen Fahrzeug zurückzulegen. »Und die gab es zuhauf auf unseren Schrottplätzen.« Er habe sie nur einzusammeln brauchen, »und dann musste ich eben lernen, wie ich sie wieder arbeitsfähig und zu einem Batterie-Pack verbaut kriege«.

Im Vergleich zu importierten Rollstühlen haben seine mindestens drei deutliche Vorteile: Sie schonen die Umwelt, weil für ihren Bau fast nur recyceltes Material verwendet wird. Sie sind billiger als die importierten – Wamaes Standardrollstuhl kostet umgerechnet etwa 600 Euro. Importierte Rollstühle fangen bei 850 Euro an, manche kosten das Doppelte. »Und für unsere schlechten Straßen sind sie noch nicht einmal geeignet«, meint der Bastler. »Meine dagegen haben ein solides Fahrwerk und gute Stoßdämpfer, damit sie mit unseren Straßen klarkommen.«

Seit März 2020 hat Wamae außer dem kleinen Arbeitsbereich unter der Treppe auch die größere Werkstatt an der Schnellstraße. Von mehr Platz hatte er lange geträumt, um mehr Mitarbeiter beschäftigen und mehr elektrische Fahrzeuge produzieren zu können. Seit dem Umzug kann er zwei Angestellte beschäftigen, was ihn mit Blick auf die hohe Arbeitslosigkeit junger Menschen in Kenia zusätzlich freut. Dank einer Auszeichnung, die er 2020 für seine Arbeit bekam und die mit einem Preisgeld verbunden war, konnte er zudem die Werkstatt renovieren und vor allem auf Solarstrom umrüsten. »Ich habe mich immer schlecht gefühlt, weil ich saubere Fahrzeuge mit schmutziger Energie baue«, sagt er rückblickend. »Jetzt arbeite ich mit sauberer Energie für saubere Fahrzeuge.« Dabei beherrschen erneuerbare Energien mit 70 Prozent den kenianischen Strommarkt, wobei der größte Anteil durch Geothermie erzeugt wird. »Aber weil die öffentliche Stromversorgung so unzuverlässig ist, springen immer wieder etliche Dieselgeneratoren an.« Sein Vorteil ist nun zusätzlich, dass er dank des Solarstroms selbst dann noch arbeiten kann, wenn bei den Nachbarn gar nichts mehr geht. Da er recycelte Solarpanele gekauft habe, sei die Umrüstung gar nicht so teuer gewesen und habe umgerechnet rund 1000 Euro gekostet. Die Panele liefern genug Energie, um auch eine Ladestation zu betreiben, an der er, seine Mitarbeiter und – theoretisch – auch andere Nutzer ihre elektrischen Fahrzeuge kostenlos aufladen können.

»Wenn ich sehe, dass Menschen mit Behinderungen durch meine Erfindung unabhängig werden, erfülle ich mir damit einen Traum«, sagt er. »Wenn ich Arbeitsplätze schaffe, erfülle ich mir einen weiteren Traum.« Auch wenn er in Bezug auf neue Jobs noch längst nicht da ist, wo er hinmöchte. »Und das Dritte ist meine Zufriedenheit, wenn ich sehe, dass Menschen meine E-Roller nutzen, um zur Arbeit zu fahren.« Denn das schone das Klima, verbessere die Luft und reduziere die Lärmbelastung. »Mit diesen drei Punkten erfülle ich mir meine Träume, wenn auch noch nicht in dem Maße, wie ich mir das wünschen würde.« Dafür fehlt ihm nicht zuletzt weiteres Kapital, um eine größere Werkstatt zu mieten und mehr Menschen beschäftigen zu können. Was ihm aber auf keinen Fall fehlt, sind Ideen. Heute schon ist er froh darüber, dass er zu denen gehört, die E-Mobilität in Kenia eingeführt haben. Und vielleicht auch ein bisschen stolz.

## Pablo López Alavés aus San Isidro Aloapam, Mexiko
# DER STAATSFEIND

*Von Wolf-Dieter Vogel*

Sie wollten nur zum Fluss fahren und Sand holen. Es war Regenzeit und der Boden im Dorf wie jedes Jahr durchweicht. Man musste die Wege unbedingt trockenlegen. Doch auf der Straße zum Rio Virgen, kurz vor dem Ufer, fand die Fahrt von Pablo López Alavés und seiner Familie ein jähes Ende. Ein roter Kleintransporter versperrte den Weg. Etwa 15 Männer, schwarz gekleidet, mit Tüchern vermummt, sprangen von der mit einer orangefarbenen Plane bedeckten Ladefläche und liefen auf den Wagen von López zu. Sie rissen die Autotür auf, zerrten ihn aus dem Pick-up und drückten ihn mit dem Gesicht auf den Boden. Dann warfen sie ihn auf ihren Transporter, legten ihm Fesseln an und fuhren los. Zurück blieben seine Frau Yolanda Pérez Cruz, die beiden Töchter und ein Enkelkind. »Deine Zeit ist abgelaufen«, sagte ihm einer der Männer, »du bist verhaftet.« Doch niemand zeigte ihm einen Haftbefehl. »Ich weiß bis heute nicht, wer mich festgenommen hat«, sagt López. »Sie waren jedenfalls schwer bewaffnet.«

Einen Tag später saß López im Gefängnis der Stadt Etla, rund vier Autostunden von seinem Dorf San Isidro Aloapam in der südmexikanischen Sierra Norte de Oaxaca entfernt. Auch über zehn Jahre nach diesem Überfall vom 15. August 2010 befindet sich López dort hinter Gittern. Seinen Besuch empfängt der kräftige 52-jährige Mann mit den kurzen Haaren in der Bibliothek, einem dunklen Raum mit Holzregalen, auf denen sich Bücher zu verschiedensten Themen stapeln. »Geografie« steht auf einem Schildchen, auf einem anderen »Biologie«. Auch ein Buch mit dem Titel »Geschlechtsspezifische Gewalt« steht dort. In der Bibliothek, die sich in einem separaten Blechhaus befindet, kann López in Ruhe reden. Hier stört ihn keiner der etwa 300 anderen Häftlinge. Kein Wärter kommt, und die Musik aus dem Radio im Hof verschwindet im Hintergrund. Bleibt es bei der Entscheidung des Gerichts, wird Pablo López noch weitere 20 Jahre in dieser Haftanstalt in Oaxaca verbringen. Denn die Vorwürfe gegen den Mann, der dem Volk der Zapoteken angehört, wiegen schwer: Er soll einen Mord begangen haben.

Rund drei Jahre vor der rätselhaften Festnahme, am 18. Juni 2007, kam es nahe seinem Heimatdorf zu schweren Auseinandersetzungen. Bewohner der Nachbargemeinde San Miguel Aloapam waren gewaltsam in das Gebiet von San Isidro Aloapam eingedrungen. »Die Männer aus San Miguel haben uns bewaffnet angegriffen«, sagt López. Seit Jahrzehnten gibt es zwischen den Dörfern Streit, weil die Nachbarn unentwegt Bäume fällen und Hektar für Hektar des Waldes zerstören. Die »Kaziken«, wie die Mächtigen und Wohlhabenden in mexikanischen Dörfern genannt werden, dächten nur ans Geld. »Die Quellen, das Wasser, die wilden Tiere, die Fauna, das ist ihnen alles egal«, kritisiert López, der sich selbst als Waldschützer sieht.

An jenem Junitag starb einer der Eindringlinge durch

eine Schusswaffe, und Pablo López sowie andere langjährige Aktivisten aus San Isidro wurden für seinen Tod verantwortlich gemacht. »Dafür gibt es aber keine Beweise«, verteidigt sich der Beschuldigte. Er sei damals gar nicht vor Ort gewesen, habe seit Wochen in einem anderen Dorf als Zimmermann gearbeitet, sagt er. Die Vorwürfe seien konstruiert. Bellanira López Sánchez von der Menschenrechtsorganisation Consorcio erläutert, dass die Zeugenaussagen widersprüchlich seien. Alle anderen Beschuldigten hätten angesichts fehlender Beweise freigelassen werden müssen, erklärt die Juristin, die Besucherinnen und Besucher des Aktivisten ins Gefängnis begleitet.

Doch nicht nur Menschenrechts- und Umweltorganisationen, die López unterstützen, geben dem Waldschützer recht. Auch die Ombudsstelle für Menschenrechte in Oaxaca entdeckte zahlreiche Ungereimtheiten bei den Ermittlungen. Die UN-Arbeitsgruppe gegen willkürliche Inhaftierungen kommt zu dem Schluss, dass der Zapoteke freigelassen und entschädigt werden müsse. Der Freiheitsentzug sei willkürlich, die Verhaftung solle seinen Einsatz als Umweltschützer bestrafen. Noch weiter geht Jim Loughram von der internationalen Menschenrechtsorganisation Front Line Defenders: »Der Fall Pablo López verkörpert sinnbildlich die Fehler des mexikanischen Justizsystems. Es ist zu einer Waffe geworden, um Menschenrechtsverteidiger anzugreifen, die die Interessen der Reichen und Mächtigen bedrohen.«

Was hat López getan? Um diese Frage zu beantworten, holt der Mexikaner ein großes Heft aus seiner Tasche. Darin hat er die lange Geschichte des Konflikts festgehalten. Es ist nicht das erste Mal, dass er in der Bibliothek der Haftanstalt seinen langjährigen Kampf zur Verteidigung des Waldes erläutert. Eigentlich begann alles, bevor er geboren wurde. 1963 erhielt die Papierfabrik Fapatux die Genehmigung, auf dem Land der beiden Gemeinden jährlich 32 000 Kubikmeter Holz zu schlagen. In den 1970er-Jahren wehrten sich die Einwohnerinnen und Einwohner, unterstützt von anderen Dörfern, und hatten Erfolg: Fapatux musste sich zurückziehen, ein von beiden Gemeinden geführtes Unternehmen übernahm die Holzwirtschaft. So machten es auch viele andere indigene Gemeinschaften in der Sierra Norte. Sie sorgten dafür, dass fremde Firmen nicht mehr auf ihrem Land fällen durften, und nahmen die Verwertung des Waldes selbst in die Hand. Da sich die Zapoteken als Teil der Natur verstehen, die es zu bewahren gilt, setzen einige Dörfer der Region dabei nachhaltige Konzepte um. Bis heute leben nicht wenige vom Holzverkauf, von der Möbelherstellung und vom Ökotourismus. Mit ihren Geschäften finanzieren sie Schulen, Gesundheitsstationen, kulturelle Veranstaltungen und die traditionell sehr wichtigen Dorffeste.

Doch in Aloapam standen sich von Anfang an zwei Visionen gegenüber: San Miguel orientierte sich an einer maximalen wirtschaftlichen Ausbeutung des Waldbestandes, San Isidro setzte auf einen nachhaltigen Umgang. »Der Wald als auszubeutende Ressource oder als Lebensraum«, brachte Magaly López Domínguez, Abgeordnete der linken Morena-Partei, den Widerspruch auf den Punkt, als sie die Verurteilung des Umweltschützers im Landesparlament von Oaxaca anprangerte. Für López selbst sind die Holzfäller aus der Nachbargemeinde schlichtweg ein ewig übermächtiger Gegner. San Isidro ist nur eine »Agencia«, also ein ausgelagertes Kleinod, das der Gemeinde San Miguel untersteht. Alle staatlichen Gelder landen im Rathaus von San Miguel und werden nicht immer wie vorgesehen weitergeleitet. Auch die Zusammenarbeit mit höheren Behörden, etwa dem Umweltministerium, dem Finanzamt oder der Polizei, läuft über die mächtigeren Nachbarn. Zudem sind nur die wenigsten in der 700-Seelen-Gemeinde San Isidro des Spanischen mächtig, die meisten sprechen nur die zapotekische Sprache ihrer präkolumbianischen Vorfahren. Die Kaziken aus San Miguel dagegen stehen in engem Austausch mit den Einflussreichen in der Stadt und der Regierung.

Diese Verhältnisse haben López und seine Leute immer wieder hart zu spüren bekommen. So wurden ihnen in den 1980er-Jahren die Rechte für über 100 Hektar Land vorenthalten, und seit 1995 sind sie von der gemeinsamen Verwertung des Waldes ausgeschlossen. »Das geschah mithilfe der staatlichen Stellen, um unseren Einsatz für die Natur zu behindern«, davon ist López überzeugt. Als die Bürgerinnen und Bürger von San Isidro im Jahr 2000 die Straßen blockierten, um den Abtransport gefällter Bäume zu verhindern, nahm die Polizei kurzerhand 25 von ihnen fest. Es sollte ein halbes Jahr dauern, bis sie das Gefängnis wieder verlassen konnten. Der Vorwurf: Holzraub.

Sieben der Gefangenen waren Amtsträger im Dorf, unter ihnen auch López. Wie für indigene Gemeinden in Oaxaca üblich und rechtlich verbrieft, bestimmt die Bevölkerung selbst die Personen, die sich um die kommunalen Angelegenheiten kümmern. Das betrifft auch die Art und Weise, wie natürliche Ressourcen genutzt werden. Sieben Mal hatte der Waldschützer López solche Posten übernommen.

»Ich war mal für die Gemeindepolizei zuständig, mal habe ich das Wasserkomitee geleitet, und dann auch das Schulkomitee«, erklärt er. Bereits die Verhaftung der indigenen Amtsträger im Jahr 2000 sei folglich ein Verstoß gegen das auch international garantierte Recht auf Selbstbestimmung gewesen, kritisiert die Politikerin Domínguez. Schließlich hätten die Zapoteken ihren Wald und damit ihre Lebenswelt sowie ihre Ressourcen verteidigt.

Mittlerweile ist wenig geblieben von den großen Baumbeständen, die das Dorf von López früher geschützt haben. Manches weiß der Aktivist nur, weil es ihm seine Frau Yolanda Pérez Cruz berichtet hat. In seinem Heft hat er die wichtigsten Zahlen notiert, denn auch hinter Gittern verfolgt er die Entwicklung in den Bergen der Sierra Norte weiter. »Von den 13 000 Hektar Wald beider Gemeinden wurde bereits über die Hälfte zerstört«, sagt er. Der Rio Virgen, der San Miguel von San Isidro trennt, sei nun in der Trockenzeit völlig versiegt. »Vor 25 Jahren hatte der Fluss das ganze Jahr Wasser, und jetzt nur noch, wenn der Regen fällt.« Für die unzähligen Wildtiere, die Jaguare, Tapire, Affen und Gürteltiere in den Wäldern, sei das eine Katastrophe. Und natürlich für das gesamte Ökosystem, das von Nadelbäumen und subtropischen Feuchtwäldern geprägt ist. Schließlich sind die bis über 3000 Meter hohen Berge der Sierra Norte, die nördlich der Landeshauptstadt Oaxaca de Juárez liegt, eines der größten zusammenhängenden Waldgebiete und eine der wichtigsten Lungen Mexikos.

»Denen in San Miguel ist das egal, Hauptsache, das Geld fließt«, betont López noch einmal. Und die Regierung? Die lasse den Kaziken freien Lauf. Der Waldschützer ist sogar davon überzeugt, dass die Beamten in den Behörden mit seinen Kontrahenten aus San Miguel gemeinsame Sache machen. Das Roden sei meist nicht einmal illegal, weil das Umweltministerium die notwendigen Genehmigungen ausstelle, sagt er. Der Trick ist einfach: Wenn Bäume von schädlichen Würmern befallen sind, dürfen sie mit Sondererlaubnissen gefällt werden. Das kommt unter normalen Umständen hin und wieder vor, aber rund um Aloapam gibt es seltsamerweise ständig Wurmplagen. Dass diese fragwürdige Kooperation so gut läuft, führen López und auch Bellanira Sánchez von Consorcio auf gute Kontakte der Kaziken zur Regierung von Oaxaca zurück. »San Miguel hatte schon früher enge Beziehungen zum Gouverneur«, erklärt die Menschenrechtsaktivistin.

Von einer kurzen Unterbrechung abgesehen wird der Bundesstaat Oaxaca seit fast 90 Jahren von der Partei der institutionalisierten Revolution (PRI) regiert. Traditionell waren in das System der ehemaligen Staatspartei in Mexiko politische Vertreter, Unternehmen und hochrangige Angehörige der Armee ebenso eingebunden wie Gewerkschaften und Bauernorganisationen. Wer kooperierte, konnte auf staatliche Unterstützung setzen. Wer sich jedoch wehrte, wie einige indigene Gemeinschaften, musste mit Repressionen und der Streichung sozialer Leistungen rechnen. Mittlerweile hat die PRI zwar auf politischer Ebene an Macht verloren, aber die alten, oft korrupten Netzwerke und die Vetternwirtschaft bestehen weiter. Viele der häufig gewaltsam ausgetragenen Konflikte sind daraus entstanden.

Vor diesem Hintergrund wird verständlich, dass Pablo López seine Gegner als ein Konglomerat von Kräften sieht, das vom Rathaus in San Miguel über das Umweltministerium bis zu dem Gericht reicht, welches ihn zu einer Haftstrafe von 30 Jahren verurteilt hat. Der Aktivist hatte gehofft, dass mit dem neuen, linken Staatschef Andrés Manuel López Obrador jemand an die Regierung gekommen sei, der sich um politische Gefangene wie ihn kümmern würde. So hatte es der Politiker versprochen. Doch seit López Obrador 2018 sein Amt übernahm, hat sich für den Waldschützer nichts geändert. Noch immer wartet Pablo López darauf, dass die ihn entlastenden Beweise ernst genommen werden. Auch für den Natur- und Klimaschutz hat der Präsident keine guten Signale gesetzt. Seine Energiepolitik ist einzig darauf ausgerichtet, die staatliche Erdöl- und Gasförderung zu stärken. Der Bau einer neuen Raffinerie im Golf von Mexiko zählt zu seinen wichtigsten wirtschaftlichen Projekten. Private Anbieter alternativer Technologien, etwa von Sonnenkollektoren und Windrädern, werden dagegen ausgebremst.

Zugunsten von Sozialprogrammen hat López Obrador den Haushalt im ökologischen Bereich stark gekürzt. »Alles, was mit Umweltschutz und natürlichen Ressourcen zu tun hat, zählt nicht zu den Prioritäten des Präsidenten«, kritisiert Gustavo Alanís, der Leiter des Mexikanischen Zentrums für Umweltrecht (Cemda). Die Klimaziele von Paris, zu denen sich Mexiko verpflichtet hat, seien so nie einzuhalten, erklärt er und fordert ein Ende des extremen Holzeinschlags. Der Onlineplattform Global Forest Watch zufolge zählt Mexiko zu den zehn Ländern, in denen am meisten Primärwald zerstört wird. Allein zwischen 2001 und 2019 sind demnach 602 000 Hektar des Bestands verloren gegangen. 2019 wurde mit 65 000 Hektar ein Höchstmaß an Zerstörung erreicht – und das in einem Land, das einige der artenreichsten Wälder der Welt beherbergt.

»Je mehr Bäume gefällt werden, desto stärker ändert sich das Klima.« López weiß, dass sein Thema die ganze Welt betrifft. Auch er setzt sich mit der Klimakrise auseinander, zumal seine Heimat die Konsequenzen bereits zu spüren bekommt. Schon jetzt regne es während der Regenzeit in der Sierra Norte viel weniger als früher, sagt der Aktivist, und für ihn ist klar: »Wir wollen uns nicht schuldig machen«. Deshalb will er in sein Dorf zurück und dort wieder mit seinen Leuten kämpfen, wenn er eines Tages das Gefängnis verlässt. Doch das wird nicht einfach werden. Seine Frau hat San Isidro gleich am Tag nach der Verhaftung ihres Mannes verlassen. Seither ist sie kaum mehr dort. Der Weg ist gefährlich, manchmal lauert ihr jemand aus San Miguel auf. »Wenn ich dort hingehe, werde ich mit dem Tode bedroht«, sagt die Zapotekin. Sie bekam auch schon Personenschutz von der Menschenrechtsombudsstelle, als sie ihre alte Heimat besuchte. Zwar wehrten sich ihre Angehörigen, Freundinnen und Freunde im Dorf weiterhin gegen den Holzschlag, aber auch sie seien von den ständigen Angriffen eingeschüchtert.

Heute lebt Yolanda Pérez in einem Vorort von Etla. Der Weg zu ihr führt über eine staubige Straße zwischen den ausgedörrten Feldern der Hochebene von Oaxaca. Während der Trockenzeit fällt hier über ein halbes Jahr lang kein Tropfen Regen. Viele der Kleinbauern berichten, dass es in den letzten Jahren noch heißer und trockener geworden sei. Um die Haftanstalt zu erreichen, ist die Zapotekin eine halbe Stunde mit dem Bus unterwegs. Ihr Leben hat sich seit der Festnahme ihres Mannes nahe des Rio Virgen komplett verändert. Früher lebten sie mit den fünf Kindern von dem, was auf den Feldern wuchs: Mais, Bohnen, Weizen, Kartoffeln. »Die Ernte hat uns ernährt, wenn es an etwas fehlte, hat Pablo als Zimmermann, Schreiner oder auch als Bäcker gearbeitet«, erzählt die 50-Jährige Ihre zu einem Pferdeschwanz gebundenen Haare versteckt sie unter einem von der Sonne ausgebleichten roten Basecap. Die Wand hinter dem Küchentisch ist mit Blumen bemalt, auf einem kleinen Regal steht eine Kerze, daneben das Bild eines Heiligen. Sie zeigt auf ein frisch gebautes Bettgestell und eine nagelneue Hundehütte aus Holz. »Das hat Pablo geschreinert.«

Es waren nicht nur die Drohungen, die sie dazu bewegt hatten, nicht wieder in ihr Heimatdorf zurückzuziehen. Seit ihrem 16. Lebensjahr schlägt sie sich mit ihrem Mann gemeinsam durchs Leben, und daran halten die beiden bis heute fest. López arbeitet im Gefängnis in der Schreinerei. Sie sorgt dafür, dass er Holz, Leim sowie alle anderen notwendigen Materialien bekommt, und kümmert sich um den Verkauf. Auch einen kleinen Webstuhl hat sie besorgt, damit er Taschen und Hängematten herstellen kann. Aber seit Beginn der Corona-Pandemie sieht es mit den Geschäften schlecht aus. Yolanda Pérez geht nicht mehr auf die Märkte. Zum Glück sei vor ein paar Monaten einer ihrer Söhne aus den USA zurückgekommen. »Das ist eine große Hilfe«, sagt sie und bittet den jungen Mann in zapotekischer Sprache, Hibiskusblütensaft für den Besuch zu bringen. Ihre beiden anderen Söhne sind noch in den Vereinigten Staaten. Deren Überweisungen bringen zumindest ein bisschen Geld in die Haushaltskasse.

Ob sie sich vorstellen kann, eines Tages wieder in San Isidro Aloapam zu leben? Yolanda Pérez gibt keine eindeutige Antwort. Da ist die Angst, da sind die bedrohlichen

Nachbarn aus San Miguel. Aber es hat sich auch viel verändert. Früher sprach sie kein Wort Spanisch, mit den politischen Angelegenheiten im Dorf hatte sie nichts zu tun: »Wir kümmerten uns um die Kleinen, die Männer haben sich getroffen und gekämpft.« Heute ist das anders. In zapotekisch akzentuierter, aber flüssiger spanischer Sprache spricht sie über die Konsequenzen des rücksichtslosen Holzeinschlags, die Betrügereien der Kaziken und ihre Reise nach Europa. Begleitet von einer Mitarbeiterin von Consorcio hat sie 2019 Abgeordnete im Europaparlament in Brüssel getroffen, Berliner Journalistinnen Interviews gegeben und Menschenrechtsverteidiger über den Fall ihres Mannes informiert. Auf ihrem Handy zeigt sie Fotos von Politikerinnen, die sich für die Freilassung von López und gegen die Zerstörung des Waldes in der Sierra Norte aussprechen. »Vorher war ich angespannt, aber dann habe ich die Angst verloren und viel Kraft aus der Reise geschöpft«, sagt sie und lacht.

Pablo López macht sich trotzdem Sorgen um seine Frau. Er weiß, dass in Mexiko immer wieder Umweltschützer ermordet oder deren Angehörige terrorisiert werden. Im Bundesstaat Michoacán starb ein Mann, der sich für den Schutz von Monarchfaltern engagiert hatte, in den Wäldern unweit von Mexiko-Stadt traf es den Sohn eines bekannten Waldschützers und im Golf von Mexiko einen Aktivisten, der sich gegen die Zerstörung von Mangrovenwäldern eingesetzt hatte. Zwischen 2011 und 2018 wurden nach Angaben des Umweltrecht-Zentrums Cemda 68 Personen ermordet, die für Naturschutz und die Einhaltung der Menschenrechte eintraten. 2019 waren es 21, 2020 mindestens 14. Auch die Angriffe auf Yolanda Pérez haben trotz ihres Umzugs nicht aufgehört. Ihr Hund wurde vergiftet, ab und zu verfolgt sie ein Unbekannter. Und immer, wenn López eine Anhörung vor Gericht hat, versammeln sich Bürgerinnen und Bürger aus San Miguel Aloapam vor dem Gebäude. Sie bedrohen Angehörige und machen Druck, damit das Urteil gegen López nicht aufgehoben wird. Danach sieht es aber bislang ohnehin nicht aus. »Bei der letzten Überprüfung im November 2020 hat der Richter als Antwort einfach wortwörtlich die Angaben aus den Dokumenten von 2010 kopiert«, erklärt Bellanira Sánchez von Consorcio. Nun wartet López auf die nächste Anhörung. Irgendwann müssen sie die ihn entlastenden Beweise ernst nehmen, hofft er. Aber das kann dauern, und die Lage wird nicht besser. Viele Häftlinge haben sich schon mit dem Coronavirus infiziert. Der Umweltschützer ist bisher verschont geblieben, obwohl er sich seine Zelle mit fünf Gefangenen teilt. Besuche kann er unter diesen Umständen kaum empfangen, auch seine Frau kommt nur noch einmal im Monat. »Mir geht es gut«, sagt er am Telefon, »aber die Angst um meine Familie bleibt.«

## Felix Keller aus Samedan, Oberengadin, Schweiz

# DER GLETSCHERKÜHLER

*Von Marc Engelhardt*

Vom Bahnhof Morteratsch, wo der rote Triebwagen der Rhätischen Bahn nur auf Verlangen hält, waren es einmal nur ein paar Schritte bis zum Gletscherrand, damals, im Jahr 1860. Dort, wo das vom Berg talwärts wandernde Eis damals abschmolz, stehen als Mahnmal heute Stelen wie ein Fächer aus Metall. An dem Tag, an dem ich sie passiere, liegt der Schnee gut einen Meter hoch, und eingebrochene Polarluft weht mir ins Gesicht. Das Val Morteratsch ist eng, links die Steilwand des Munt Pers, rechts die des Piz Boval. Am Fuß des Munt Pers rauscht ein Bach, während ich zu dem Ort laufe, an dem der Morteratschgletscher heute endet. Weitere Stelen markieren die Gletscherränder von einst, jeder Schritt bergan ist auch ein Schritt durch die Zeit. 1920, 1970, 2000, 2015. Und schließlich, nach einer Stunde, stehe ich am Rand des Ova da Morteratsch, des Sees, der vom Schmelzwasser des Morteratschgletschers, der Gletschermilch, gespeist wird. Das Wasser, vom fein zerriebenen Gestein tatsächlich weißlich gefärbt, fließt selbst jetzt im Winter ab, erst in den See und von dort in den gleichnamigen Bergbach, der mich den ganzen Weg hierher begleitet hat. Im Sommer, wenn die Sonne auf den Gletscher knallt und wieder einmal ein Hitzerekord im Engadin-Hochtal verzeichnet wird, dann blutet der Gletscher förmlich aus. In 50 Jahren, so haben Glaziologen berechnet, wird es in den Alpen keine Gletscher mehr geben. Und so sehe ich auf 2010 Metern über dem Meeresspiegel dem Morteratschgletscher beim Sterben zu. Schon bald wird hier vielleicht die nächste Stele stehen, wenn der aus der Eiszeit zurückgebliebene Gletscher noch weiter abgeschmolzen ist. Und irgendwann wird man Gletscher wie diesen vielleicht nur noch von Fotos kennen. Doch wenn es nach Felix Keller geht, wird es so weit nicht kommen. Der Geograf und Glaziologe hat einen geradezu unglaublichen Plan: Er will ganze Gletscher kühlen und ihr Abschmelzen damit zumindest aufschieben. Erst den Morteratschgletscher und dann die Gletscher im Himalaja und Karakorum, den höchsten Gebirgen der Welt. Es klingt wie eine Fantasterei, wie ein Märchen. Doch gerade deshalb gibt es für Kellers Vision vielleicht keinen besseren Ort als den Morteratschgletscher.

Hier, so geht die Sage, verliebte sich einst die reiche Bauerntochter Annetta in den Viehhüter Aratsch, zu einer Zeit, als der Gletscher noch eine Alp war. Annettas Eltern aber verboten die Beziehung, schließlich war Aratsch ein armer Schlucker. Um reich zu werden, zog er als Söldner in den Krieg. Annetta aber litt so sehr unter ihrer Einsamkeit, dass sie an gebrochenem Herzen starb. Als Aratsch zurückkehrte und von Annettas Tod erfuhr, ritt er zur Alp hinauf und stürzte sich in eine Schlucht. Annettas Geist aber wandelte seitdem auf der Alp umher und klagte allen, die dort vorbeikamen, ihr Leid: Mort Aratsch, Mort Aratsch – auf Rätoromanisch bedeutet das: Aratsch ist tot.

Die Sage von Annetta und Aratsch kennt jeder im Engadin, auch Felix Keller, der hier aufgewachsen ist. Ansonsten sei das Oberengadin, die Region, in der St. Moritz, Samedan und Pontresina liegen und mithin auch der Morteratschgletscher, schon immer ein Landstrich voller Pioniergeist gewesen, sagt er. »Im Oberengadin leuchtete das erste elektrische Licht der Schweiz, in nur drei Jahren wurden 374 Kilometer Schienen für die Albulabahn quer durchs Gebirge verlegt, und nicht zuletzt wurden 1948 in St. Moritz die ersten Olympischen Winterspiele nach dem Zweiten Weltkrieg ausgetragen.« In dieser langen Linie von Pioniertaten sieht sich auch Felix Keller. Dabei kam ihm die Idee, die Gletscher zu kühlen, eher auf Umwegen, nämlich beim Fischen. Sein Chef in der Academia Engiadina, wo der an der ETH in Zürich ausgebildete Keller unterrichtet, hatte ihm vorgeworfen, als Wissenschaftler ständig nur über Probleme wie die Klimakrise und die daraus folgende Gletscherschmelze nachzudenken, nicht aber über Lösungen. »Wenn du als Glaziologe was wert bist, dann würdest du den Morteratschgletscher retten«, warf er Keller schließlich an den Kopf. Und als der nun mit der Angelrute am Ufer eines Sees stand, der Hochwasser führte, obwohl es seit Monaten nicht geregnet hatte, kam er ins Grübeln. »Der See war voll Schmelzwasser, ich angelte buchstäblich in einem davonfließenden Gletscher – und da habe ich gedacht, wenn ich deshalb schon nichts fangen kann, dann kann ich ja wenigstens darüber nachdenken, ob es nicht theoretisch möglich wäre, die Gletscherschmelze aufzuhalten.«

Um zu verstehen, wie ungeheuerlich allein schon die Überlegung ist, hilft es, sich einen Überblick zu verschaffen. An der Talstation der Diavolezza-Seilbahn steigen Felix Keller und ich in eine Gondel, die über verschneite Abhänge nach oben schwebt. Die Gondel schwankt im starken Wind, aber Keller gibt sich entspannt wie ein Hochseekapitän im Sturm. »Die Masten halten bis zu 300 Kilometer in der Stunde aus, kein Grund zur Panik.« Doch als wir die Bergstation auf knapp 3000 Metern über dem Meeresspiegel verlassen und Felix Keller in seinem roten Schneeanzug ein paar Meter vorausgegangen ist, bricht auf einmal der Sturm so stark über uns herein, dass wir im Schneetreiben unser nur ein paar Dutzend Meter entferntes Ziel nicht mehr sehen können. Das digitale Thermometer zeigt minus 17 Grad, der Pulverschnee verklebt die Augenlider, jeder Schritt ist ein Kampf gegen die aus allen Richtungen drängenden Böen. Wir ziehen uns in die Bergstation zurück. Und tatsächlich scheint nur zehn Minuten später wieder die Sonne am aufgerissenen Himmel, so als wäre nichts gewesen. Ein kurzer Spaziergang, und wir stehen auf der Aussichtsplattform oberhalb des Persgletschers, der weiter talwärts mit dem Morteratschgletscher zusammenfließt. Felix Keller zeigt auf eine weiße Fläche oberhalb eines markanten Felsens: »Hier entsteht ein künstlicher See, den wir im Sommer mit dem Schmelzwasser des Gletschers füllen werden: So bleibt das Wasser oben, und im Winter wird es dann entnommen, um Schnee zu erzeugen.«

So wie Keller das erzählt, klingt es zunächst simpel. Wohl auch deshalb, weil die Gletscherlandschaft aus der Ferne so sehr einer Modellbahnanlage gleicht. Doch in Wirklichkeit sind die Dimensionen, über die Keller spricht, so atemberaubend wie die Fernsicht: »Im Sommer ist es so warm, dass am Tag bis zu eine Million Tonnen Gletschereis schmilzt«, erklärt der Glaziologe. Um das große Schmelzen aufzuhalten, muss Keller eine Schneedecke schaffen, die zehn bis zwölf Meter dick ist. Warum Schnee und nicht etwa Eis? »Da gibt es gleich drei Gründe: Zum einen isoliert Schnee, zum anderen taut die Wärme, die in den Schnee eindringt, allenfalls den Schnee, sodass das Gletschereis darunter hundertprozentig geschützt ist – und drittens die Albedo, also die Reflexion kurzwelliger Sonnenstrahlen.« Die Albedo ist einer der Gründe, warum schmelzendes Schelfeis und eben auch schmelzende Gletscher das Weltklima besonders hart treffen. Frisch gefallener Schnee wirft 90 Prozent des einfallenden Sonnenlichts zurück ins All, nur 10 Prozent der Wärme bleiben in der Atmosphäre. Schmilzt dagegen der Schnee, dann bleibt auch am Morteratsch Gestein zurück, das wegen seiner dunklen Farbe Hitze speichert. Aus dem gleichen Grund zieht man im Sommer eher helle statt dunkle Kleidung an. »Am 10. Juli 2000 hat es hier auf dem Diavolezza-Gletscher geschneit, mitten im Sommer, und da fielen zwischen 20 und 40 Zentimeter Schnee: Der allein hat vier bis fünf Millionen Tonnen Eis gerettet, ein einziger Schneefall!« Ein Sommertag war es auch, als Keller mit dem Chef der Seilbahnen auf der gleichen Plattform stand und sich von ihm berichten ließ, wie erfolgreich das Abdecken eines kleinen Gletscherabschnitts mit Vliesstoff im Sommer verlaufen sei. »Dadurch ist sogar ein kleiner, junger Gletscher entstanden, dessen Albedo wir dann gemessen haben.« Der Babygletscher, wie Keller ihn nennt, warf allerdings nur 58 Prozent des Sonnenlichts zurück. Auch aufgrund dieser Messungen berechnete Keller die Höhe der Schneedecke, die er erzeugen müsste, um sein Ziel zu erreichen.

Natürlich hat Keller nicht vor, den gesamten Morteratschgletscher zu beschneien. Zusammen mit dem Persgletscher ist er 16 Quadratkilometer groß, was 1772 Fußballfeldern entspricht. Dazu ist er 70 bis 300 Meter dick, sodass ein 20-stöckiges Hochhaus oder der Eiffelturm in ihm verschwinden würden. Zum Glück kennt Keller sich mit Gletschern aus, und zum Glück spielt er Tangomusik – mit einem der berühmtesten Gletscherexperten überhaupt, dem Geophysiker Johannes Oerlemans, der Keller von Anfang an beriet. Gemeinsam berechneten die beiden Wissenschaftler, dass es reichen würde, rund ein Zehntel des Morteratschgletschers zu beschneien, um den Gletscher langsam wieder in die Länge wachsen zu lassen. »Unten an der Gletscherzunge zu beschneien, das wäre, wie wenn man einen Reanimationsversuch auf dem Friedhof unternähme«, sagt Keller. Dort warte das Eis nur noch auf die Schmelze. Im Nährgebiet des Gletschers, oberhalb der sogenannten Gleichgewichtslinie, liegt bereits ganzjährig Schnee. »Direkt unterhalb der Gleichgewichtslinie aber, da lohnt es sich, den Gletscher zuzudecken, denn da bringt man dann den Eisverlust auf null.«

Wo genau sich diese Gleichgewichtslinie befindet, hat Keller schon berechnet. Es geht um eine Fläche von einem Quadratkilometer. »Um diese umgerechnet eine Million Quadratmeter mit zehn bis zwölf Meter Schnee zu beschneien, brauchen wir 32 000 Tonnen Schnee am Tag – das schaffen keine noch so starken herkömmlichen Schneekanonen.« Und dann gibt es noch ein Problem: Gletscher fließen. »Beim Morteratschgletscher sind es bis zu 80 Meter pro Jahr, wenn wir da eine herkömmliche Schnee-Erzeugungsanlage aufstellen würden, würden uns schnell die Leitungen bersten.« Und dann ist da noch das größte Problem herkömmlicher Schnee-Erzeugung: der immense Stromverbrauch, den Tausende Schneekanonen jede Skisaison erneut auf den Pisten der Schweizer Alpen unter Beweis stellen. Er würde jeden Gewinn für das Klima zunichtemachen, denn die meisten Schneekanonen werden mit Strom aus Kraftwerken versorgt, die fossile Brennstoffe verheizen. Über diese Probleme brütete Felix Keller nach seinem erfolglosen Fischzug, und vielleicht war das der Punkt, als endgültig der Oberengadiner Pioniergeist mit ihm durchging. Nach Gesprächen mit Freunden und Bekannten überzeugte er nicht nur die Gemeinde Pontresina, eine Studie zu finanzieren, sondern auch einen Seilbahnhersteller und eine Beschneiungsfirma, sich des Projektes gemeinsam technisch anzunehmen. »Unsere Anlage sieht aus wie eine Wasserleitung an Tragseilen, wie sie normalerweise für Luftseilbahnen gebraucht werden – im Abstand von etwa sechs Metern ist ein Düsenpaar bereit, Schnee herzustellen.« An Stahltrossen von einem Kilometer Länge ließen sich so hochgerechnet mehr als 160 Düsen aufhängen, Gesamtproduktion: 5000 Tonnen Schnee pro Tag. Kellers Idee überzeugte die Schweizerische Agentur für Innovationsförderung so sehr, dass sie, innerhalb von nur fünf Wochen, die Förderzusage für eine Pilotanlage erteilte.

Fast könnte man es übersehen, so unauffällig sieht das Gebilde aus: Schläuche, Messgeräte und Leitungen, an denen Düsen hängen wie Duschköpfe. Doch was hier vor der Talstation der Diavolezza-Seilbahn hängt, ist für Felix Keller nichts weniger als eine Sensation: das erste Schneiseil der Welt. »Rein theoretisch ist es sehr einfach, Schnee herzustellen: Es braucht zwei Schläuche, den Luftschlauch und den Wasserschlauch.« Der Wasserschlauch ist gefüllt mit Schmelzwasser aus dem im Sommer gefüllten Gletschersee, den wir eben auf dem Berg gesehen haben. »Das sind 600 Meter Höhenunterschied, ein Druck von 60 bar – das ist alle Energie, die wir brauchen, um ohne Strom Schnee herzustellen.« Wasser und Luft werden zu den Düsen transportiert. »Um Schnee herzustellen, braucht es zwei Düsen: die eine mit dem Hauptstrahl, aus der 95 Prozent des Wassers in ganz kleinen Tropfen herausgesprüht wird, und die andere, die wir Nukleationsdüse nennen und in der durch extrem kalte Luft das restliche Wasser blitzartig auf minus 40 Grad zu Eis gefroren wird.« Diese Kristallisationskerne werden in den Hauptstrahl gespritzt, das Ergebnis: Schnee. Die Umwandlung von Wasserdruck in Luftdruck haben sich Kellers Partner patentieren lassen, so raffiniert ist das Konzept. Den ersten Winter hat die Anlage erfolgreich überstanden, für den nächsten Winter soll sie vor allem noch windresistenter gemacht werden. Zeitgleich zu den Versuchen an der Diavolezza hat Keller schon eine Ingenieursstudie in Auftrag gegeben, die von der örtlichen Kantonalbank finanziert wird. Sie soll unter anderem klären, wie das Schneiseil ganz praktisch zwischen den Bergflanken befestigt werden könnte, sodass es seinen Zweck erfüllen kann. Lohnt sich denn der absehbar immense Aufwand überhaupt? »Der Aufbau der Schneiseile mit der ganzen Wasserlogistik würde rund 40 Millionen Franken kosten«, hat Keller kalkuliert, »und dann rechne ich mit etwa zwei Millionen Franken Betriebskosten im Jahr.« Bei 30 Jahren Laufzeit kommt Keller so auf rund 100 Millionen Franken. Ist es das wert? Keller sagt: Ja. »Zum einen bekommt man ein Gefühl dafür, was uns der Klimawandel kostet, und eine

Staumauer, die das Schmelzwasser aufhielte, würde viermal so viel kosten.« Aber dann gibt es noch einen ganz anderen Grund, der viel entscheidender ist, und der hat mit Ladakh zu tun, jener Hochebene im Norden Indiens zwischen dem Himalaja und Karakorum.

Dort nämlich, so hat Keller erfahren, schmelzen die Gletscher nicht nur schneller und schon länger als in den Alpen. Vor allem hat die Gletscherschmelze viel schwerwiegendere Folgen. Denn Ladakh ist einer der trockensten Landstriche der Erde, »eigentlich eine Gebirgswüste«, wie Keller weiß. Der Jahresniederschlag in Ladakh beträgt etwa 100 Millimeter pro Jahr. »Hier im Engadin haben wir rund 800 Millimeter pro Jahr, und damit sind wir eine der trockensten Gegenden der Schweiz – aber um mit 100 Millimeter Niederschlag im Jahr Landwirtschaft zu betreiben, da muss man sich schon etwas einfallen lassen.« Und so spielt Gletscherwasser bei der Versorgung der Bevölkerung und ihrer Felder mit Wasser eine entscheidende Rolle, wie in anderen trockenen Bergregionen auch. »Es gibt mehr als 200 Millionen Menschen weltweit, die direkt vom Schmelzwasser der Gletscher abhängig sind – und Ladakh ist eine Gegend, auf die große Probleme zukommen, wenn die Gletscher verschwinden.« Mehrere Städte wurden schon aufgegeben, weil es kein Trinkwasser mehr gab, nachdem Gletscher weggeschmolzen waren. Sogar der Hauptstadt Leh mit ihren 30 000 Einwohnerinnen und Einwohnern droht dieses Schicksal. Zehn Jahre wird der einen halben Quadratkilometer große Gletscher, der Leh mit Trinkwasser versorgt, noch existieren, schätzen Glaziologen. Doch die Schneiseile vom Morteratsch könnten die Lebensdauer des Gletschers verlängern. »Wenn es gelingt, mit dem Einsatz von 100 Millionen Franken diese Stadt zu retten auf vielleicht 30 Jahre, dann ist das selbst für ein Land wie Indien nicht so ein großer Betrag.« Das Schicksal der 200 Millionen Menschen, die von schmelzenden Gletschern abhängig sind, ist der vielleicht wichtigste Beweggrund, der Keller beim Thema Gletscherbeschneiung antreibt. Der Tourismus und die Tatsache, dass die Gletscher ein Teil der Schweizer Seele sind – all das seien berechtigte Motive, um Gletscher zu retten. In Gegenden wie Ladakh sei das Verschwinden der Gletscher aber gleichbedeutend mit dem Verlust der Heimat. »Was in den meisten Ländern bedeutet, dass Menschen in die Städte abwandern und dort von Armut betroffen sind.«

Dass Keller den Menschen in Ladakh helfen will, heißt nicht, dass sie sich nicht selbst helfen könnten. Das weiß auch der Geograf, der die Hochebene ein halbes Jahr vor Ausbruch der Corona-Pandemie besucht hat. Von dort brachte er ein nahezu geniales Wasserspeichersystem mit ins Engadin, das nur ein paar Schritte entfernt vom weltweit ersten Schneiseil vor der Talstation der Diavolezza-Seilbahn steht. Von außen erinnert es an den Abguss einer Tropfsteinhöhle oder das Schloss von Eiskönigin Elsa aus »Frozen«, wenn auch in einer einfachen Ausführung. Denn der Stupa, wegen seines kegelförmigen Äußeren nach dem buddhistischen Tempel benannt, besteht vollkommen aus Eis. Im Inneren hängen lange, funkelnde Eiszapfen. »Die Bauern in Ladakh leiten im Winter alles Wasser, das sie wegen der gefrorenen Böden nicht nutzen können, nur mithilfe von Schwerkraft in eine Leitung, an deren Ende das Wasser vertikal nach oben gespritzt wird.« Die Tropfen fallen herunter, gefrieren und formen den märchenhaften Stupa, in dem am Ende des Winters ein Wasservorrat für Monate gespeichert ist. Wenn der Frühling kommt, schmilzt die Sonne das Eis schichtweise ab, das Schmelzwasser wird über Bewässerungskanäle auf die Felder verteilt. »Der Eisstupa sorgt durch seine Form dafür, dass er nicht zu schnell schmilzt, denn mindestens die Hälfte der Oberfläche befindet sich im Schatten, den diese Struktur bildet.« Der Eisstupa ist eine Erfindung aus Ladakh. Der Ingenieur Sonam Wangchuk hat sie entwickelt und mit Crowdfunding 125 000 Dollar gesammelt, um sie zu realisieren. Früher legten die Bauern in Ladakh Terrassen aus Eis an, um das Schmelzwasser zu nutzen. Doch inzwischen tauen diese viel zu schnell. Anders der Eisstupa. In den gut 30 Meter hohen Strukturen sind bis zu zehn Millionen Liter Wasser gespeichert, genug, um zehn Hektar Felder zu bewässern. Dabei kostet der Stupa nur ein Zwanzigstel dessen, was ein Staudamm kosten würde. Und schöner aussehen tut er auch noch. Sonam Wangchuk wurde für seine Erfindung 2016 mit einem Preis für Unternehmergeist ausgezeichnet. Und Felix Keller lud zwei seiner Mitstreiter ein, um auch im Engadin einen Eisstupa zu bauen. Gemeinsam arbeiten sie daran, die Technik weiter zu verbessern.

Einer der beiden ist Angchok Norboo. Obwohl er eisige Temperaturen aus Ladakh kennt, wo es im Winter auch mal minus 30 Grad und kälter werden kann, ist er dick eingepackt. Gerade hat er die Wasserleitung über dem Stupa abmontiert, um Eis zu entfernen. Anders als in Ladakh wird der Stupa von oben bewässert, mit einer dem Schneiseil ähnlichen Konstruktion. »In Ladakh brauchen wir sehr viel Arbeitskraft, um einen solchen Stupa zu errichten«, erklärt Norboo über den heulenden Sturm hinweg. »Mit der neuen Technik, die wir ausprobieren, könnte es einfacher gehen, und wir sind wirklich sehr gespannt.« Das Grundprinzip allerdings bleibt unangetastet, denn dass der Stupa eine einfache Lösung ist, macht seinen besonderen Wert aus. Zusammen mit den Schneiseilen, so hofft Norboo, ließen sich die Wasserversorgung und die Landwirtschaft in seiner Heimat vielleicht erhalten. »Das könnte wirklich eine große Hilfe für uns sein.«

Manchmal packt Felix Keller im Inneren des Stupa seine Geige aus und spielt ein Lied, das über die Gipfel davonschwebt. Gemeinsam mit anderen Violinisten hat er vor 16 Jahren die Swiss Ice Fiddlers gegründet. Bei Gletscherkonzerten werben sie für den Erhalt des Morteratschgletschers und mehr Klimaschutz im Allgemeinen. »Umwelthandeln beginnt mit Motivation«, hat Keller schon als Student gelernt. »Erst wenn wir motiviert sind, intrinsisch, durch Verantwortung oder auch durch Bedrohung, handeln wir – und das ist, befürchte ich, das Problem: dass wir bei Klimafragen eigentlich sehr viel wissen, uns aber die Motivation zum Handeln fehlt.« Genau diese Motivation will Keller schaffen, sei es mit innovativer Technik, mit der glitzernden Schönheit eines Eisstupa oder der Musik. Wovon er dagegen gar nichts hält, ist Mahnen mit dem Zeigefinger. »Ich habe gemerkt, dass die Geige eine unerhörte Wirkung hat, auch jetzt, wenn es um den Erhalt des Morteratschgletschers geht – Musik gelingt es oft, uns zu motivieren.«

Die melancholischen Klänge einer norwegischen Hymne, die von Kellers Geige über den Gletscher getragen werden, erinnern an das traurige Ende der Morteratsch-Saga. Der neue Besitzer der Alp, auf der die unglückliche Liebe von Annetta und Aratsch begann, konnte den klagenden Geist der Verliebten bald nicht mehr ertragen. Er vertrieb die Jammernde, die ihn und seine Alp daraufhin verfluchte. Die Alp wurde von einer wachsenden Eisschicht bedeckt, bis sie ganz darunter verschwunden war. So ist der Morteratschgletscher, der Sage nach, entstanden. Und vielleicht ist es ja gerade dieser Funken Magie, der an diesem Ort verborgen liegt, der eines Tages die märchenhafte Rettung nicht nur dieses, sondern vieler Gletscher weltweit ermöglichen wird. An Motivation fehlt es Felix Keller und seinen Mitstreiterinnen und Mitstreitern jedenfalls nicht.

## Muwafag Mubareka aus Bagdad, Irak
## DER RÜCKKEHRER

*Von Birgit Svensson*

Das Foto, das er von sich postet, verrät, wie er sich selbst sieht: Safari-Weste, Schirmmütze, vor einem dicken Baum stehend. Ranger, würde man denken. Doch Muwafag Mubareka wohnt in Bagdad, in der acht Millionen Menschen zählenden Hauptstadt des Irak. Er wohnt in einem Land, in dem es kaum Bäume gibt, wo die Wüstenstürme regelmäßig Tonnen von Sand und Staub aufwirbeln, wo Euphrat und Tigris derart mit Pestiziden verseucht sind, dass an ihren Ufern kaum noch etwas wächst. Wo Dürren um sich greifen und immer mehr Land verwüstet. Wo im Süden die Böden versalzen, da die Gezeiten das Meerwasser vom Persischen Golf bis tief ins Landesinnere treiben, weil der Schatt al-Arab – der Zusammenfluss von Euphrat und Tigris – zu wenig Wasser führt, um es zurückzuhalten. In einem Land, das für seine Kriege bekannt ist, für den Terror von al-Qaida und dem Islamischen Staat (IS). Da steht also ein älterer Mann vor einem Baum und lächelt in die Kamera. Wie passt das zusammen?

Mubareka ist Präsident, und zwar eines Vereins, der »Millionen Bäume« heißt – weil es Millionen von Bäumen bedürfte, um den Irak vor der völligen Verwüstung zu retten und das Klima erträglicher zu machen. Wie viele Bäume er und seine Kollegen schon gepflanzt haben, kann Mubareka nicht genau sagen. Aber annähernd eine Million könnten es schon gewesen sein. Man brauche Jahre, um die Umweltsünden, die hier begangen wurden, nur ein bisschen zu mildern, geschweige denn sie ungeschehen zu machen. Irak ist eines der am verwundbarsten Länder, was den Klimawandel betrifft, extreme Temperaturen und Wasserknappheit inbegriffen. Festgefahren durch die instabile Sicherheitslage, zehrende politische Manöver und Korruption, hatten die Regierungen in Bagdad die verheerende Umweltsituation im Lande bislang nicht auf dem Radar. Jetzt aber gibt es Hoffnung, dass sich die Dinge doch ändern könnten. Das Parlament hat am 22. September 2020 dafür gestimmt, dass der Irak dem Pariser Klimaabkommen beitritt. Das völkerrechtlich bindende Abkommen von 2015 hat zum Ziel, die globale Erwärmung auf 1,5 Grad Celsius zu drücken. Die 195 Unterzeichnerstaaten müssen alles tun, um ihre Treibhausgase zu reduzieren und steigende Temperaturen zu vermeiden. Bedürftige Länder sollen dafür finanzielle Unterstützung erhalten. Muwafag Mubareka und seine Mitstreiter wähnen sich seither im Aufwind. Denn bis dahin stießen sie in den Ministerien und regionalen Behörden auf taube Ohren, wenn sie für ihre Sache warben. »Keiner wollte uns anhören«, erzählt Mubareka vom Spießrutenlaufen für die Bäume. Sie hätten andere Probleme, hieß es immer. Einen Plan, wie man das Klimaziel im Irak erreichen will, gibt es auch jetzt noch nicht. Aber Bäume pflanzen wollen alle. In den Ministerien gelten Bäume gerade als Wunderwaffe gegen den Klimawandel.

»Ruhe bewahren«, hat ihm sein Deutschlehrer in Göttingen beigebracht, als Mubareka mit einem irakischen Stipendium ausgerüstet nach Deutschland kam, um dort Forstwirtschaft zu studieren. 1974 machte er sein Diplom und wollte eigentlich an der Technischen Universität Braunschweig seine Doktorarbeit schreiben, spezialisiert auf Holzforschung. Dann kam die Nachricht aus Bagdad, das Stipendium sei gestrichen, männliche Mitglieder seiner Familie seien umgebracht worden und auch er stehe im Verdacht, gegen das Regime zu agieren. »Es genügte schon, wenn man nicht in der Baath-Partei war und als guter Muslim jeden Tag betete, damit man zum Regimegegner abgestempelt wurde.« Nach ihrer Machtergreifung 1963 wurde die laizistische Baath zum Instrument Saddam Husseins zur Unterdrückung jeglichen Widerstands. Wer nicht mit ihr war, wurde als Gegner eingestuft. Vor allem im Ausland studierende Iraker wurden gedrängt, in die Partei einzutreten. Später hat Muwafag Mubareka erfahren, dass ein irakischer Kommilitone ihn beim Geheimdienst angeschwärzt habe. »Meine Familie sagte: Komm bloß nicht zurück, die bringen dich um.« Der in Deutschland diplomierte Forstwirt emigrierte nach Kanada. Dort wurden qualifizierte Leute wie er gesucht. Im Irak kam 1979 Saddam Hussein an die Macht und massakrierte Hunderttausende Schiiten und Kurden, die ihm nicht loyal ergeben waren. Muwafag ist Schiit, wie die Mehrheit der Iraker. Saddam Hussein war Sunnit. »Doch es war eigentlich nicht die Religion, die den Ausschlag für Verfolgung gab«, kommentiert er die einstige Gewaltherrschaft. Es sei Gefolgsamkeit gewesen. »Ruhe bewahren«: Dieses Motto konnte der heute 77-Jährige deshalb gut gebrauchen bis zum Sturz des Diktators 2003. Das Heimweh nach Bagdad aber ließ ihn nicht los.

»Wir schaffen das«, ist auch Mohamed Falih Abu Utaf überzeugt. Noch ein geflügelter Satz made in Germany. Er steht an einem Seitenkanal des Schatt al-Arab inmitten der Südmetropole Basra und zeigt stolz auf die Pflanzungen, die seine Initiative »For a green Basra« kürzlich veranlasst hat. 400 neue Bäume entlang des Kanals, 16 verschiedene Baumarten. Die meisten kommen von außerhalb, aus den Vereinigten Arabischen Emiraten, aus Indien, aus Ägypten. »Manche müssen sofort gepflanzt werden, wenn sie mit dem Flugzeug kommen«, sagt der Agraringenieur. Er hat mit den lokalen Behörden verhandelt, dass sie die Voraussetzungen für die Pflanzungen schaffen, Löcher im Abstand von zehn Metern in den Asphalt bohren und sie mit Erde füllen, Bewässerungsschläuche legen. Im Winter bekämen die neuen Bäume einmal in der Woche Wasser, im Sommer zwei Stunden pro Tag. Für die Pflanzungen hat Abu Utaf sich Freiwillige gesucht, von Universitäten und anderen Umweltgruppen. Er hat ihnen gezeigt, wie man mit Setzlingen umgeht und hat auch Blumen um sie herum gruppieren lassen. »Es ging alles geordnet zu«, versichert er und zeigt auf einen Personalbogen. Jeder musste seinen Namen eintragen, wann er was wo gepflanzt hat und wie lange es dauerte. So konnten er und seine Helfer ihre Fortschritte statistisch erfassen. Damit versuchen sie auch festzustellen, welche Auswirkungen die Bäume auf das Klima haben. »Wir haben jetzt schon unter 50 Grad im Sommer«, sagt er überzeugt und meint, dies sei schon der erste Erfolg ihrer drei Jahre anhaltenden Aktivitäten. Als sie mit dem Pflanzen anfingen, sei es im Sommer noch bis zu 53 Grad heiß geworden. Der Ingenieur ist klug genug zu wissen, dass es gut sein kann, dass seine Vermutung nicht zutrifft und dass die Anzahl der Bäume noch lange nicht ausreicht. Doch sein Optimismus ist ungebrochen.

Abu Utafs Initiative ist lokal für Basra, was Muwafag Mubarekas Verein landesweit ist. Gleichwohl wurde der Verein »Millionen Bäume« ursprünglich 2012 in Basra gegründet. Ein Jahr später bekam er die Zulassung als Nichtregierungsorganisation in Bagdad und breitete sich danach blitzschnell im ganzen Land aus. Abu Utaf ist auch dort Mitglied der ersten Stunde. Seine eigene Kampagne für Basra startete er 2017. »Viele rufen mich an, die einen Baum haben wollen«, erzählt der 61-Jährige. »Wir haben Schulhöfe begrünt und den Eingang zum Gerichtsgebäude.« Er zeigt hinter sich. Auch das ausgebrannte Provinzratsgebäude vor ihm, das die Volksvertreter beherbergte und das im September 2018 in Flammen stand, würde er gerne begrünen, damit es nicht mehr so trist aussieht. Damals gingen Tausende junge Iraker auf die Straße und machten ihrem Ärger über Korruption, schlechte Lebensbedingungen, Arbeitslosigkeit und Aussichtslosigkeit Luft, zündeten Parteibüros, Häuser von Abgeordneten und eben das Provinzratsgebäude mitsamt dem regierungseigenen TV-Sender Iraqia an. Der Rat ist seitdem aufgelöst, der Gouverneur aber ist geblieben. Verändert hat sich die Lebenssituation der vier Millionen Einwohner seither nicht wirklich, abgesehen von einigen Straßen, die eine neue Asphaltdecke bekamen. Und an denen nun Abu Utafs grüne Bäume wachsen.

Es sind kleine Schritte, die er und seine vielen Helfer tun. »Aber viele kleine Schritte bringen irgendwann einen großen Fortschritt«, sagt er zuversichtlich. Allein der Kanal, an dessen Ufern Abu Utafs Bäume jetzt wachsen, ist sauberer geworden, wird von der Stadtverwaltung regelmäßig gereinigt. Und auch die Abwässer, die immer noch ungeklärt in die Kanäle von Basra fließen, stinken nicht mehr so wie früher. Abu Utaf meint, die Ursache dafür seien die Bäume. Er zeigt auf seinen Lieblingsbaum, den Niembaum, der ursprünglich aus Indien stammt und sich in Basra prächtig entwickelt. »Eigentlich sollte man meinen, dass hier nichts mehr wächst bei der gravierenden Umweltverschmutzung. Schwermetalle, Blei, alles, was nur denkbar ist, befindet sich in der Luft, im Boden und im Wasser – in höchster Konzentration.« Deshalb sei es ein Wunder, dass hier überhaupt noch etwas gedeihe. Vor allem der acht Jahre dauernde Krieg gegen den Iran von 1980 bis 1988 hat Basra enorm zugesetzt. Die Schäden wirken noch heute nach. Millionen von Bäumen sind damals am Schatt al-Arab gefällt worden, damit die irakische Armee freie Sicht auf den Feind auf der anderen Seite hatte. Weitere Hunderttausende sind den Kämpfen zum Opfer gefallen. »Stellen Sie sich vor«, sagt Abu Utaf kundig, »es gab einmal Palmenwälder rund um Basra.« Jetzt ist dort nur noch Wüste. Danach kamen der Zweite und der Dritte Golfkrieg und die Amerikaner mit ihren Uranwaffen, die ebenfalls in Basra eingesetzt wurden. Noch heute kann man die Folgen auf den Kinderstationen der Krankenhäuser sehen, wo noch immer missgebildete Babys zur Welt kommen. »Aber der schlimmste Umweltverschmutzer«, so Abu Utaf, »ist die Ölindustrie.« Was bei der Ölförderung in den Boden und die Atmosphäre gerate, werde die Umwelt weitere Jahrzehnte belasten. »Bitte schreiben Sie das«, gibt der Agraringenieur noch mit auf den Weg, »das wird nämlich nie erwähnt.«

Auf der dreistündigen Rückfahrt ins 550 Kilometer entfernte Bagdad erstreckt sich links und rechts die Wüste, so weit das Auge reicht. Dieser Anblick wird nur gelegentlich durch brennende Stichflammen unterbrochen – Gas, das bei der Ölförderung in den Himmel schießt und abgebrannt wird. Erst vor Kurzem hat die irakische Regierung Aufträge an internationale Firmen vergeben, dieses Gas aufzufangen und weiterzuverarbeiten. Doch auf den meisten Ölfeldern wird es noch nach wie vor einfach verbrannt. Was im Boden und im Grundwasser bleibt, ist von der Straße aus nicht zu sehen, und die Fördergesellschaften halten sich mit Informationen bedeckt. Rohöl besteht aus mehr als 500 Komponenten, darunter Kohlenwasserstoffen, Naphthensäuren, Phenole, Harze, Aldehyde und organische Schwefelverbindungen. Gleich außerhalb von Basra liegt das größte Ölfeld der Welt: Rumaila. Es erstreckt sich kilometerlang auf beiden Seiten der Autobahn nördlich und südlich, bis hinein nach Kuwait. Rumaila diente Saddam Hussein als Begründung, 1990 in Kuwait einzumarschieren. Er beschuldigte das Emirat, illegal Öl aus dem Feld entnommen zu haben. Die Folge war der Zweite Golfkrieg und die Operation »Desert Storm« – Wüstensturm – mit einer von den USA angeführten Allianz, die die irakische Armee aus Kuwait vertrieb. Plötzlich taucht an der linken Fahrbahnseite ein scheinbar vergessenes Schlachtfeld aus verrosteten Militärfahrzeugen, ausgebrannten Tanklastern, kaputten Türen gepanzerter Armeejeeps, Steuerrädern und Radkappen auf. Bis hierher seien die Amerikaner 1991 gekommen, als sie die Iraker aus Kuwait vertrieben, erzählt Fahrer Hussein. Eigentlich wollten sie schon damals Saddam Hussein stürzen. Doch die arabischen Verbündeten der Koalition zur Befreiung Kuwaits hätten dann nicht mehr mitgemacht. George Bush senior habe daraufhin den

Rückzug befohlen. Mitten in der Wüste, 250 Kilometer vor Bagdad, fand die letzte Schlacht statt.

Bei den Ruinen von Babylon wird es grün. Händler stehen am Rand der Autobahn und verkaufen alles, was die Felder hergeben. Tomaten, frischen Knoblauch, Zwiebeln, Gurken, Okra, Melonen, Orangen, Zitronen. In Salman Pak, 25 Kilometer vor Bagdad, hat »Millionen Bäume« im April 2019 einen zusammenhängenden Wald gepflanzt, das erste Großprojekt des Vereins. Die Stadt liegt in der Nähe einer Halbinsel, die durch eine breite Ostbiegung des Tigris gebildet wird. Ideale Bedingungen für die Paulownien, die dort gepflanzt wurden. Der Paulownien- oder Blauglockenbaum wächst schnell und bevorzugt mäßig trockene Böden. Ein warmer, windgeschützter Standort ist ihm wichtig. Muwafag Mubareka hat die Samen aus Rumänien bekommen und sie zusammen mit seinem Cousin Ali in seiner Baumschule versuchsweise gezogen, so wie alle Bäume, die der Verein ausgibt. Auf 10 000 Quadratmetern reiht sich Setzling an Setzling, winzige Bäume, die aus der ganzen Welt den Weg in Bagdads südlichsten Bezirk Safaranija gefunden haben. »Jeder bringt etwas mit«, erklärt Mubareka die Arbeitsweise des Vereins, der gut in den sozialen Medien vernetzt ist und bis zu 4000 ständige Follower hat. »Und wir schauen, ob es wächst.« Im Internet werden dann die Resultate veröffentlicht als Anleitung zum Pflanzen und als Atlas zum Nachschlagen dafür, welches Gewächs wo am besten gedeiht. Bei der Bewässerung von Tausenden Setzlingen hilft der Tigris oder der Brunnen, den sie selbst gebohrt haben. Die beiden ständigen Mitarbeiter werden durch Spenden und Mitgliedsbeiträge finanziert. Früher standen auf dem Grundstück der Baumschule Orangenplantagen, jetzt wachsen hier Bäume aus der ganzen Welt. An Wasser mangelt es Muwafag Mubareka und seinem Cousin Ali derzeit nicht. Der Tigris führt im Frühjahr 2021 so viel Wasser wie schon lange nicht mehr. »Ein positiver Effekt des Klimawandels«, kommentiert Forstwirt Mubareka die überraschende Entwicklung. In den Gebieten der Türkei und des Iran, die den Tigris speisen, habe es heftige Fluten gegeben und das Wasser komme jetzt im Irak an. Mubareka freut sich, dass nun mehr angebaut werden kann.

Im Januar 2004 kam der Forstwirtschaftler zurück in den Irak, um nach über 30 Jahren seine Familie wiederzusehen, »oder das, was von ihr noch übrig war«. Er blieb nur ein paar Wochen. »Es war ein Schock für mich.« Als er den Irak Anfang der 1970er-Jahre zum Studium verlassen hatte, boomte die Wirtschaft, das Öl schuf Reichtum, und der Dinar war drei US-Dollar wert. Bei seiner Rückkehr fand er überall Stacheldraht, Betonmauern, Einschusslöcher von drei Kriegen, zerbombte Gebäude, Trümmer – und ein US-Dollar brachte 1200 Dinar. »Bagdad war für mich wie eine Braut, deren Kleid sehr schmutzig war«, erinnert sich Mubareka an seine ersten Reaktionen, »ich musste es säubern.« Es sollte allerdings noch fünf Jahre dauern, bis der Iraker den endgültigen Schritt aus Kanada zurück in seine Heimat vollzog, »um meinem Land etwas zurückzugeben«. Seine Frau und die drei erwachsenen Töchter entschieden sich, in der neuen Heimat zu bleiben.

Anfangs hat sein Verein lediglich Bäume in den Städten gepflanzt – in Bagdad, Basra, Nadschaf, Kerbela, aber auch in Ramadi und Falludscha, die schwer vom Terror des IS betroffen waren. Doch eigentlich will der Holzfachmann ganze Wälder pflanzen. Der Wald sei die eigentliche grüne

Lunge des Planeten, sagt er. Weil er der Atmosphäre beim Wachstum Kohlendioxid entzieht und Sauerstoff freisetzt, ist jeder Wald auch ein gigantischer Kohlenstoffspeicher. Wie viel $CO_2$ genau gebunden wird, ist abhängig von der Baumart und den Bedingungen vor Ort. Die Aufforstung in Salman Pak im Süden von Bagdad sollte erst der Anfang sein, der Probelauf sozusagen. Es sei nicht leicht herauszufinden, wo welche Baumart am besten wachse. Der Irak sei so vielschichtig mit seinen Wüsten im Süden, Bergen und Schnee im Norden. Da müsse man gezielt pflanzen, weiß Mubareka. Auch hier ist sein Problem wieder der Zustand der irakischen Behörden. Denn in der Forstabteilung des Landwirtschaftsministeriums sitzt kein einziger Forstwirt. »Alles Parteisoldaten.«

Doch Mubareka gibt nicht auf. Sein nächstes Ziel ist die Pflanzung eines 100 Hektar großen Waldes: »Das ist es!« Er weiß auch schon, wo. Im Norden des Iraks, in der Provinz Kirkuk. »Dort gibt es einen Wald in der Nähe des Dorfes Dibis, der fast komplett durch die heftigen Kämpfe zwischen den irakischen Sicherheitskräften, den kurdischen Peschmerga-Kämpfern und dem IS zerstört wurde.« Bei ihrem Rückzug hinterließ die Terrormiliz verbrannte Erde, viele Bäume standen in Flammen und verkohlten. Ein verheerendes Bild, einem Inferno gleich, bot sich Muwafag, als er einige Monate nach dem Sieg über den IS dorthin fuhr. Ein 50 Jahre alter Eukalyptusbaum hatte die Gefechte überlebt – mit einem Durchmesser von 1,2 Metern und »wunderschön«. Vor diesem Überlebenskünstler ließ sich Mubareka voller Bewunderung fotografieren. Seither postet er das Foto wie eine Visitenkarte. Es ist das Bild, auf dem er in Safari-Weste und mit Schirmmütze dasteht.

## Florence Nishida aus Los Angeles, Kalifornien, USA
## DIE GÄRTNERIN

*Von Kerstin Zilm*

Kopfschüttelnd stehen eine kleine grauhaarige Frau und ein Mann im blauen, durchgeschwitzten T-Shirt, der mindestens einen Kopf größer und doppelt so schwer ist wie sie, vor einem Hochbeet unter massiven Hochspannungsleitungen mitten im Süden von Los Angeles. Von den zwei Reihen Grünkohlsetzlingen, die Florence Nishida und Kevin Ridley eine Woche vorher gepflanzt haben, sind nur noch Ministümpfe übrig und ein paar löchrige Blätter. »Das Gute ist, dass wir wissen, wie wir diese Plagegeister loswerden«, sagt die 83 Jahre alte Gärtnerin zum freiwilligen Helfer in ihrem Lehrgarten. Sie krempelt die Ärmel ihres T-Shirts hoch, lässt die Brille von der Stirn auf die Nase fallen und bückt sich, um die Blätter genauer anzuschauen. »Das sind entweder Schnecken oder Ohrwürmer. Ich tippe auf Ohrwürmer«, sagt sie und schiebt ihre Brille zurück aufs graue Haar. »Egal. Beide lieben den Geruch von fermentierter Flüssigkeit. Wir brauchen Essig. Sojasoße ginge auch, oder Bier. Etwas Öl, damit sie glitschig werden und nicht aus der Falle rausklettern können, und Wasser.«

Essig und Öl sind in der Werkzeugbox. Die steht zwischen den ansonsten üppigen Salat-, Kräuter- und Kohlbeeten, Obstbäumen, schulterhohen Sukkulenten und einem Stapel Bambusstöcken, aus denen heute noch Spaliere für Bohnen und Tomaten werden sollen. Kevin holt einen Stapel leerer Hundefutterdosen aus der Kiste und füllt drei davon mit den Zutaten zur biologischen Schädlingsbekämpfung. Er kommt zurück zum Beet und versenkt sie neben den traurigen Kohlüberresten. »Ein Rückschlag ist immer auch eine gute Gelegenheit zur Selbstreflexion«, sagt der Mittvierziger. »Die Frage ist: Warum habe ich nicht das gewünschte Resultat erreicht, und was kann ich ändern, um es zu bekommen? Florence mit ihrem enzyklopädischen Wissen hat auf fast alle Fragen eine Antwort.«

Die Gärtnerin lacht und holt eine Spitzhacke aus der Werkzeugbox. »Auf geht's. Der Boden fürs Tomatenbeet muss noch fertig werden. Du weißt noch, wie's geht?« Sie beugt leicht ihre Knie, schwingt die Hacke über ihren Kopf nach oben und lässt sie auf den harten Boden neben dem Beet fallen. »Immer mit der Schwerkraft arbeiten!«, sagt sie und schaut zufrieden auf die gelockerte Erde. »Jetzt bist du dran!«

Die Parzelle ist etwa so groß wie ein olympischer Swimmingpool. Es gibt hier keine elektrischen Geräte, nur Schaufeln, Spaten, Rechen, Unkrautstecher und Schubkarren. Das waren auch die einzigen Hilfsmittel, mit denen Florence Nishida und ein Dutzend Freiwillige das Grundstück, auf dem nicht einmal Unkraut wuchs, in diesen fruchtbaren Garten verwandelten. Das sei kein Problem gewesen, sagt Florence. »Das Schwierigste war, in South Los Angeles ein Stück öffentliches Land zu finden, das nicht zubetoniert ist.« Monatelang sei sie vor fünf Jahren durch das Viertel gefahren, auf Seitenstraßen und Freeways, vorbei an verwahrlosten Shoppingzentren und Sozialwohnungen, Schnapsläden und Fast-Food-Restaurants, Schrott- und Parkplätzen. Endlich fand sie zwischen Wohnblöcken und Einfamilienhäusern diese Fläche neben einem eingezäunten Schrebergarten. Sie gehört der für Los Angeles zuständigen Wasser- und Strombehörde. Jahrzehntelang benutzten Bewohner des Viertels sie als Abkürzung zur Hauptverkehrsstraße. Das Gewicht von Autos und Trucks hatte den Boden in eine zementharte Fläche verwandelt. Zu sehen war keine Spur von Leben, nur Reifenspuren.

»Als die Behörden hörten, dass ich das Gelände auf eigene Kosten in einen Garten verwandeln wollte, haben sie gesagt: Leg los! Wir halten dich nicht auf!« Mehr brauchte es nicht. Florence ist überzeugt: Wenn sie Menschen beibringt, Obst und Gemüse anzubauen, vermittelt sie ihnen gleichzeitig, wie sehr ihr Leben von dem der Erde abhängig ist, warum die Klimakrise auch für sie Konsequenzen hat und was sie tun können, um den Planeten zu retten. »Wenn sie das erste Mal eine Tomate ernten, wenn sie sehen, wie Salat wächst, wenn sie leckeres Essen daraus machen, wenn sie lernen, welche Ungeziefer sich ohne Frost besser vermehren, welche Pflanzen sie bei Dürre öfter gießen müssen, verstehen sie intuitiv die Zusammenhänge.«

Die Tochter japanischer Einwanderer hat als Englischlehrerin, Archivarin und als Redakteurin für das US-Klatschmagazin People gearbeitet. Nach der Rente schloss sie an der University of California einen Kurs als diplomierte Gärtnerin ab. 2010 legte sie einen Lehrgarten im Naturkundemuseum von Los Angeles an und gründete LA Green Grounds. Die Mission ihrer Organisation ist es, die Vorgärten von South Los Angeles in Obst- und Gemüsebeete zu verwandeln. In dem Viertel leben vor allem Afroamerikaner und lateinamerikanische Familien. Supermärkte und Restaurants haben hier kaum frische, gesunde Zutaten im Angebot. Krankheiten durch schlechte Ernährung sind in South LA deutlich weiter verbreitet als in Wohnvierteln mit vorwiegend Weißen. Doch etwas vereint alle Stadtteile der US-amerikanischen Westküstenmetropole: die Zeichen der Klimakrise.

Nur zwei Mal hat es geregnet zwischen Mai 2020 und Anfang März 2021: Es gab ein paar Tropfen kurz vor Weihnachten und Ende Januar ein heftiges Unwetter. Im Februar – normalerweise der Monat mit dem meisten Niederschlag im Jahr – hat es gar nicht geregnet. Dürreperioden dauern immer länger. Weil der Grundwasserspiegel dramatisch sinkt, ist der Wasserverbrauch in Los Angeles unter anderem für das Bewässern von Rasenflächen, das Waschen von Autos und das Betreiben von Brunnen rationiert. Die Tiefe des Schnees in der Sierra Nevada hatte im März 2021 zudem nur 61 Prozent des jährlichen Durchschnitts erreicht. Eine Studie des US-Energieministeriums sagt voraus, dass die durchschnittliche Schneedecke der Bergkette bis zum Ende dieses Jahrhunderts um 79 Prozent abnehmen wird, wenn nichts gegen die Erderwärmung getan wird. Der Wasserstand in Reservaten, Aquädukten und Stauseen, aus denen 30 Prozent des Wassers für die vier Millionen Bewohner der Metropole kommen, sinkt kontinuierlich.

Borkenkäfer, deren Vermehrung früher durch winterlichen Frost eingedämmt wurde, breiten sich im milderen Klima nahezu unkontrolliert aus. Sie töteten innerhalb von fünf Jahren 129 Millionen Bäume in Kalifornien. Von ihnen ausgehöhlte und danach ausgetrocknete Baumskelette verwandeln sich in Brennstoff für Waldbrände, die jedes Jahr in Kalifornien neue Rekorde brechen. Die Feuersaison, die noch vor zehn Jahren im November begann, startet nun schon im Juli. Sie dauert jedes Jahr länger, und jeder Brand vernichtet mehr Flächen und Gebäude als die Feuer in den Jahren zuvor. Aschepartikel und Feinstaub senken sich Jahr für Jahr über die Stadt und verschmutzen die Luft. Gleichzeitig kommt vom Pazifik eine weitere Bedrohung als Folge der Klimakrise: steigende Meeresspiegel. Sie betreffen die gesamte kalifornische Küste. Häfen von Fischerdörfern im Norden sind schon heute regelmäßig überschwemmt. Von den Klippen in Big Sur sinken immer öfter Abschnitte des berühmten Highway Number One ins Meer. Besitzer der Strandvillen von Malibu errichten immer höhere Dämme aus riesigen Granitfelsen und Sandsäcken gegen die unbarmherzig weiter steigenden Fluten des Pazifik.

Was hat das alles mit einem Garten in South Los Angeles zu tun? Sehr viel, sagt Florence Nishida. Für sie ist es der ideale Ort, um zu lernen, wie wir unsere Gewohnheiten ändern können, um die Erderwärmung aufzuhalten und zur Rettung des Planeten beizutragen. »Meine Schüler lernen, dass Obst und Gemüse aus dem eigenen Garten richtig gut schmeckt und dass wir gerade hier in Kalifornien mit dem guten Wetter fast nichts aus fernen Ländern zu uns transportieren lassen müssen«, erklärt sie. »Sie entdecken, welcher Reichtum in der Erde steckt und was mithilfe unserer eigenen Kraft dort gedeihen kann.«

Außerdem bringt sie ihren Schülerinnen und Schülern, den freiwilligen Helferinnen und Helfern bei, Ungeziefer ohne Chemikalien zu vertreiben, so wenig wie möglich wegzuwerfen und so viel wie möglich zu recyceln. So werden Hundefutterdosen zu Behältern für die biologische Schädlingsbekämpfung, Eierkartons zur Heimat für Setzlinge und durchlöcherte Plastikblumentöpfe Teil eines Bewässerungssystems. Statt eines Zauns hat sie hohe Sukkulenten und stachlige Büsche gepflanzt. Die Hochbeete sind mit ausrangierten Brettern gebaut. Steine, die die Wege zwischen den Hügelbeeten befestigen, haben Florence und ihr Mann nach Erdrutschen von der Straße gesammelt. »Man braucht nicht viel Geld, um einen Garten anzulegen und gesund zu essen«, sagt sie und holt ein japanisches Werkzeug aus dem Ledergürtel um ihre Hüfte: eine Mischung aus Messer und schmaler Schaufel mit schwerem Holzgriff. »Damit kann ich Unkraut jäten, Erde umgraben, Blätter abschneiden und so viel mehr. Ich habe es seit vielen Jahren«, sagt sie. »Wir Amerikaner sind so eine schreckliche Wegwerfgesellschaft. Dabei ist es so viel sinnvoller, Dinge von guter Qualität zu kaufen und zu pflegen. Dann halten sie ein Leben lang.«

Sie geht zum Beet, in dem ihr Lieblingsgemüse wächst: japanischer Blattsenf. Das ist ein widerstandsfähiger, würziger Salat mit kräftigen rot-grünen Blättern, vielen Vitaminen und Mineralien. Er gedeiht fast ohne Hilfe, kann roh, gekocht und eingemacht gegessen werden. Chad Cole, einer ihrer weiteren freiwilligen Helfer in diesem Garten, zupft dort Unkraut. Er hat sich Setzlinge des Blattsenfs mit nach Hause genommen und in Blumentöpfen auf seinem Balkon angepflanzt. Er wollte schon immer eigenes Essen anbauen, aber bevor er Florence traf, gelang ihm das nie. Er nennt sie L.A.s »Wonder Woman of Gardening«. »Ich habe von ihr nicht nur das Gärtnern gelernt, sondern auch asiatisches Kochen, eine positive Lebenseinstellung und dass man nicht viel braucht, um ein erfülltes Leben zu haben.«

»Sie und dieser Garten haben mein Leben gerettet«, ergänzt Jennifer Kim, eine freiwillige Helferin, die gerade Salatsetzlinge gießt. Sie kommt seit gut einem Jahr in den Garten. »Zwischen den Pflanzen in der Sonne zu arbeiten, ist die beste Medizin gegen Einsamkeit, Depression und schlechte Laune«, sagt die Physiklehrerin. Sie habe früher einen »schwarzen Daumen« gehabt, alles sei unter ihren Händen verwelkt oder nicht einmal gewachsen. Jetzt legt sie einen Lehrgarten an ihrer Schule an. »Unsere Schüler und Schülerinnen verstehen den Zusammenhang zwischen der Erde und ihrem Essen nicht. Sie kennen Äpfel, Tomaten und Salat nur in Plastik verpackt aus dem Supermarkt«, sagt sie und seufzt. »Für sie sind alle Käfer, alle Spinnen, alle Insekten Ungeziefer, die sie tottreten oder totsprühen müssen.« Das will sie ändern und außerdem den Kindern und Jugendlichen, deren Familien nicht genug Geld haben, um ausreichend Essen zu kaufen, zeigen, wie sie Nahrungsmittel anbauen können.

In Los Angeles gelten fast 600 000 Haushalte als nahrungsmittelunsicher. Das heißt, die Familien wissen nicht immer, wo die nächste Mahlzeit herkommt, und die Kinder gehen oft hungrig ins Bett. Dabei sei im kalifornischen Klima ein grüner Daumen keine Voraussetzung, um Gemüse, Hülsenfrüchte und Obst anzubauen, sagt Florence. Alles, was man braucht, ist etwas Zeit, guten Willen und einen Behälter. »Eine Dose, eine Kiste, ein Topf, ein alter Schuh, egal – mach Erde rein, einen Setzling, gib Wasser dazu, stell das Ganze in die Sonne, und es wird etwas wachsen.« Für alle Gründe, warum das nicht funktionieren könnte, hat Florence ein Gegenrezept. Wer wenig Zeit hat, solle etwas anbauen, das wie Unkraut wachse, Grünkohl zum Beispiel und neuseeländischer Spinat. Wer im Garten auf harte, undurchdringliche Tonerde treffe, der könne mit Spitzhacke, Muskelkraft, Hülsenfrüchten und etwas Kompost Wunder bewirken. »Hülsenfrüchte leben symbiotisch mit Bakterien zusammen, die Stickstoff aus der Erde entnehmen und sich damit praktisch selber düngen«, beginnt sie einen ihrer Lieblingsminivorträge. »Tonerde wird so superfruchtbar. Außerdem lieben Bienen die Blüten von Bohnen und Erbsen.«

Gar nicht gelten lässt die Meistergärtnerin den Einwand, ein Vorgarten könne nicht in Ackerland verwandelt werden, weil man sich auf dem grünen Gras mit Nachbarn treffen wolle. Florence ist es unerklärlich, warum sich vor Einfamilienhäusern in Los Angeles ein liebevoll gepflegter Rasen an den anderen reiht. »Was für eine Verschwendung von potenziellen Nutzflächen!«, ruft sie in übertriebener Verzweiflung. Sie findet die Verehrung der Grünflächen irrsinnig. »Denk mal drüber nach!«, sagt sie, die Hände in die Hüfte gestemmt. »Sie verwenden so viel Zeit und Energie darauf, dieses Gras mit Wasser und Dünger zu nähren, damit es auch schön wächst. Dann wird ihnen das Gras zu lang, und sie verwenden viel Zeit und Energie darauf, es zu mähen. Und dann, was tun sie dann mit ihrer Ernte, dem schönen grünen Gras?« Sie zwinkert in die Sonne, biegt sich wie ein Fragezeichen, lacht und gibt selbst die Antwort. »Sie werfen ihre Ernte in die grüne Tonne. Und dann fangen sie wieder von vorne an. Ist das nicht lächerlich?« Sie nimmt die Spitzhacke wieder hoch, schwingt sie zur Seite und fährt fort, den Boden aufzulockern. Kevin ist inzwischen im nachbarlichen Schrebergarten verschwunden. Er hilft einer Rentnerin, auf ihrer Parzelle zwischen Unkraut und essbaren Pflanzen zu unterscheiden. Chad und Jennifer füllen unterdessen Setzlinge des japanischen Blattsenfs in Eierkartons. Die werden später am Eingang auf eine Bank gelegt als Geschenk für alle, die vorbeikommen.

»Die besten Kontakte knüpft man nicht bei einer Cocktailparty auf dem grünen Rasen«, sagt Florence. »Die Leute werden neugierig, wenn man im Vorgarten etwas anbaut. Sie fragen, warum man in der Erde buddelt. Man lässt sie probieren, sie sagen Danke und dann ›übrigens, ich heiße soundso‹.« Schon habe man eine wirkliche Verbindung geschaffen und nicht nur Small Talk betrieben. Florence Nishidas Tatkraft, Humor und Optimismus sind ansteckend. Ihre positive Lebenseinstellung ist umso erstaunlicher, je mehr man über die Lebensgeschichte der 83-Jährigen weiß. Sie wurde in Los Angeles geboren, als die Metropole nicht einmal halb so viele Einwohner hatte wie jetzt und von Ackerland und Orangenhainen umgeben war. Ihr Leben änderte sich dramatisch mit dem Angriff Japans auf den Stützpunkt der US-Marine im Hafen von Pearl Harbor. Das war am 7. Dezember 1941. Florence war zu diesem Zeitpunkt vier Jahre alt. Dekret 9066 ermöglichte es dem damaligen Präsidenten Franklin D. Roosevelt unzählige an der US-Westküste lebenden Menschen japanischer Herkunft in Internierungslager zu bringen, darunter auch Kinder, Senioren und Menschen mit Behinderungen. »Wir hatten sechs Tage Zeit, unsere Sachen in Ordnung zu bringen«, erinnert sich Florence. »Alle konnten nur je einen Koffer mitnehmen.« Mit ihren Eltern und Großeltern wurde sie zunächst mit mehr als 8500 anderen Internierten in den Pferdeställen einer Rennbahn bei Los Angeles untergebracht.

Von dort ging es nach Arizona ins Poston War Relocation Center, das größte Lager der US-Regierung für 17 000 japanische Häftlinge, gebaut auf einem Reservat für indigene Völker gegen den Willen der dort lebenden Colorado River Indian Tribes. »Da war nichts als rote Erde«, erzählt Florence. »Aber: Egal wo du japanische Menschen hinverfrachtest, sie werden anfangen, Gärten zu schaffen, besonders wenn sie nur grässliches Armee-Essen bekommen.« Ihre Großeltern hatten schon in Los Angeles Gemüse angebaut, aber im Internierungslager sah Florence zum ersten Mal, wie Salat, Bohnen und Tomaten aus scheinbar unfruchtbarem Boden wuchsen und Tausende ernährten. Als das Internierungslager im November 1945 geschlossen wurde, gingen die Nishidas zurück nach Los Angeles und begannen ihr Leben von vorne. Mithilfe der Großeltern kauften ihre Eltern ein Haus in South Los Angeles, einem der wenigen Stadtviertel, in denen Banken auch Nichtweißen Kredite gaben. Selbst dem Rassismus und der Segregation gewinnt Florence etwas Positives ab. »Es war der beste Ort zum Aufwachsen«, sagt sie. »Alle Hautfarben waren in meiner Schule und in meinem Wohnblock vertreten.« Ihre beste Freundin war afroamerikanisch. Die Familie im Haus gegenüber kam aus Mexiko, und das ältere Ehepaar nebenan, das sie regelmäßig zum Essen einlud, war weiß.

Nicht so einfach war die Situation für ihren Vater. Der hatte vor dem Angriff auf Pearl Harbor für einen Großmarkt Gemüse eingekauft. Der Job war inzwischen vergeben, und eine neue Arbeit zu finden, war schwer. Vorurteile gegen Menschen japanischer Herkunft waren in den

USA nach wie vor weit verbreitet. Schließlich machte es Florences Vater wie viele Männer mit ähnlichem Schicksal: Er kaufte einen kleinen Truck, einen Rasenmäher, einen Gartenschlauch und Werkzeug und wurde Gärtner. Florence blieb in South Los Angeles, bis sie in den 70er-Jahren selbst eine Familie und vier Kinder hatte. Sie zogen nach Topanga, eine Hippie-Gemeinde in den Santa-Monica-Bergen nördlich von Los Angeles. »Ich passte perfekt dazu. Die Leute backten Brot, bauten Gemüse an, nähten ihre Kleider, machten Tauschgeschäfte. Ich war eine der wenigen mit einem Job.« Die Gemeinde hat sich verändert, der Hippie-Vibe aber ist nach wie vor spürbar. Florence lebt mit ihrem Mann noch immer dort und hat natürlich auch ihren eigenen Garten. Doch zweimal pro Woche kommt sie nach South Los Angeles, um zu pflanzen, zu lehren und andere zu inspirieren. Ein Ende ist nicht in Sicht. »Mein Traum ist, dass irgendwann niemand in Los Angeles mehr einen grünen Rasen haben will und alle verstehen, welch ein Segen unser Planet Erde ist.«

## Theonila Roka Matbob aus Bougainville, Papua-Neuguinea

# DIE UNABHÄNGIGKEITS-KÄMPFERIN

*Von Christina Schott*

Wie eine offene Wunde klafft das riesige Loch mitten in der tropischen Landschaft. Zwei Kilometer breit und 700 Meter tief haben es die Bagger vor rund 50 Jahren ins zentrale Hochland der Pazifikinsel Bougainville gegraben. Panguna war einst der größte Kupfer- und Goldtagebau der Welt. Die vom britisch-australischen Bergbaukonzern Rio Tinto betriebene Mine erwirtschaftete in den 1980er-Jahren fast die Hälfte des Exportvolumens von Papua-Neuguinea und bescherte der erst deutschen, dann australischen Kolonie moderne Infrastruktur sowie politischen Einfluss – aber auch große soziale Ungerechtigkeiten und eine fast unvorstellbare Umwelt- und Klimazerstörung.

Für den Abbau der Edelmetalle wurde der Berg einfach von oben abgetragen, samt einem halben Dutzend Dörfer und heiligen Stätten der indigenen Meekamui. Der türkis verfärbte Jaba-Fluss schwemmt seither den kontaminierten Abraum aus dem ungesicherten Grubenloch rund 50 Kilometer weit bis hinunter zur Küste. Ganze Dörfer sind in den vergangenen Jahrzehnten unter einer Wüste aus Schlamm und Geröll vergraben worden. »Wir leben jeden Tag mit den Auswirkungen von Panguna. Unsere Flüsse sind mit Kupfer verseucht, unsere Häuser füllen sich jeden Tag mit dem Staub der Abraumhügel«, schimpft Theonila Roka Matbob. »Manche Gemeinden müssen mittlerweile zwei Stunden laufen, um sauberes Trinkwasser zu finden, weil die nahen Bäche allesamt mit Minenabfall verstopft sind.«

Die studierte Lehrerin hat gerade Süßkartoffeln und Wasserspinat für das Mittagessen geerntet. Ihr Heimatdorf Makosi liegt an einem steilen Hang oberhalb eines rauschenden Flusses, nicht weit von der Mine entfernt. Dutzende einfache Holzhäuser verstecken sich hinter üppigen Palmen, Bananenstauden und blühenden Büschen. Der Schweiß läuft ihr über die Stirn, als sie umringt von einem Haufen Kinder ihren Besuchern entgegenkommt. Die kräftig gebaute 31-Jährige läuft barfuß und trägt eine knallig gemusterte weite Bluse mit Puffärmelchen – die typische Bekleidung der Frauen in Papua-Neuguinea. Ihre Augen blitzen energisch, wenn sie redet, zugleich strahlt sie eine für ihr Alter beeindruckende Autorität aus. Sie spricht mit ruhiger, kräftiger Stimme in akzentuiertem Englisch. Ja, Makosi sei ein hübsches Dorf, sagt Matbob, doch die Idylle täusche. Sie zeigt auf den Fluss, an dessen Ufern sich türkisene Flecken gebildet haben: »Das Wasser ist verseucht, unsere Kinder werden krank, wenn sie darin baden«, so die zweifache Mutter. »Es ist dringend notwendig, dass Rio Tinto tut, was richtig ist, und sich um das Desaster kümmert.«

Das »Desaster« betrifft durchaus nicht nur die Umwelt unmittelbar um Panguna. Schon der brachliegende Tagebau beeinflusst das Ökosystem der gesamten Insel, die etwa so groß ist wie Zypern, sowie des angrenzenden Ozeans. Würde die Mine aber wiedereröffnet, würde sich der Kohlendioxidausstoß der ansonsten wenig entwickelten Region schlagartig erhöhen: Beim offenen Abbau von einem Kilogramm Kupfer werden 3,2 Kilogramm Kohlendioxid freigesetzt, bei einem Kilogramm Silber sind es 100 Kilogramm Kohlendioxid und bei Gold sogar unglaubliche 12 bis 16 Tonnen Treibhausgas pro Kilogramm Edelmetall. In den 17 Jahren, die Panguna in Betrieb war, wurden drei Millionen Tonnen Kupfer aus dem Berg geholt, außerdem 306 Tonnen Gold und 784 Tonnen Silber.

Seit 1989 ist Panguna geschlossen. Anlass war ein Aufstand der indigenen Landbesitzer und Minenarbeiter, die gegen die soziale und ökologische Ausbeutung rebellierten. Was als Streik begann, artete in einen Bürgerkrieg aus, der fast ein Jahrzehnt lang tobte und rund 20 000 Menschenleben forderte – der längste bewaffnete Konflikt im Pazifik seit dem Zweiten Weltkrieg. Anfangs richtete sich die Rebellion noch gegen die australischen Minenbetreiber und die Regierung von Papua-Neuguinea, die den Einheimischen nur einen Bruchteil der versprochenen Gewinne aus Panguna zukommen ließ. Da das von Australien ausgerüstete Militär nicht gegen die ortskundigen Guerillakämpfer ankam, verhängte Papua-Neuguinea eine totale Seeblockade um Bougainville. Lebensmittel und Medikamente konnten jahrelang nur noch unter Lebensgefahr eingeschmuggelt werden. Schon bald zersplitterte die Rebellion in ethnische Fraktionen, die sich gegenseitig ausplünderten, vergewaltigten und ermordeten. Erst 1998 kam es unter Vermittlung der Vereinten Nationen zu einem Friedensabkommen. Der darauffolgende Versöhnungsprozess dauerte noch einmal 20 Jahre und mündete im Dezember 2019 in einem Referendum, bei dem sich fast 98 Prozent der Bevölkerung für die Unabhängigkeit von Papua-Neuguinea aussprachen. Wenn die Zentralregierung zustimmt, könnte Bougainville bald der jüngste Staat der Erde werden. Das wiederum könnte schwere Folgen für das Klima haben. Denn außer Panguna hätte die junge Nation kaum Einnahmequellen. Ein Dilemma für Bougainville – aber auch weit darüber hinaus.

»Wir müssen wieder lernen, für uns selbst zu sorgen«, sagt Marcelline Kokiai. »Papua-Neuguinea und Australien haben uns zu lange dominiert. Sie haben uns all unsere Ressourcen genommen.« Es ist Freitagmorgen, am Hafen von Kokopau herrscht Rushhour. Die frühere Ministerin für Gemeindeentwicklung von Bougainville steht mitten im Gewühl und weist ein paar kräftige junge Männer an, ihr Auto auszuladen. Zugleich nutzt sie die Zeit zum Telefonieren, denn in ihrem Heimatort – drei holperige Fahrtstunden südlich von hier – hat sie keinen Mobilempfang. Unentwegt legen Longboats mit knatternden Außenbordmotoren an und ab. Sie transportieren Marktverkäuferinnen, Schulkinder und Büroangestellte mitsamt Taschen, Holzbündeln und Hühnern über die knapp 400 Meter breite Meerenge auf die Nachbarinsel Buka. Dort befindet sich seit dem Bürgerkrieg der Regierungssitz der »Autonomen Sonderregion von Bougainville«, zu der noch rund drei Dutzend kleinere Inseln gehören. Gerade werden am Hafen von Buka Hunderte rostige Tonnen mit Diesel von einem Frachter abgeladen. In den letzten Tagen war der Treibstoff so knapp, dass die Generatoren nur noch stundenweise liefen. In Zeiten der »Krise«, wie die Menschen in Bougainville den Bürgerkrieg und seine Folgen nennen, stellten die Kämpfer ihren Brennstoff aus Kokosöl her.

Marcelline Kokiai weiß, dass die Unabhängigkeit von Papua-Neuguinea einen hohen Preis haben wird, sollte das Parlament in der fernen Hauptstadt Port Moresby dem rechtlich nicht bindenden Referendum der Bevölkerung von Bougainville stattgeben. Angesichts des hohen internationalen Drucks ist damit zu rechnen. Fast alle Politiker und Ökonomen im In- und Ausland halten eine wirtschaftliche Selbstständigkeit des Inselstaats mit seinen 300 000 Einwohnern allerdings nur dann für realistisch, wenn die Panguna-Mine wieder geöffnet wird. Kokiai hält allerdings gar nichts von der Idee, den Bergbau wieder zu aktivieren, der schon zu viel Leid verursacht habe. »Ich bin sicher, dass das Gold und Kupfer dort in der Erde eine andere Funktion haben, als dass wir es herausnehmen und auf diese Weise unser Land zerstören«, sagt sie mit Nachdruck.

Wie viele der Inselbewohner ihrer Generation hat die 62-Jährige eine höhere Ausbildung und spricht sehr gutes Englisch. Die kleine, kräftige Frau trägt lange schwarze Hosen und eine knallig geblümte Bluse, ebenfalls mit Puffärmeln. In ihren kurzen Haaren zeigt sich noch kein Grau. Doch ihre Hände und Füße erzählen von einem Leben voller harter Arbeit. Als der Bürgerkrieg begann, musste die frühere Apothekenhelferin fliehen. Noch heute kommen ihr die Tränen, wenn sie vom Elend und der Gewalt berichtet, die sie und ihre Familie erfahren haben. »Ich musste alles zurücklassen, mein Haus, mein Land, die Geister meiner Urahnen«, erzählt sie. »Ich musste neun Kinder im Dschungel großziehen. Aber eines habe ich in dieser Zeit nie verloren: den Glauben an unsere eigene Kraft.«

Kokiai ist überzeugt, dass der Schlüssel für Bougainvilles Selbstständigkeit in der üppigen Natur der Insel liegt – und nicht in deren Zerstörung: »Unser Herz schlägt für unser Land. Nimmt man es uns weg, dann sterben wir.« Die Lokalpolitikerin setzt auf den biologischen Anbau von Kakao und Kokosnüssen. Später vielleicht auch auf ökologischen Tourismus. Angesichts des steigenden internationalen Klima- und Umweltbewusstseins könnte Bougainville damit eine Chance haben, hofft sie. »Wir brauchen gar nicht so viel Geld. Der Wald ist wie unsere Apotheke – wir gehen hin und holen, was wir benötigen«, sagt sie. »Wenn zu viel Entwicklung kommt, dann werden all diese Bäume abgeschlagen. Wenn der Bergbau zurückkommt, wird er das ganze Land hier zerstören. Wie sollen wir das je wiederherstellen?«

So wie Marcelline Kokiai denken längst nicht alle Bewohner von Bougainville. Die Entbehrungen während der »Krise« waren zu groß – jeder will jetzt endlich seinen Teil vom Wohlstand haben. Die jüngeren Generationen sind noch dazu weitestgehend ohne Schulbildung aufgewachsen und lassen sich von Geld genauso leicht verführen wie von Alkohol oder Drogen. »Wir müssen die Generation, die wir zerstört haben, wieder aufbauen«, sagt der ehemalige Chef der Bougainville Revolutionary Army, Sam Kaouna. »Wir brauchen den Bergbau, um in Gesundheit, Ausbildung und andere Sektoren investieren zu können«, meint der 60-Jährige. Ausländische Investoren hätten das Land seiner Familie bereits begutachtet, gibt er zu. Es kursieren zahlreiche Gerüchte, nach denen ehemalige Bürgerkriegskämpfer und Landbesitzer bereits angefangen haben, die Pfründe aufzuteilen. Dutzende internationale Unternehmen aus Australien, China, Malaysia und den Philippinen stehen bereits in den Startlöchern. Einige sind schon dabei erwischt worden, als sie illegalerweise Geräte an Land geschmuggelt und mit ersten Messungen begonnen haben.

Doch obwohl mächtige Konzerne mit viel Geld locken, wollen viele Aktivistinnen und Aktivisten den Kampf gegen die Wiedereröffnung der Mine noch nicht aufgeben – das Leid des Bürgerkriegs und seiner Folgen ist noch zu gegenwärtig. »Wir müssen die Denkweise der Menschen verändern«, glaubt Ruby Mirinka. »Bergbau bringt schnelle Einnahmen, aber er zerstört die Natur und unsere Gesundheit.« Die 70-Jährige, die immer noch jugendlich wirkt, sitzt in ihrem Büro in Arawa. Von hier leitet sie Bougainville Health Communities, die größte Nichtregierungsorganisation in der Region. Über den dicht bewachsenen Bergen hinter der ehemaligen Hauptstadt von Bougainville hängen dichte Nebelschwaden, irgendwo da oben liegt Panguna. Die gepflegten Vorgärten vor jedem noch so einfachen Haus bilden einen starken Kontrast zu den kaputten Überresten der früheren Regierungsgebäude und Fabriken. An der Hauptkreuzung zeigt eine überdimensionale Videotafel in Endlosschleife Clips, die vor Alkoholismus und Gewalt gegen Frauen warnen. Die Straßen sind wie leer gefegt: Es ist Sonntagmorgen, und die meisten Bewohner befinden sich um diese Zeit auf dem Weg zur Kirche. Da Mirinka der Pfingstkirche angehört, war sie bereits samstags beim Gottesdienst.

Bougainville Healthy Communities kümmert sich mithilfe Tausender Freiwilliger um die gesundheitliche Grundversorgung auf den Inseln. Auch dass sich noch im abgelegensten Bergdorf gepflegte Vorgärten mit Gemüsebeeten finden, geht auf Mirinkas Aufklärungskampagnen über gesunde Ernährung und saubere Umwelt zurück. Die Organisation hat außerdem ein Trainingsprogramm entwickelt, bei dem die Dorfgemeinschaften und vor allem Frauen lernen, sich selbst zu finanzieren. »Wir waren einst ein stolzes Volk. Doch seit 20 Jahren hat sich hier nichts bewegt. Männer reden immer nur und fuchteln mit ihren Waffen herum. Es ist Zeit, dass wir Frauen uns jetzt darum kümmern, dieses Land wiederaufzubauen«, sagt die ehemalige Chefausbilderin aller Krankenpflegenden in der autonomen Region.

Traditionell gilt auf Bougainville matrilineares Erbrecht. Als Landbesitzerinnen haben die Frauen großen gesellschaftlichen Einfluss: Den höchsten Rang in den Gemeinden haben die dorfältesten Frauen. Allerdings bleibt ihr Platz in der streng christlichen Gesellschaft meist dennoch zu Hause – fast alle politisch entscheidenden Positionen sind mit Männern besetzt. Dabei waren es vor allem Frauen, die den Friedensprozess auf Bougainville durchgesetzt haben. Starke, energische Frauen wie Marcelline Kokiai, die erst einzelne Frauengruppen und später ganze Gemeinden neu organisiert hat. Oder wie Ruby Mirinka, die unter Lebensgefahr Medikamente durch die Blockade geschmuggelt und Kontakt zu den Vereinten Nationen gehalten hat. Nun sind es wieder vor allem Frauen, die gegen den Ausverkauf ihrer Heimat kämpfen – oder genauer: für den Erhalt ihres Landbesitzes, der ihren wichtigsten Trumpf in der patriarchalen Gesellschaft darstellt und die Zukunft ihrer Töchter sichert.

»Das Potenzial für eine starke, vereinte Frauenbewegung ist da«, sagt Mirinka, die selbst bei der Präsidentschaftswahl im September 2020 kandidiert hat. Das Wahlergebnis aber ließ ihre Hoffnung schwinden: Sie und ihre einzige Mitbewerberin unter 25 Männern landeten weit abgeschlagen auf den Plätzen 19 und 23. Gerade einmal vier Frauen haben es auf einen der 40 Sitze im Parlament geschafft, drei davon auf reservierte Quotenplätze. Nur eine Frau konnte sich in direkter Wahl für einen Platz im Abgeordnetenhaus durchsetzen – gegen 15 männliche Mitbewerber –, und das ausgerechnet im Wahlkreis, zu dem Panguna gehört. Diese Abgeordnete ist Theonila Roka Matbob, die Lehrerin aus dem Dorf Makosi, an dem der vergiftete Fluss aus der Mine vorbeirauscht.

Sie ist eine Politikerin der neuen Generation: Geboren wurde sie ein Jahr nach Schließung der Mine, die dennoch ihr ganzes Leben bestimmen sollte. Sie wuchs im Bürgerkrieg auf, der ihren Vater das Leben kostete, und verbrachte viele Jahre in Flüchtlingslagern. Sie könne sich kaum an einen glücklichen Moment ihrer Kindheit erinnern, erzählt sie, nur an Angst. Das wolle sie ihren eigenen Kindern ersparen. »Meine größte Hoffnung für Bougainville ist, das Bildungssystem zu ändern«, erklärt die frisch ernannte Bildungsministerin der Autonomen Regierung.

Seit 2014 leitet Matbob, die an der Divine Word University in Papua-Neuguineas Hauptstadt Port Moresby studiert hat, außerdem das von ihrer Familie gegründete »John Roka Memorial School & Child Counseling Centre«. Es besteht aus ein paar einfachen, ordentlichen Holzhäusern. Hier sollen Kinder, insbesondere auch Mädchen, die sonst durch das Raster fallen, eine Chance auf Schulbildung erhalten. »Ein besorgniserregender Trend ist, dass die meisten Kinder in der Gegend die Schule verlassen«, sagt die engagierte Lehrerin in einem Interview mit dem Jubilee

Australia Research Center. Nicht aus Geldmangel, wie die Eltern oft behaupteten. Vielmehr müssen die oft noch kleinen Kinder ihren Familien helfen, Gold zu schürfen – oft die einzige Einkommensmöglichkeit, die den ehemaligen Bauern bleibt, seit der Abraum der Mine ihre Dörfer und Felder verschüttet hat. Dabei hantieren sie mit gefährlichen Chemikalien und setzen nicht nur ihre Gesundheit aufs Spiel, sondern vergiften die Flüsse noch mehr und setzen zudem giftige Stoffe frei. »Wenn wir nicht aufpassen, befinden wir uns auf dem Weg in eine katastrophale Zeit«, warnt die Abgeordnete.

Ende September – nur wenige Tage nach ihrer Wahl – hat Theonila Roka Matbob gemeinsam mit 155 anderen Landbesitzern und der Hilfe des Human Rights Law Centers in Melbourne bei der australischen Regierung eine lange vorbereitete Klage gegen den Bergbaukonzern Rio Tinto eingereicht. Dieser hatte 2016 seine Beteiligung an der Panguna-Mine aufgegeben, ohne Verantwortung für die entstandenen Schäden zu übernehmen. Die Anrainer weisen nun in ihrer Klage unter anderem auf erhebliche Verstöße gegen die OECD-Richtlinien zu Umwelt- und Menschenrechten hin. Sie fordern den Konzern auf, eine unabhängige Verträglichkeitsprüfung zu finanzieren und eine langfristige Rehabilitation zu unterstützen. »Es ist Zeit, dass Rio Tinto tut, was nötig ist, um mit dieser Katastrophe umzugehen«, unterstreicht die resolute Lokalpolitikerin. Und tatsächlich reagierte der Konzern, der international wegen seiner klimaschädlichen Aktivitäten sowie Menschenrechtsverletzungen auch an anderen Standorten unter Druck steht, direkt auf die Klage. »Wir sind uns bewusst, dass die Infrastruktur in der Mine und ihrer Umgebung zerfällt und dass negative Folgen für die Umwelt und das soziale Leben – inklusive Menschenrechte – beklagt werden«, lautet das offizielle Statement von Rio Tinto. Man nehme die Vorwürfe ernst und werde »alle notwendigen Schritte unternehmen, um eine Beteiligung von Rio Tinto an diesen nachteiligen Auswirkungen zu bewerten«.

Die Kläger hoffen nun im besten Fall auf einen unabhängig verwalteten Rehabilitationsfonds in Höhe von Hunderten Millionen Dollar. Mit diesem Geld für die Sanierung des Panguna-Gebiets im Rücken könnte sich die neu gewählte Regierung erst einmal auf ihr Hauptziel konzentrieren: die Bedingungen für eine Unabhängigkeit Bougainvilles auszuhandeln – ohne sich sofort mit der Frage nach der Wiedereröffnung der Mine auseinandersetzen zu müssen. Präsident Ishmael Toroama hat bereits deutlich gemacht, dass die Entscheidung über die Zukunft von Panguna bei den lokalen Landbesitzern liegen werde. Während diese selbst uneins sind und einige bereits Gespräche mit Investoren aus Australien aufgenommen haben, sagt Theonila Roka Matbob als die gewählte Repräsentantin des Bezirks, dass sie zu diesem Zeitpunkt klar gegen eine Wiedereröffnung der Mine ist. »Diese Frage muss zurückgestellt werden. Wir müssen jetzt für die grundlegenden Menschenrechte der Bewohner kämpfen, damit sich Bougainville unter sicheren Bedingungen weiterentwickeln kann«, fordert sie. Dazu gehören nach ihrer Auffassung ein gesundes Sozial- und Bildungssystem genauso wie eine gesunde Umwelt – sei es auf Bougainville oder sonst wo in der Welt. Dabei schließt sie sich den Aussagen der globalen »Black Lives Matter«-Bewegung an, die lauten: »Ohne soziale Gerechtigkeit kann es keine Umweltgerechtigkeit geben. Es gibt keine Klimagerechtigkeit ohne Gerechtigkeit für alle Ethnien und indigenen Völker.«

Die Folgen der Klimakrise sind in Bougainville so nahe wie kaum irgendwo sonst auf der Welt: Die Carteret-Inseln – ein Atoll, das zur Autonomen Region von Bougainville gehört – versinken wegen des ansteigenden Meeresspiegels bedrohlich schnell im Pazifischen Ozean. Seit 2009 sind zahlreiche Familien in die Pfarrei von Tinputz umgesiedelt worden, nur rund 100 Kilometer Luftlinie von Panguna entfernt. Doch noch fehlt das allgemeine Bewusstsein dafür, was eine Wiederaufnahme des Bergbaus sowohl für die Insel als auch das globale Klima bedeuten würde. Die Mine einfach mit Bäumen zu bepflanzen, würde weder die verseuchte Landschaft entlang der Flussläufe rehabilitieren, noch die Not der landlos gewordenen Bauern lindern. Um die Wunde zu schließen, die Panguna geschlagen hat, ist vermutlich internationale Hilfe nötig: sowohl in Form von technischem Know-how spezialisierter Bergbauexperten, die die Mine und ihre Umgebung sichern müssten, als auch durch Investitionen in andere, klimafreundlichere Wirtschaftszweige wie die biologische Landwirtschaft. Starke Klimakämpferinnen wie Theonila Roka Matbob wissen das und fordern daher von der Weltgemeinschaft – und insbesondere von den ehemaligen Kolonialmächten Australien und Deutschland, die den Bergbau in Bougainville eingeführt haben –, Verantwortung zu übernehmen.

## Anuna de Wever aus Brüssel, Belgien
## DIE STREITBARE

*Von Eric Bonse*

Auf den ersten Blick ist es eine typisch belgische Geschichte: unglaublich, faszinierend und surreal. Es ist, als hätten sich der Maler René Magritte und der Comiczeichner Hergé zusammengetan, um eine bunt schillernde Heldin zu kreieren und den grauen Politikalltag in Belgien vergessen zu machen. Doch Anuna de Wever ist keine Comicfigur. Den Ehrentitel der Klimaheldin hat sich die junge Belgierin nicht selbst ausgedacht, sondern von Greta Thunberg persönlich verliehen bekommen. Und dafür, dass ihre Geschichte so unglaublich klingt, kann sie auch nichts. Oder vielleicht doch?

»Ich bin eine kontroverse Person«, sagt sie von sich selbst. »Ich bin anders, ich bin nichtbinär, und ich habe eine Message, die nicht leicht zu verdauen ist. Viele Leute verstehen das nicht. Oder sie sagen, dass ich überdramatisiere. Dabei sieht unsere Zukunft total beschissen aus.«

Alles begann im Koninklijk Atheneum Mortsel. Die weiterführende Schule in einem Vorort von Antwerpen hatte bisher nie Aufsehen erregt. Doch im Winter 2018/2019 sollte sie plötzlich in die Schlagzeilen geraten. Zwei Schülerinnen – Anuna de Wever, damals 17, und die zwei Jahre ältere Kyra Gantois – riefen zu einem Streik für das Klima auf. Ihr Vorbild war Greta Thunberg in Schweden. Doch im Gegensatz zu Greta schwänzten sie nicht am Freitag den Unterricht, sondern schon am Donnerstag. Ihre Bewegung »Youth for Climate« hatte mit den »Fridays for Future« zunächst auch wenig gemein. Anuna und Kyra wollten nicht bloß auf die Klimakrise aufmerksam machen, sondern die Politik aufmischen.

Die belgische Politik steckte damals in einer Sackgasse. Die rechtsliberale Regierung hatte sich über die Flüchtlingspolitik zerstritten, die flämischen Nationalisten um den Antwerpener Bürgermeister Bart de Wever, der nicht mit Anuna verwandt ist, drohten mit dem Bruch der Koalition. Gleichzeitig rumorte es an der Basis, bei den Bürgern. Es war eine kritische, unentschiedene Situation, zwischen Machtverlust und Aufbruchstimmung – wie so oft in Belgien. Anuna und Kyra spürten das, binnen weniger Wochen sollten sie zu Wortführerinnen des Wandels werden. Während die Politik versagte, übernahm die Jugend das Ruder.

Vor allem Anuna, die vom sozialen Engagement ihrer Eltern geprägt ist, interessiert sich schon lange für Politik. Ihr Vater ist Architekt, er beschäftigt sich mit grüner Stadtentwicklung und ökologischem Wohnungsbau. Ihre Mutter arbeitet als Beraterin für Genderfragen und Gleichberechtigung und engagiert sich in Flüchtlingsprojekten. Anuna will ihnen damals nacheifern – auf ihre Weise. Es ärgert sie, dass sie mit 17 weder an der Europawahl im Mai 2019 noch an der belgischen Parlamentswahl teilnehmen kann, die am selben Tag stattfindet. Noch mehr regt es sie auf, dass die belgische Regierung nichts für den Klimaschutz tut – und das, obwohl die Belgier ungeduldig werden. »Für mich war der Auslöser, als 75 000 Menschen für das Klima demonstriert haben und die Politik überhaupt nicht reagiert hat. Da habe ich mir gesagt: Das ist doch keine Demokratie mehr, was ist hier los? Das ist total lächerlich«, sagt Anuna rückblickend. Zusammen mit Kyra beschließt sie, selbst aktiv zu werden.

Weihnachten 2018, kurz nach der ersten großen Klimademo, fällt der Startschuss für die neue Schülerbewegung. Für Anuna ist dies nur folgerichtig. Von ihren Eltern hat sie gelernt, was soziales Engagement bedeutet. Die Klimakrise begreift sie als soziale Frage, die zuallererst den globalen Süden betrifft und politisch gelöst werden muss. »Ich hasse alle Formen der Ungerechtigkeit – ob es nun um Menschenrechte oder ums Klima geht. Als Weiße, die in einem reichen Land geboren wurde und in einer Mittelklassefamilie aufgewachsen ist, weiß ich um meine privilegierte Stellung. Umso mehr spüre ich die Verantwortung, etwas zu verändern«, sagt sie. Schon als Kind habe sie gelernt, dass sie anders sei als andere. »Ich wusste von klein auf, dass ich ein Junge sein wollte.« Heute bezeichnet sie ihre Geschlechtsidentität als zwischen männlich und weiblich fließend, sie bevorzugt weibliche Pronomen. Auf Instagram zeigt sie sich strahlend und stolz mit ihrer Freundin. Das Ringen um ihre eigene Identität habe sie stärker gemacht, sagt sie. »Be a voice, not an echo«, ist ihr selbstbewusstes Motto: Sie will nicht anderen nachplappern, sondern sagen, was sie selbst für wichtig hält.

Doch im tief gespaltenen Belgien ist es gar nicht so einfach, eine eigene Stimme zu finden und sich bemerkbar zu machen. »Als wir angefangen haben, haben alle gesagt, wir seien völlig verrückt«, erinnert sich Anuna. Einem Aufruf in den sozialen Medien für den Klimastreik folgen gerade einmal 300 Schülerinnen und Schüler in Mortsel. Kurz darauf sind es schon 600, dann über 1000. Doch die neue Schülerbewegung ist auf Flandern begrenzt, in der französischsprachigen Wallonie und der Hauptstadt Brüssel nimmt sie kaum jemand wahr. Eine politische Wirkung auf nationaler Ebene kann sie nicht entfalten. Dabei gehört Belgien zu den Ländern, die eine vorausschauende Klimapolitik besonders dringend brauchen.

Den Untergang in der Nordsee wie die Niederlande muss Belgien zwar nicht befürchten. Doch das Königreich, das nach einem Chanson von Jacques Brel liebevoll »das flache Land«, »le plat pays«, genannt wird, ist dennoch schlecht für die Klimakrise gerüstet. Dies gilt vor allem für die nördliche Region Flandern, deren 67 Kilometer lange Küstenlinie von Überschwemmungen und Stürmen bedroht ist. Sollte der Meeresspiegel – wie einige Wissenschaftler prognostizieren – um einen Meter ansteigen, so würde der Hafen von Antwerpen in den Fluten versinken. Auch Oostende und die vielen kleinen Touristenorte an der Küste wären bedroht. Anunas Heimat wäre kaum noch zu retten.

Lange Zeit haben sich die Belgier kaum Gedanken über die Erderwärmung gemacht. Ausgerechnet die Flamen, die wegen der Nähe zum Meer am meisten gefährdet sind, haben die Risiken verdrängt. Sie wählten die separatistische Partei N-VA und schickten Grüne und Umweltschützerinnen in die Opposition. Doch seit einigen Jahren häufen sich die Alarmsignale. Die Sommer in Belgien sind heißer geworden, der früher landestypische Wechsel von zähem Nebel und anhaltendem Nieselregen wurde zur Seltenheit.

Dafür gibt es immer mehr heftige Stürme und Hochwasser – zuletzt im Juli 2021 mit teils verheerenden Folgen. Wie groß die Gefahr ist, hat schon eine im September 2020 veröffentlichte Studie dreier Forschungsinstitute gezeigt. Ein ungebremster Klimawandel mit einer Temperaturerhöhung um 3,5 Grad bis 2100 würde Schäden im Wert von 9,5 Milliarden Euro im Jahr anrichten – rund zwei Prozent der belgischen Wirtschaftsleistung. Zudem dürfte die Übersterblichkeit infolge von Hitzewellen um fast 1000 Personen pro Jahr steigen. Besonders große Schäden haben die Wissenschaftler für Flandern prognostiziert, infolge von Überschwemmungen und Deichbrüchen. Schon jetzt belaufen sich die Kosten der Klimakrise auf 49 Millionen Euro im Jahr. Und selbst bei einem milden Klimawandel könnten die Schäden bis 2050 auf 200 bis 650 Millionen im Jahr anwachsen oder sogar auf bis zu 5,3 Milliarden Euro pro Jahr, wenn die Küstenbefestigungen den Fluten nicht standhalten. Ab 2050 könnte es so weit sein – wenn die Politik nicht schnell und entschieden gegensteuert. Doch dazu ist sie im Dezember 2018, als Anuna und Kyra ihre Bewegung lancieren, nicht in der Lage.

Zur Klimakonferenz COP24 in Kattowitz kann sich die belgische Föderalregierung nicht auf eine gemeinsame Linie einigen. Die Klimabewegung scheint zum Scheitern verurteilt, die ersten Aktionen von »Youth for Climate« werden national und international kaum beachtet. Das ändert sich erst, als Anuna und Kyra Anfang 2019 die ersten Demos in der Hauptstadt organisieren. Zum Auftakt am 10. Januar kommen nur 3000 Menschen. Eine Woche später sind es schon 12 500, am 24. Januar dann 35 000. Als Greta Thunberg davon hört, erklärt sie Anuna und Kyra begeistert zu »Heldinnen«. In ihrer Heimat Stockholm hatte es so etwas zu diesem Zeitpunkt noch nicht gegeben. Dass die neue Schülerbewegung ausgerechnet in Brüssel, der Hauptstadt der Europäischen Union, zur Hochform aufläuft, hatte niemand erwartet. Die beiden Belgierinnen laden Greta nach Brüssel ein. Der Besuch am 21. Februar 2019 wird zu einem Wendepunkt für die Klimabewegung weit über Belgien hinaus. Die Schülerinnen erobern nicht nur die Straßen und Plätze der Hauptstadt, sondern auch die Herzen der Belgierinnen und Belgier sowie der Europäer und Europäerinnen.

Zu Beginn des Europawahlkampfes reißen sich die EU-Politiker um die Stars der neuen Jugendbewegung. »Ihr verhaltet euch wie verwöhnte, leichtsinnige Kinder«, wirft Greta Thunberg im Europaviertel den Politikern vor. Die Proteste erinnerten an den Mai 1968, begeistert sich daraufhin die belgische Tageszeitung Le Soir Doch der Erfolg hat eine Kehrseite: Es kommt zum politischen Streit in Flandern. Anuna de Wever wird immer stärker angefeindet. Für die einen ist sie eine Heldin, für andere eine Hassfigur.

Der erste Eklat bricht in der flämischen Regionalregierung aus. Umweltministerin Joke Schauvliege beschuldigt die Schülerbewegung, von Umweltaktivisten und Unruhestifterinnen ferngesteuert und instrumentalisiert zu werden. Dies sei ihr von der belgischen Staatssicherheit bestätigt worden, behauptet die christdemokratische Politikerin. Doch die amtlich beglaubigte Verschwörungstheorie erweist sich als Bumerang. Nicht nur die Schülerinnen, sondern auch deren Eltern empören sich über diese Unterstellung. Der Druck wird schließlich so groß, dass die beliebte Ministerin unter Tränen von ihrem Amt zurücktreten muss. Seitdem hat sich die Stimmung in Flandern aufgeheizt. Die Klimaaktivisten und die Regionalregierung stehen sich noch misstrauischer gegenüber, der rechtsextreme »Vlaams Belang« ist stärker geworden. Anuna wird von flämischen Nationalisten und Faschisten beschimpft und verfolgt. Wie explosiv die Lage ist, zeigt sich bei einem Überraschungsbesuch auf dem Musikfestival Pukkelpop, wo sie auf die Klimakrise aufmerksam machen will. Da greifen sie einige junge Männer mit uringefüllten Flaschen an. Ihr Zelt wird zerstört, es gibt sogar Morddrohungen. Bereits vor dem Festival war die Schülerin verbal attackiert worden. »Das macht mir Angst. Ich habe das Gefühl, zur Zielscheibe zu werden, auch für die Politik«, sagt sie. »Dabei geht es mir doch nur darum, dass wir alle endlich zu einer ambitionierten Klimapolitik beitragen.«

Der Wirbel führt auch zum Bruch mit Kyra. Anunas langjährige Freundin erträgt es nicht mehr, immer im Schatten zu stehen. Sie wirft ihr vor, den Vorfall auf dem Festival aufgebauscht zu haben, und zieht sich aus der Bewegung zurück. In Wahrheit sei Kyra schon länger nicht mehr aktiv gewesen, sagt Anuna. Fortan wird sie mit Adélaide Charlier zusammenarbeiten, die sich in der französischsprachigen Wallonie einen Namen als Klimaaktivistin gemacht hat. Gemeinsam mit Luisa Neubauer und Greta Thunberg starten Anuna und Adélaide im Sommer 2020 den Aufruf »Face the Climate Emergency«. Den Appell im Internet unterzeichnen in kurzer Zeit über 100 000 Menschen, darunter viele Klimawissenschaftler. Auch Promis und Popstars wie Leonardo DiCaprio, Naomi Klein, Annie Lennox und Björk haben unterschrieben. Der Aufruf startet mit den Worten: »Hört auf, so zu tun, als könnten wir die Klima- und Umweltkrise lösen, ohne sie als Krise zu behandeln.« Doch die erhoffte Wirkung bleibt aus. Die Politik macht weiter »business as usual«, die EU-Kommission lässt auf ihren versprochenen »European Green Deal« immer noch keine Taten folgen. Die neue Kommissionspräsidentin Ursula von der Leyen hat zwar zugesichert, Europa bis 2050 klimaneutral zu machen. Doch wie das gehen soll, lässt sie offen – die nötigen Klimagesetze werden auf die lange Bank geschoben.

Immerhin bekommt Anuna nun Gelegenheit, ihre Forderungen direkt mit der EU-Spitze zu besprechen. In Gesprächen mit von der Leyen und Klimakommissar Frans Timmermans präsentiert sie sich als streitlustige Vorkämpferin für die gute Sache. Zudem legt sie sich öffentlichkeitswirksam mit dem EU-Außenbeauftragten Josep Borrell an. Der Spanier hatte in einem Interview Zweifel an der Glaubwürdigkeit junger Klimaschützer geäußert. »Die Vorstellung, dass junge Leute ernsthaft entschlossen sind, den Klimawandel zu stoppen – wir könnten es das Greta-Syndrom nennen – erlauben Sie mir meine Zweifel«, sagte der damals 72-jährige Sozialist. »Es ist nett, gegen den Klimawandel zu demonstrieren, solange niemand einen darum bittet, dafür zu zahlen.« Anuna nennt diese Aussagen lächerlich, es gebe keine Alternative zur Lösung der Klimakrise. »Natürlich sind wir bereit, den Preis zu zahlen, damit wir eine Zukunft haben.« Borrell habe nicht richtig zugehört und nichts verstanden – wie so viele Männer seiner Generation.

Ähnlich wie der Eklat mit der flämischen Umweltministerin geht auch dieses Wortduell zugunsten der Klimaaktivistin aus. Borrell erntet für seine Worte einen Shitstorm im Internet und macht einen Rückzieher. Die Jugendbewegung gegen den Klimawandel habe seine »volle Unterstützung«, erklärt er nach einem Rüffel aus der eigenen Behörde; sie inspiriere Europas Politik und die Bevölkerung. Es ist eine dieser unglaublichen Wenden, wie sie für die Politik in Brüssel typisch ist. Man glaubt zu träumen: Eine junge Frau aus Flandern hat das alte Raubein aus Spanien in die Schranken gewiesen! Fortan traut sich niemand mehr in der EU-Kommission, ein kritisches Wort über die junge und aufstrebende Klimabewegung zu sagen. Man redet Anuna und Greta nach dem Mund, ohne jedoch entsprechend zu handeln. Den Aktivistinnen bleibt dies nicht verborgen – sie wehren sich gegen die Vereinnahmung. Kommissionschefin von der Leyen räume immerhin ein, dass die angekündigten Maßnahmen nicht ausreichten, um die Klimaziele von Paris zu erreichen, sagt Anuna. Das mache Hoffnung. Härter fällt ihr Urteil über die deutsche Kanzlerin Angela Merkel aus, die sie in Berlin getroffen hat. Obwohl Merkel doch eine studierte Physikerin sei, habe sie den Ernst der Lage nicht erkannt. Merkel habe nach dem anderthalbstündigen Gespräch im Kanzleramt betont, dass es in der Politik auf Kompromisse ankomme. Doch genau hier liege der Fehler, so Anuna. Mit einer Katastrophe mache man keine Kompromisse. Das gesamte politische System sei viel zu träge und langsam für die Krise. Wenn es für radikale Veränderungen keine Mehrheiten gebe, dann müsse man diese eben organisieren.

Da ist sie wieder, die streitbare Klimarebellin. Im Gegensatz zu anderen Aktivistinnen belässt es Anuna nicht bei symbolischen Streiks und medienwirksamen Auftritten. Die junge Frau, die einmal gesagt hat, dass sie gerne Generalsekretärin der Vereinten Nationen werden möchte, mischt sich selbst offensiv in die Politik ein. Dabei geht sie nach der alten Doppelstrategie vor: außerparlamentarisch Druck machen und gleichzeitig in den Parteien und Parlamenten arbeiten. In ihrem Fall heißt das, dass sie ein Praktikum bei den Grünen im Europaparlament in Brüssel beginnt. Die Grünen sind ihr zwar eigentlich zu zahm – doch immerhin arbeiten dort ehemalige Klimaaktivisten wie Michael Bloss oder Bas Eickhout mit. Außerdem findet Anuna einen Weg, ihr Praktikum nutzbringend zu gestalten. Sie begleitet die Abgeordneten nicht einfach bei ihrer Arbeit, sie lässt sich auch nicht von Älteren an die Hand nehmen. Nein, sie arbeitet sich selbstständig in den »European Green Deal« ein – um herauszufinden, was er für den Klimaschutz bringt und was nicht. Ihr Urteil fällt vernichtend aus. Mit diesem Deal seien die Klimaziele von Paris nicht zu erreichen, sagt sie. »Es ist ein Buch mit einem hübschen Cover, aber ohne Inhalt.« Das Ziel der Klimaneutralität bis 2050 sei »absurd« – denn vorher werde die Atmosphäre mehrere kritische Kipppunkte, »tipping points«, überschritten haben, was die Erderwärmung unumkehrbar machen könnte. Auch das neue EU-Zwischenziel für 2030, das eine Reduzierung der Treibhausgase von mindestens 55 Prozent gegenüber 1990 vorsieht, reiche nicht aus. »Wir müssen mehr tun, wir haben nicht mehr zehn Jahre Zeit.« Nötig sei eine Senkung der Emissionen um 75 oder 80 Prozent, sagt Anuna. Das wisse auch Kommissionschefin von der Leyen, im vertraulichen Gespräch habe sie es selbst eingeräumt. Doch mehr sei eben nicht drin, so die CDU-Politikerin.

Anuna ärgert das. »Immer, wenn man den Politikern sagt, dass drastische Maßnahmen nötig sind, dann verfallen sie in Panik und behaupten, dass das nicht möglich ist«, sagt sie. »Aber natürlich ist mehr möglich! Wir stecken mitten in einer Krise, und darauf müssen wir reagieren. Wir brauchen Veränderungen, auch positive Veränderungen. Wir müssen präventiv tätig werden, nicht nur immer hinterherlaufen. Das aktuelle Tempo ist skandalös.« Statt um Reformen gehe es darum, das System zu verändern, sagt sie – es gehe um eine Revolution. Die soziale Frage und die ökologische Krise lassen keine andere Wahl zu, glaubt die junge Belgierin, die sich wie Greta Thunberg auf »die Wissenschaft« beruft.

Anuna betont die Erfolge ihrer Bewegung, die sich sogar in Belgien nach und nach einstellen. Plötzlich müssen sich nicht mehr die Klimabewegten und die Grünen rechtfertigen, sondern die Klimaleugnerinnen und Klimaleugner, die Nationalisten und Nationalistinnen. »Die Rechten sind in der Defensive, das ist eine wichtige Veränderung«, freut sich Anuna.

In Brüssel und in der Wallonie geben seit der Wahl im Mai 2019 Sozialisten und Grüne die Richtung vor. In der belgischen Hauptstadt hat sogar schon der ökologische Umbau begonnen, wenn auch in kleinen Schritten. Eine Hauptstraße in der Innenstadt wurde in eine Fußgängerzone umgewandelt. Seit Anfang 2021 gilt zudem Tempo 30 in ganz Brüssel. Europas staugeplagte Hauptstadt ist zum Vorbild für Berlin oder Paris geworden. Außerdem habe man nun eine Föderalregierung, die sich zu den europäischen Klimazielen bekenne, betont Anuna. Mit dem liberalen Premier Alexander De Croo sei sogar ein Feminist an der Macht. Man spürt, wie das Ringen um Identität und Gleichberechtigung, der Sinn für das Soziale und der Kampf um das Klima bei ihr in Wort und Tat zusammengehen. Auch das macht Anuna de Wever zu einer ungewöhnlichen Heldin.

Im Comic würde sie nun ein neues Abenteuer beginnen, vielleicht in einem anderen Land. Doch die Corona-Pandemie bremst 2021 auch die belgische Klimabewegung aus. Ob und wann sich das belgische Wunder mit Greta, Luisa und all den anderen wiederholen wird, weiß niemand. Doch schon jetzt hat Anuna de Wever viel bewirkt. Magritte und Hergé wären stolz auf sie und ihre unglaubliche Geschichte.

## Nikita und Sergej Simow aus Tscherski, Sibirien, Russland
## DIE UNVERFRORENEN

*Von Thomas Franke*

Nikita Simow steuert ein kleines grünes vierachsiges Amphibienfahrzeug durch tiefe Pfützen. Die jungen Bäume und Büsche, die überall sprießen, fährt er einfach um. Was für die einen wie ein Freizeitspaß, für die anderen wie Frevel an der Natur klingen mag, ist für Simow eine Pflicht zur Rettung des Weltklimas. »Die Bäume gehören hier nicht hin. Viel lieber wäre mir aber, wenn Tiere den Job für mich erledigten. Dann müsste ich nicht dauernd auf so einem Fahrzeug sitzen.«

Bäume fällen zur Klimarettung? »Die Leute, die Bäume umarmen, werde ich nie überzeugen. Aber die anderen kommen, stellen Fragen, und ich erkläre ihnen, was ich hier mache und warum. Ich sage immer: Ich lebe in der Arktis und mache mein Ding.« Und das ist ein ganz großes Ding. Die Wissenschaftler Nikita Simow und Sergej, sein Vater, versuchen, im Norden Russlands die Landschaft der Eiszeit, so gut es geht, wiederherzustellen: eine Steppe mit der damals typischen Tier- und Pflanzenwelt. Sie nennen es Pleistozänpark, Eiszeitpark. Noch ist die Fläche klein, 2000 Hektar haben sie bisher eingezäunt.

»Wer denkt, dass ich Blödsinn rede, diskutiert das normalerweise hinter meinem Rücken«, erzählt Nikita Simow. »Ich weiß ja, wie ich wirke. Ich bin ein großer starker Russe, und jeder hat Angst, mit mir direkt zu streiten.« Simow geht es darum, den Permafrost zu retten. Permafrost ist Boden, der seit Zehntausenden Jahren nicht aufgetaut ist. Er bedeckt etwa ein Fünftel der Landfläche der Erde, erstreckt sich vom Norden Russlands bis nach Alaska und spielt nach Ansicht Simows eine zentrale Rolle für den $CO_2$-Haushalt unseres Planeten. Denn in dem gefrorenen Boden sind unter anderem die Treibhausgase Kohlendioxid und Methan gebunden. »Wir reden über 1,6 Milliarden Tonnen Kohlenstoff. Wenn die an die Oberfläche kommen und in $CO_2$ umgewandelt werden, müssen wir diese Menge mit drei multiplizieren. Wenn diese Treibhausgase freigesetzt werden, wäre es, als würde man sämtliche Wälder der Erde zweimal hintereinander abfackeln.«

Der Schnee isoliert und wärmt den Boden, erklärt Simow. »Wir haben im März, wenn es hier am kältesten ist, in einem halben Meter Tiefe nachgemessen. Dort, wo die Schneedecke intakt war, lag die Temperatur bei minus sieben Grad. Wo Tiere die Schneedecke auf der Suche nach Futter aufgescharrt hatten, haben wir dagegen minus 24 Grad gemessen.« Ein Unterschied von 17 Grad. »Im Pleistozän gab es hier unendliche Steppen«, erläutert Simow, »und sehr viele Tiere: Im Durchschnitt fünfzehn Rentiere, sieben Wildpferde, fünf Bisons und ein Mammut pro Quadratkilometer.« Auf der Suche nach Nahrung scharrten sie den Boden auf und entfernten so die Schneeschicht. Voraussetzung aber ist, dass es keine Büsche und Bäume, womöglich mit Flechten auf den Ästen, gibt, von denen sich die Tiere stattdessen ernähren.

Vieles, was Simow sagt, klingt zunächst ein wenig ungewohnt, aber am Polarkreis gelten auch in der Natur andere Regeln als anderswo. Das Eiszeitexperiment von Vater und Sohn liegt nicht weit von der Mündung des Flusses Kolyma ins Ostsibirische Meer entfernt. Moskau ist rund fünfeinhalbtausend Kilometer entfernt, bis zum Nordpol sind es noch gut 2300 Kilometer, zur Beringstraße, dem östlichsten Zipfel Russlands, etwa 1300 Kilometer – Luftlinie, versteht sich, denn Straßen gibt es nicht. Man kann die Region auch als das Ende der Welt bezeichnen. Umso überraschender ist es, welche wichtige Bedeutung diesem entlegenen Gebiet mit seinem Permafrostboden im Kampf für ein gesünderes Weltklima zukommt.

Wer überhaupt weiß, wo die Kolymar ist, der denkt meist zuerst an die Straflager entlang des Flusses, in denen der sowjetische Diktator Josef Stalin Hunderttausende unter unmenschlichen Bedingungen schuften und sterben ließ. Nikitas Vater Sergej gehörte aber zu den Wissenschaftlern, die freiwillig in die Region zogen. Sie lebten in dem Städtchen Tscherski, ein Ort, der seine Blütezeit Ende der 80er-Jahre hatte. Mehr als 10 000 Einwohner lebten damals dort, fünfmal so viele wie heute. Sie wurden angelockt von guter Bezahlung, guten Schulen, gut ausgestatteten Forschungseinrichtungen. Nikita Simow ist in Tscherski aufgewachsen. »Als ich klein war, lag die durchschnittliche Jahrestemperatur dort bei minus elf Grad Celsius«, erinnert er sich. »Jetzt sind es minus acht Grad.«

Das Eis schien in Simows Kindheit noch ewig. Das ist vorbei, und je mehr Eis schmilzt, desto weiter beschleunigt sich das Tempo der Erderwärmung. »Früher reflektierte das arktische Eis das Sonnenlicht. Jetzt taut es bereits im

Winter, und zwar, weil ein großer Teil bereits geschmolzen ist. Mindestens die Hälfte des Jahres ist auf fast der gesamten Fläche des Arktischen Ozeans kein Eis mehr. Der Arktische Ozean muss aber weiß sein, um das Licht und die Energie zu reflektieren. Schwarzes Wasser reflektiert weniger, es erwärmt sich. Deshalb ist die Klimaerwärmung ein sich selbst beschleunigender Prozess.«

Ein Prozess mit verheerenden Folgen. Denn die Statik Sibiriens stimmt nicht mehr, seit auch der Boden taut. In Tscherski, einst auf Permafrost gebaut, haben die Häuser Risse, zerbrechen sogar. In manchen Regionen versinken Eisenbahntrassen, und ganze Straßen sacken weg. Auch der Fluss wird zur Gefahr. Nicht etwa im Sommer, wenn darauf Schiffe fahren, sondern im Winter. Zugefrorene Flüsse sind für die Menschen in Sibirien wichtige Verkehrswege, auf denen sie mit Autos fahren. Wenn die Winter wärmer werden, wird das gefährlich. Auch die Ureinwohner bekommen die Folgen der Erwärmung zu spüren. Jahrhundertealte Wege der Herden sind neuerdings unterbrochen, weil der feste Untergrund getaut ist. Die Ureinwohner, die Luoravetlanen, besser bekannt unter ihrem russischen Namen Tschuktschen, leben häufig von der Rentierzucht. Daher kommt höchstwahrscheinlich auch ihr Name: Rentier heißt in ihrer Sprache Tschautschu. Die Luoravetlanen ziehen mit den Rentieren Hunderte von Kilometern zu den Sommerweiden. Sie sind darauf angewiesen, die Tiere zu verkaufen. Meist werden sie geschlachtet und gegessen, ihr Fleisch gilt als Delikatesse. Exotischer ist dagegen das eiszeitliche Tiefkühlfleisch. Immer häufiger bieten Restaurants Mammutfleisch an. Es stammt von Tieren, die im gefrorenen Boden konserviert waren. Mit der Erde taut ihr Fleisch auf.

Besonders sichtbar ist das Ausmaß der Katastrophe am Ufer der Kolyma: Steilküste, mehrere Meter hoch, jedoch nicht aus Sand, es ist Permafrostboden. Die glitzernde Wand taut und bricht. Hier kann man den tauenden Permafrost mit eigenen Augen betrachten. Zu Füßen der Steilküste liegen Büsche und Grasnarben, die noch vor Kurzem auf dem Permafrostboden wuchsen, und außerdem alles, was jahrtausendelang tiefgekühlt war: Zähne von Mammuts, Knochen von Bisons, von Pferden. Eine Trümmerlandschaft der Erderwärmung. »Jeden Sommer tauen etwa drei Meter Ufer und mehr. Wir gehen davon aus, dass demnächst etwa eine Million Quadratkilometer so aussehen wie das hier«, erläutert Nikita Simow. Das Trümmerfeld ermöglicht den Geophysikern zugleich einen wertvollen Einblick in die Vergangenheit: »Mithilfe der Knochenreste können wir abschätzen, wie viele Tiere hier früher gelebt haben.«

Die Tiere spielen eine zentrale Rolle in Simows Projekt. »Die Kernfrage für uns ist, wie wir im Winter die Schneeschicht loswerden, um dadurch den Permafrost herunterzukühlen. Wir könnten sie mit Maschinen planieren und auflockern. Das ist aber nicht sehr effektiv und auch nicht sehr klimaneutral, um es vorsichtig zu formulieren. Besser sollten wir es den Tieren überlassen, die nach Futter scharren. Leider fallen sie nicht vom Himmel. Und sie werden auch nicht einfach von allein hierher wandern.«

Bisher kaufen die Simows Rentiere von den Luoravetlanen. Mehr als 100 Kilometer fahren sie mit dem Boot den Fluss hinab Richtung Arktische See. Ein gefährlicher Weg. Ein Kamerateam von ARTE hat sie begleitet. Ich hätte es mir gerne selbst angesehen, doch wegen der Coronapandemie gelten Reisebeschränkungen in die Region. So bin ich auf die Bilder des Teams angewiesen, und auf die Gespräche aus der Ferne. Die Simows kaufen junge Tiere, denn diese sind einfacher zu transportieren. Und sie nehmen mehr Weibchen als Männchen, damit die Herden schneller wachsen. Umgerechnet 300 US-Dollar kostet ein Tier, auch deshalb, weil es schwer ist, Rentiere einzufangen: Die Hirten umzingeln die Herde, werfen Lassos, ziehen einzelne Tiere an ihren Hörnern aus der Menge. Dann bringen sie sie zu Fall, fesseln die Hufe, damit die Tiere nicht fliehen können, schleifen sie zu ihren Booten und heben sie hinein. Ein Knochenjob. Ein Männchen bringt bis zu 180 Kilogramm auf die Waage, ein erwachsenes Weibchen bis zu 120 Kilogramm. Eigentlich bräuchten die Simows für ihren Pleistozänpark Bisons und Moschusochsen. Doch die kosten umgerechnet 10 000 US-Dollar pro Tier und müssen von weither geholt werden. Moschusochsen zum Beispiel leben nur noch auf der Wrangelinsel. Sie wurden dort in den 50er- und 70er-Jahren wieder angesiedelt. Die Wrangelinsel liegt mehrere Tagesreisen von der Mündung der Kolyma entfernt. Packeis behindert die meiste Zeit den Weg. Nikita Simow berichtet, dass er einmal mit dem Boot bis zur Wrangelinsel gefahren ist. Dort sehe es ungefähr so aus, wie er und sein Vater sich das gesamte Gebiet des Permafrosts künftig wieder vorstellen: arktische Tundra ohne hohe Pflanzen oder Büsche, stattdessen nur Moose, Flechten, Farne. Auf der Wrangelinsel steigt die Temperatur nur wenige Wochen im Jahr über den Gefrierpunkt, und auch das nur tagsüber. Mammuts sind dort erst gegen 1700 vor unserer Zeitrechnung ausgestorben, etwa 6000 Jahre später als auf dem Kontinent. Gäbe es Mammuts, ginge es mit dem Projekt der Simows schneller voran. Denn natürlich entfaltet der Pleistozänpark klimatechnisch nur dann eine Wirkung, wenn er groß angelegt ist. Und so weit hergeholt ist der Gedanke an die Mammuts gar nicht. In den Laboren der US-amerikanischen Harvard-Universität arbeiten Wissenschaftler längst daran, das Genmaterial aufgetauter Mammuts zu nutzen, um das ausgestorbene Tier wiederzubeleben. »Das gefundene Material reicht zwar nicht, um ein Wollhaarmammut zu klonen«, räumt Nikita Simow ein, »nach 10 000 Jahren im Permafrost ist es wie ein Haufen Glasscherben.« Die Wissenschaftler kombinieren das Genmaterial deshalb mit dem von Elefanten. So könnte eine neue Art entstehen, ein Elefant, der extreme Kälte aushält. »Ich lebe glücklich in Sibirien, weil ich ein Haus habe«, sagt Simow. »Wenn man mich aus meinem Haus wirft, werde ich erfrieren, und zwar in der ersten Nacht. Das Gleiche gilt für Tiere. Sie leben in ihrem Ökosystem. Das ist ihr Zuhause.« 50 000 kältetaugliche Elefanten wären am Ende nötig, um einen nachhaltigen Effekt auf den Permafrostboden und damit auf das Klima zu erzielen, sagt Simow. Der Erfolg solcher Experimente ist aber unsicher. Wissenschaftler haben versucht, den im Jahr 2000 ausgestorbenen Pyrenäensteinbock aus tiefgefrorenen Zellen wiederzubeleben. Das Jungtier überlebte nur wenige Minuten. »Außerdem kann man mit Elefanten nicht umgehen wie mit dem Schaf Dolly«, räumt Simow ein. »Sie können solche Experimente mit Mäusen durchführen, aber nicht mit gefährdeten Arten.«

Während Klimaschutz in Europa und vielen anderen Ländern der Welt hochpolitisch und wahrscheinlich längst wahlentscheidend ist, kommt das Thema in russischen Massenmedien so gut wie nicht vor. Die Mehrheit der Russen bezweifelt, dass es den Klimawandel überhaupt gibt. Das schützt Vater und Sohn Simow vor den Schikanen des Staates, denen viele andere international vernetzte Umweltorganisationen ausgesetzt sind. 2012 trat in Russland das sogenannte Agentengesetz in Kraft. Demzufolge müssen sich Organisationen, die Geld aus dem Ausland erhalten und politisch tätig sind, als »ausländische Agenten« registrieren und ihre Publikationen entsprechend kennzeichnen. Das sorgt nicht nur für hohen bürokratischen Aufwand, sondern hat auch dazu geführt, dass russische Beamte den Kontakt zu solchen NGOs meiden. Auch die Simows sind international gut vernetzt. Vor der Coronapandemie waren ständig ausländische Wissenschaftler bei ihnen zu Gast. Im Winter 2020/2021 sind die Agentengesetze noch einmal verschärft worden und treffen nun auch Individuen. Simow ist zuversichtlich, dass er davon ausgenommen bleibt. »Ich mache nichts Politisches! Ich wäre wahrscheinlich politischer, wenn ich den ganzen Tag auf dem Sofa liegen und Fernsehen schauen würde. Was wir tun, ist eine Art archäologisches Projekt. Wir sagen, dass wir das Ökosystem wiederherstellen, und das ist vorteilhaft für das globale Klima. Für die Menschen auf der ganzen Welt, aber auch für Städte im Norden. Es ist also auch für Russland und die Arktis von großem Vorteil.« Außerdem komme der Pleistozänpark nicht der russischen Öl- und Gasförderung in die Quere. Dazu sei er viel zu abgelegen. »Es gibt bei uns keine Bauern, keine Kirche, nicht mal Menschen. Es gibt wenig Bürokratie oder Inspektoren, die unser Tun überprüfen könnten. Wir sind mitten im Nirgendwo, und es interessiert niemanden. Deshalb können wir tun, was wir tun. Sobald Sie aber jemandem in die Quere kommen, wird es sehr schwer. Dann nützt es auch nichts, wenn Sie die Wissenschaft hinter sich haben und das, was Sie tun, allen zugutekommt.«

Die Arktis ist international umkämpft. Um trotzdem miteinander im Gespräch zu bleiben, haben die Anrainer sich 1966 im Arktischen Rat zusammengeschlossen: Island, Norwegen, Schweden, Finnland, Russland, die USA, Kanada und Dänemark. Neben den Staaten sind die Urvölker der Region darin vertreten, und als Beobachter unter anderem Deutschland und China. Russlands Präsident Wladimir Putin spricht vom »Gleichgewicht zwischen wirtschaftlicher Entwicklung und dem Erhalt der arktischen Umwelt«. Und auch China betont, dass es zum Frieden und dem Erhalt der Natur einen Beitrag leisten wolle. Lange galt die Ausbeutung der Arktis als Tabu. Das ist vorbei, denn der Wettbewerb um die tauende Arktis ist bereits in vollem Gange. Und die schmelzenden Eismeere versprechen einen leichteren Zugang. Die russische Regierung geht von fünf Milliarden Tonnen Öl und Gas aus, die unter dem von ihr beanspruchten Festlandsockel lagern. Weiter gibt es dort Gold, Diamanten, Bauxit, Nickel und Kobalt. In der »Nationalen Arktis-Strategie« priorisiert die russische Regierung deren Erschließung. Dazu lockt sie mit Steuererleichterungen für Investitionen im hohen Norden. Auch Norwegen hat mittlerweile Lizenzen für Bohrungen in der Barentssee erteilt. China fördert in einem Konsortium seltene Erden und Uran in Grönland. Doch trotz der Erderwärmung bleibt es äußerst kompliziert und teuer, die Arktis auszubeuten. Es ist unsicher, ob es langfristig wirtschaftlich sinnvoll ist. Für das Klima wird die Rohstoffförderung dagegen mit an Sicherheit grenzender Wahrscheinlichkeit negative Folgen haben, nicht nur wegen der Gase, die aus den aufgebaggerten Böden in die Atmosphäre entweichen.

Forscher der Universität Hamburg gehen davon aus, dass der Nordpol bereits vor dem Jahr 2050 in Sommern immer wieder eisfrei sein wird, selbst wenn das 2-Grad-Ziel erreicht wird. Das krempelt die gesamte Verkehrslage in der Gegend komplett um. Die Schiffspassage zwischen Asien und Europa verkürzt sich dadurch um etwa zehn Tage. Die deutsche Wirtschaft feiert die Route für ihre Asiengeschäfte bereits als Alternative zum dreimal so langen Weg durch den Suezkanal.

Auch der militärische Wettlauf um die Arktis läuft auf Hochtouren. Die US-Regierung machte sich zu Beginn der Amtszeit von Präsident Joe Biden daran, den Einfluss der USA wieder auszubauen. Wenige Wochen nach dem Regierungswechsel stationierten die Amerikaner eine Staffel strategischer Langstreckenbomber in Norwegen. Die Skandinavier und Finnland reagierten darauf erleichtert. Angesichts der jüngsten Aggression Russlands gegen Georgien und die Ukraine hat Norwegen zusätzliche Soldaten an der Grenze zu Russland stationiert und Kampfflugzeuge in den Norden verlegt. Dänemark hat Truppen nach Grönland verlegt. Simow beobachtet all das mit Sorge. »Ich hoffe nicht, dass wir in einen kriegerischen Konflikt um die Arktis geraten«, sagt er und hofft, dass das Eiszeitprojekt dazu beiträgt, eine Konfrontation wie einst im Kalten Krieg zu verhindern: »Je mehr kulturelle, wissenschaftliche und wirtschaftliche Beziehung wir haben, desto weniger wahrscheinlich ist es, dass wir in ernsthafte Konflikte geraten.« Trotzdem beunruhigt ihn das politische Klima zwischen Russland und der westlichen Welt. »Ich möchte nicht in einer Welt leben, in der es wieder einen Eisernen Vorhang oder eine Berliner Mauer gibt. Denn die Herausforderung, vor der wir stehen, ist ziemlich groß. Es hat die Menschheit drei Jahrhunderte gekostet, den Klimawandel und damit auch uns so weit zu bringen. Und wir werden viele Jahrzehnte bis Jahrhunderte brauchen, um zu lernen, wie man im Einklang mit der Natur lebt, wie man die Natur gut behandelt und in der Lage ist, nachhaltig zu leben.« All die politischen Spannungen verzögerten die schwierige Aufgabe, den Permafrostboden zu retten und damit einen der entscheidendsten Beiträge zur Klimarettung umzusetzen. »Selbst eine Investition von 500 Millionen US-Dollar würde uns alle nicht retten. Und wir haben es definitiv eilig. Was ich tue, ist ernster und langfristiger als vierjährige Amtszeiten und Wahlen. Mein Plan ist, im Permafrost von Sibirien das größte und reichste Ökosystem der Welt zu schaffen mit mehr wilden Tieren, als auf dem gesamten Planeten leben. Vielleicht erlebe ich das ja noch.«

## Marjan Minnesma aus Zaandam, Niederlande
## DIE GERICHTSFESTE

*Von Kerstin Schweighöfer*

Normalerweise braucht sie sich nur auf die linke Seite zu drehen und ist in zehn Sekunden eingeschlafen. Eine natürliche Gabe, um die viele Menschen sie beneiden. Doch in dieser Nacht schlief selbst Marjan Minnesma schlecht: »Ich war nervös und extrem angespannt«, erinnert sich die 55-Jährige lachend.

Es sollte ja auch ein ganz besonderer Tag werden, dieser 24. Juni 2015 – vielleicht sogar ein historischer, an dem die Niederländerin mit ihrer Nachhaltigkeitsstiftung Urgenda Klimageschichte schreiben könnte. Nie zuvor hatten Bürgerinnen einen Staat erfolgreich darauf verklagt, dass er sie unzureichend vor den Folgen des Klimawandels schütze. David trat gegen Goliath an. Und kaum jemand glaubte, dass David gewinnen würde, »auch meine eigenen Leute nicht«.

Marjan hatte es trotzdem gewagt, zusammen mit rund 900 anderen Niederländerinnen und Niederländern. »Ich selbst schätzte unsere Erfolgschancen 50:50 ein«, erzählt sie aus ihrem Büro in Zaandam, einer mittelgroßen Gemeinde rund 20 Kilometer nördlich von Amsterdam. Hier beginnt der Zaanstreek, eine Region mit Windmühlen, Wasserläufen und Poldern, in der sie 1966 geboren wurde und aufgewachsen ist. Holland wie aus dem Bilderbuch. Amsterdam haben Marjan und ihre Stiftung 2020 verlassen. Ob das Plakat von Loesje auch in Zaandam wieder über ihrem Schreibtisch hängt? Nach diesem Mädchennamen ist eine ursprünglich niederländische und inzwischen internationale Initiative benannt, die seit den 1980er-Jahren mit nachdenklichen Sprüchen auf Plakaten für Aufmerksamkeit sorgt. »Verbeter de wereld – begin!«, lautete der auf Marjans Plakat. »Verbessere die Welt – fang an!«

«Aber ja!«, versichert sie lachend. »Das habe ich wieder aufgehängt.« Schließlich sei das ihre Lebensphilosophie! Und dass sich die Welt verbessern lässt, hat sie in den letzten 20 Jahren gleich mehrfach bewiesen, wobei das Verfahren gegen den niederländischen Staat ihr bislang größter Erfolg ist.

«Um ein Haar wäre ich zu spät zur Urteilsverkündung erschienen!« Dabei war sie bereits am Abend zuvor nach Den Haag gereist und hatte die Nacht im Hotel verbracht. Die ersten Radiosender meldeten sich schon vor sechs, für die Frühsendungen. Marjan gab die Interviews im Nachthemd auf der Bettkante – und vergaß die Zeit: »Ich musste Hals über Kopf alles zusammenpacken und habe das Hotel fluchtartig verlassen.«

Natürlich schaffte sie es, rechtzeitig im Gerichtssaal zu sitzen, wenn auch ohne Frühstück im Bauch. Natürlich machte sie wie immer den Eindruck, die Ruhe selbst zu sein – groß, schlank, gelassen. Und natürlich war genug Zeit geblieben, die dunkelblonden Haare zum Dutt hochzustecken. Auch das wie immer. Der Dutt war schon damals ihr Markenzeichen. Marjan Minnesma ist die »Frau mit dem Dutt«.

Doch an diesem 24. Juni 2015 wurde die »vrouw met dat knotje« endgültig zur Galionsfigur der niederländischen Klimaschutzbewegung und zur bekanntesten Nachhaltigkeitsaktivistin des Landes – eine Klimaheldin, die selbst noch im fernen Australien für Schlagzeilen sorgte: »Das war mein letztes Interview an diesem langen Tag – oder, besser gesagt, das erste am nächsten, es war ja mitten in der Nacht.« Überall auf der Welt sei den Menschen damals klar geworden: »Hey, es geht! Es gibt eine Möglichkeit, eine Regierung zu zwingen, mehr fürs Klima zu tun.«

Das Unglaubliche war eingetreten: David hatte Goliath besiegt beziehungsweise Marjan Minnesma das Königreich der Niederlande. Zum ersten Mal wurde ein Staat von einem Gericht dazu verdonnert, seine Bürger besser vor den Folgen des Klimawandels zu schützen. Denn, so hatten die Richter verkündet: Die seien »so ernst und obendrein unumkehrbar«, dass Bürgerinnen und Bürger ein Recht auf Schutz hätten. Die niederländische Regierung aber habe es versäumt, die für einen angemessenen Schutz nötigen Maßnahmen zu ergreifen.

Das hatte es noch nie gegeben. Und deshalb war Marjan Minnesma an diesem Tag ausnahmsweise einmal nicht die Ruhe selbst – sie brach in Tränen aus, mitten im Gerichtssaal: »Mich hat noch nie jemand weinen sehen.« Sie sei ja sehr rational, Typ Mathematikerin oder Naturwissenschaftlerin: »Die heulen nicht.« Aber was da passiert war, findet sie, sei etwas »ganz Großes«. Ein Wendepunkt, dessen Bedeutung nicht überschätzt werden könne: »Dieses Urteil hat der Welt Hoffnung geschenkt.«

Die Richter beriefen sich dabei auf Beschlüsse internationaler Klimakonferenzen und auf EU-Absprachen: So haben alle EU-Staaten auf der UN-Klimakonferenz in Paris Ende 2015 vereinbart, den Ausstoß von Treibhausgasen zu reduzieren, um die Erderwärmung nicht über zwei Grad steigen zu lassen: Bis 2030 soll der Ausstoß von Treibhausgasen, im Vergleich zu 1990, um 40 Prozent sinken, bis 2050 um 80 Prozent. Aber um diese zwei Ziele zu erreichen, so hatte der UN-Klimarat IPCC bereits 2007 berechnet, müsste der Ausstoß bereits 2020 um 25 bis 40 Prozent niedriger sein als 1990. Die Richter hielten sich bei ihrem Urteil an die Untergrenze von 25 Prozent. Der Staat habe die Pflicht, sie einzuhalten – alles darunter sei »unrechtmäßig«.

Die Niederlande jedoch, so viel stand schon 2015 fest, würden ohne zusätzliche Maßnahmen noch nicht einmal diese Untergrenze von 25 Prozent erreichen, sondern vermutlich bei 17 Prozent stecken bleiben. Denn anders als ihr Ruf ist die alte Handelsnation im Rheindelta in Sachen Umweltschutz alles andere als progressiv und vorbildlich; zwischen Anspruch und Wirklichkeit tut sich eine Kluft auf. »Wir sind in Europa nicht einer der Klassenbesten, sondern einer der Schlechtesten«, stellt Minnesma klar. So etwa gehört der Anteil der erneuerbaren Energien hinter den Deichen zu den niedrigsten in ganz Europa, der Pro-Kopf-Ausstoß von $CO_2$ hingegen zu den höchsten. In Sachen Windenergie haben die Niederländer gerade erst zu einem Aufholmanöver angesetzt. Minnesmas Stiftung Urgenda hat einen 54-Punkte-Aktionsplan aufgestellt, mit dem sich die Treibhausgase um weit mehr als die mindestens erforderlichen 25 Prozent verringern ließen, etwa durch die Schließung von Kohlekraftwerken, die Haltung von weniger Nutztieren und die Schaffung mehr energieneutraler Haushalte. Man müsse halt nur wollen, betont Minnesma und verweist auf das Motto von Urgenda: Het kan, als je het wilt. – »Es geht, wenn du es willst.«

2007 hat sie die Stiftung gegründet, zusammen mit Professor Jan Rotmans von der Rotterdamer Erasmus-Universität, einem der renommiertesten Klima- und Nachhaltigkeitsexperten der Niederlande. Sie wurde Direktorin, Rotmans wurde Vorsitzender. »Die Idee entstand in einem Pub in Glasgow, während eines europäischen Kongresses.« Rotmans saß vor einem Glas Bier, sie vor einem Glas rotem Port. Auf zwei Bierdeckeln machten sie sich Notizen. Der Name der neuen Stiftung stand schnell fest: Urgenda wie urgent agenda: »Weil wir auf einen Abgrund zurasen, aber immer noch nicht auf die Bremse treten.« Vor dem Jahrtausendproblem der Erderwärmung dürfe niemand mehr die Augen verschließen. »Das können wir unseren Kindern nicht antun!«, sagt Minnesma, die selbst dreifache Mutter ist. Denn wenn nichts geschehe, so habe es bereits 2013 auf dem Weltwirtschaftsgipfel in Davos die heutige Chefin der Europäischen Zentralbank, Christine Lagarde, ziemlich anschaulich auf den Punkt gebracht, dann werde die nächste Generation »roasted, toasted, fried and grilled«.

Wobei den zu großen Teilen unter dem Meeresspiegel liegenden Niederlanden dann zusätzlich auch noch das Wasser mehr als bisher zu schaffen machen würde. Schon jetzt kommt es von allen Seiten: von vorne durch den steigenden Meeresspiegel, von oben durch die stärkeren Regenfälle, von hinten durch die anschwellenden Flüsse und von unten durch den steigenden Grundwasserspiegel. Deshalb bleibe den Niederländern gar keine andere Wahl: Bis 2030 müsse das Land zu 100 Prozent auf erneuerbare Energien umgestiegen und eine Kreislaufwirtschaft geworden sein. Das ist das große Ziel, das sich Urgenda gesteckt hat: »Wir sind ein Verbund für Veränderung.«

Für eine niederländische Zeitung hat Minnesma sich einmal mit Boxhandschuhen fotografieren lassen. »Aber eigentlich sehe ich uns nicht als Kämpfer und auch nicht als Aktivisten«, stellt sie klar. »Wir sind nicht gegen etwas, wir sind für etwas. Wir wollen verbinden. Und verführen – zu einem nachhaltigen Leben. Dafür bieten wir Lösungen.« Deshalb ist sie auch immer tadellos gekleidet, klassisch in Kleid oder Kostüm. Mit Pumps. Und einem Hauch Parfum. Wer verführen will, sollte Charme ausstrahlen.

Dass es nicht viel hilft, bloß gegen etwas zu sein, merkte sie schon mit acht, als der Bauernhof ihres Großvaters im Zaanstreek einem Neubauviertel weichen sollte. Zusammen mit ihrer Mutter und anderen Demonstrierenden stand sie 1974 auf dem Rathausplatz. Das Neubauviertel wurde trotzdem gebaut, der Bauernhof ihres Großvaters verschwand und mit ihm die Wiesen und Felder, durch die sie als Kind so oft gestreift war.

Was blieb, war ihr großes Interesse für Tiere und Pflanzen: »Ich wollte Tierärztin werden.« Doch als sie hörte, dass sie beim Studium um Tierversuche nicht herumkommen würde, entschied sie sich für BWL. Ihre Diplomarbeit schrieb Minnesma bei Shell, denn diesen Konzern, so nahm sie sich vor, würde sie »von innen heraus verändern«. Ein schöner Traum. »Aber ich war ja noch so jung und naiv!«

Sie ging zurück zur Uni, schloss zwei weitere Studiengänge ab, Philosophie cum laude und dann auch Jura mit Schwerpunkt Umweltrecht, damals noch etwas ganz Neues. Erstmals beschäftigte sie sich dabei mit dem Klimawandel: »Und je mehr ich erfuhr, desto unruhiger wurde ich.«

Auf Umweltrecht hatte sich auch Koos van den Berg spezialisiert, einer jener beiden Juristen, der Urgenda 15 Jahre später im Verfahren gegen den Staat vor Gericht vertreten – und obendrein Marjans Ehemann werden – sollte: Van den Berg war Hausanwalt von Greenpeace, als Marjan dort 1998 als Kampagnendirektorin eingestellt wurde. Die beiden verliebten sich, heirateten und bekamen in kurzer Zeit drei Töchter – »innerhalb von dreieinhalb Jahren«.

Der Mutterschutz beträgt in den Niederlanden zwar nur 16 Wochen, aber für Marjan Minnesma waren dreimal vier Monate Babypausee eindeutig zu lang: »Auch im Urlaub beginnt es bei mir nach drei Tagen Nichtstun zu kribbeln.« Ihren Kindern und Enkelkindern keine unwirtliche Welt zu hinterlassen, das war nach der Geburt ihrer drei Töchter mehr denn je ihre Mission. Und dabei wollte sie weder von Regierung und Behörden noch von Unternehmen, Banken oder Subventionen abhängig sein: Mit zögerlichen Politikern und unwilligen Konzernen hatte sie ohnehin längst die Geduld verloren. Auf sie zu warten, hält Minnesma für Zeitverschwendung – »Zeit, die wir nicht mehr haben!«. Dann eben ohne sie. Het kan – als je het wilt.

So wurde Marjan Minnesma zur Vorreiterin und Wegbereiterin. Immer wieder war sie die Erste: so wie 2008, als sie dafür sorgte, dass der 10. Oktober in den Niederlanden zum Tag der Nachhaltigkeit wurde. Oder 2009, als sie die ersten E-Autos in die Niederlande importieren ließ – ein paar Hundert, aus Norwegen. Nicht für Privatpersonen, sondern für mittelständische Unternehmen und Gemeinden: »Die sorgten für die ersten Ladestellen.«

2010 folgte das Projekt »We willen zon!« (Wir wollen Sonne!). Sie bestellte 50 000 Sonnenpanele in China. Dieses

Mal waren Privatpersonen die Abnehmer, und sie zahlten bereitwillig 20 Prozent an. »Ich hatte eine Million auf dem Konto.« Die Banken weigerten sich dennoch, ihr einen Überbrückungskredit zu gewähren. »Dann eben ohne.« Sie brachte die Chinesen dazu, ihr mit dem Bezahlen mehr Zeit zu geben – drei Wochen nach Ankunft der Container. Ihre Kunden hingegen waren bereit, schneller zu zahlen. Folge: »Die Container waren noch auf hoher See, da hatte ich das Geld schon zusammen.« Ganz ohne staatliche Subventionen, ganz ohne Banken. Natürlich brachte ihr das auch Kritik ein: aus China! Nicht besonders umweltfreundlich, oder? »Nur so konnten wir zeigen, dass es geht. In Europa wäre es damals noch viel zu teuer gewesen.«

2014 veranlasste sie, dass auf der Watteninsel Texel die ersten Häuser klimaneutral umgebaut wurden, mit Wärmepumpen und Sonnenpanelen. Die Kosten beliefen sich auf 34 000 Euro pro Haus. »Was bei einer Energierechnung von 180 Euro im Monat heißt, dass man nach gut 15 Jahren keinen Cent mehr an einen Energieversorgungskonzern für Strom und Gas ausgeben muss«, rechnet Minnesma vor.

Und Ende 2015, als in Paris der Klimagipfel stattfand, mobilisierte sie 5000 Mitstreiterinnen und Mitstreiter und sorgte dafür, dass auch die Niederlande als eines von 160 Ländern am Klimamarsch Richtung Paris teilnahmen. Wobei sie selbst natürlich voranlief. Wie sagt Loesje es so schön? Verbeter de wereld – begin!

Inzwischen hat Marjan schon dreimal zur Eröffnung des parlamentarischen Jahres König Willem Alexander Konkurrenz gemacht und die alternative »nachhaltige Thronrede« gehalten. Dreimal hat die »vrouw met dat knotje« die Liste der 100 nachhaltigsten Niederländerinnen und Niederländer angeführt. »Weil ihre Tatkraft und ihre innovativen Ideen ihresgleichen suchen«, so die Jury. Dinge in Gang bringen, zeigen, dass es geht – das ist ihre Stärke.

Natürlich geht Marjan selbst auch privat mit gutem Beispiel voran, hat Sonnenpanele auf dem Dach, fährt ein Auto mit Elektroantrieb, ernährt sich und ihre Familie biologisch und nachhaltig und fliegt niemals in den Urlaub.

Wer sie kennt, staunt über ihre scheinbar unerschöpfliche Energie und ihren Intellekt: »Sie ist eine Schnelldenkerin!«, sagt Liesbeth van Tongeren von den niederländischen Grünen. Marjans geistige Geschwindigkeit sei extrem hoch. »Sie nimmt Menschen den Wind aus den Segeln«, sagt der Unternehmer Maurits Groen, mit dem Marjan oft zusammengearbeitet hat: »Die wissen oft nichts zu erwidern, denn Marjan ist immer freundlich, immer charmant – und immer korrekt.« Man könne sie getrost mitten in der Nacht anrufen, noch um halb drei beantworte sie E-Mails: »Unglaublich, wie hart sie arbeitet«, so Direktor Olof van der Gaag von der Vereinigung für nachhaltige Energie, NVDE.

Marjan muss lachen, als sie darauf angesprochen wird. Ihr Schlafkonsum überrasche die Menschen immer am meisten. »Ich komme mit wenig aus, so wie meine Mutter. Fünf Stunden reichen.« Gerade die späten Abend- und Nachtstunden seien so herrlich ruhig, um ungestört arbeiten zu können. Manchmal aber, wenn sie nachts vor dem Laptop sitzt, E-Mails beantwortet und im Internet unterwegs ist, überkommt sie der Zweifel: »Schaffen wir das? Ist das überhaupt noch zu schaffen?« Marjan seufzt: »Nur ein Prozent der DNA unterscheidet uns vom Schimpansen – warum in aller Welt nutzen wir dieses eine Prozent nicht?«

Muss erst eine Katastrophe geschehen, bevor die Menschheit zur Besinnung kommt? Ein Deichbruch vielleicht, nur ein ganz kleiner? Manchmal würde sie ihn sich wünschen. Am liebsten wäre es ihr natürlich, wenn die Leute ohne Deichbruch das Richtige täten. »Aber darauf warten und nichts tun ist keine Option.« Also belässt sie es nicht bei Projekten wie »We willen zon«, sondern zieht kreuz und quer durchs Land und hält an die 120 Vorträge pro Jahr: vor Hausfrauen und Studenten, Kirchengemeinden und Rotary Clubs. Das erste Drittel besteht immer aus den Hiobsbotschaften: dass eine Erderwärmung um zwei Grad eigentlich viel zu hoch sei, dass es bei 1,5 Grad bleiben müsse, denn dann überlebe bis 2050 wenigstens die Hälfte aller Korallen. Dass Subsahara-Afrika bei 1,5 Grad bewohnbar bleibe, dass bei zwei Grad aber 200 Millionen Menschen aus den Äquatorregionen fliehen müssten. Sie malt ihren Zuhörern auch immer gerne aus, was den Niederländern bevorsteht, wenn der Meeresspiegel weiter und schneller als bisher steigt und aus der Stadt Utrecht, bislang noch gut 60 Kilometer landeinwärts gelegen, eine Hafenstadt wird – Utrecht aan Zee (Utrecht am Meer).

Dann kommt sie sich immer vor wie Kassandra. Aber sie wolle die Leute ja nicht völlig depressiv und am Boden zerstört nach Hause schicken, sondern »trotz allem Hoffnung bieten«. Die restlichen zwei Drittel sind deshalb für Lösungen bestimmt: »Dann erkläre ich, dass wir das alles durchaus noch verhindern können und was wir dazu tun müssen.« Het kan, als je het wilt. Viele Menschen bringe sie so zum Um- oder wenigstens Nachdenken. Das seien dann die Glücksmomente. Momente, in denen die Zweifel verschwänden.

Het kan, als je het wilt – das gelte auch nach wie vor

für die niederländische Regierung. Denn die hat sich nach dem spektakulären Urteil von 2015 als schlechter Verlierer erwiesen und ist – anstatt Maßnahmen zur weiteren Verminderung der Treibhausgase zu ergreifen – in Berufung gegangen, und zwar gleich zweimal, bis es nicht mehr ging. Um zwei weitere Niederlagen einzustecken, die letzte im Dezember 2019 vor dem Hoge Raad, der höchsten juristischen Instanz des Landes. Auch der gab Urgenda recht: Von einem reichen westlichen Land wie den Niederlanden könne verlangt werden, den Treibhausgasausstoß um wenigstens 25 Prozent zu reduzieren, zumal man dem Ziel selbst zugestimmt habe.

Damit stand definitiv fest, dass David Goliath besiegt hatte. Oder wie es ein Kommentator des öffentlich-rechtlichen Fernsehens der Niederlande NOS zusammenfasste: »In der ersten Runde wurde der Regierung auf die Finger geschlagen, in der zweiten bekam sie eine Tracht Prügel, in der dritten ging sie k. o.«

Das Verfahren wurde in aller Welt als Wendepunkt im Umweltrecht beschrieben und hat so manchen Rechtsstreit ausgelöst: Denn haben sich die Richter hier nicht zu sehr in die Politik eingemischt und sich »an der Gewaltenteilung verschluckt«, wie es der ehemalige niederländische Eurokommissar Frits Bolkestein umschrieb? Hat der Mensch überhaupt ein Recht auf ein gutes Klima? Sei das Urteil gar, so hieß es auch, eine Gefahr für den Rechtsstaat und läute das Ende der Demokratie ein?

Unsinn, konterten andere, das Gegenteil sei der Fall: Das Urgenda-Verfahren habe den Rechtsstaat in Aktion gezeigt, und der habe lediglich das getan, was er tun müsse: über die Rechte der Bürgerinnen und Bürger wachen. »Ein Prozess von entscheidender Bedeutung!«, befand auch Michelle Bachelet, UN-Hochkommissarin für Menschenrechte. Und David Boyd, der UN-Sonderberichterstatter für Menschenrechte und Umweltschutz, ergänzte: »Das bisher wichtigste Klimawandelurteil weltweit.«

Eines, das obendrein längst Schule gemacht hat: In vielen anderen Ländern sind Bürgerinnen und Bürger dem Beispiel von Urgenda gefolgt und haben ihre Regierungen ebenfalls verklagt – mit Erfolg, so wie in Irland im September 2020, in Frankreich im Februar 2021 oder in Deutschland im April 2021. Und auch dort hatten die Umweltschützer kräftige Unterstützung aus den Niederlanden: »Wir haben ein Spezialteam gegründet, um Bürgern in anderen Ländern zu helfen«, berichtet Minnesma. Der genaue Wortlaut des Urgenda-Urteils ist deshalb auf der Website der Stiftung auch auf Englisch zu finden.

Von der niederländischen Regierung wird die »vrouw met dat knotje« inzwischen ernst genommen. Im Februar 2020 saß Minnesma mit 20 Beamten aus fünf Ministerien erstmals an einem Tisch. Um über den 54 Punkte-Plan zur Reduktion der Treibhausgase zu sprechen, den sie schon fünf Jahre zuvor präsentiert hatte. »Es ist noch immer möglich, auch wenn wir kostbare Jahre verloren haben und die Regierung wieder einmal bis zum letzten Moment gewartet hat.« Das liberal-konservative Kabinett hatte bis dahin lediglich eines der fünf Kohlekraftwerke des Landes schließen lassen, Ende 2019. Die bis dahin einzige Maßnahme, die nach dem ersten Urteil 2015 ergriffen worden war.

Für das Jahr 2020 war der Zug zwar längst abgefahren: 25 Prozent Reduktion konnten nicht mehr erreicht werden – trotz Corona. »Aber diese Verpflichtung gilt ja weiterhin, für jedes Jahr«, so Minnesma. Und die Regierung habe guten Willen bewiesen: Sie versprach, 30 der 54 Urgenda-Aktionspunkte zu übernehmen, und kündigte obendrein zusätzliche Maßnahmen an. »Selbst die Kohlekraftwerke werden jetzt in Angriff genommen, das wäre ohne unseren Sieg vor Gericht nie passiert!« Ein weiteres Kraftwerk soll geschlossen und die Kapazität von zwei anderen auf 25 Prozent gedrosselt werden.

Bis Ende 2020 hätte Den Haag dafür alles in die Wege leiten wollen. Bisher ist es bei Worten geblieben. »An der Nase herumführen lassen wir uns nicht«, stellt Minnesma klar. Sie könnte erneut vor Gericht ziehen, diesmal, um die Regierung zur Zahlung von Zwangsgeld zu verdonnern. »Wir haben es erwogen.« Aber vorerst wolle sie es weiterhin im Guten versuchen und übe sich in Geduld. Auch wenn die nicht zu Marjan Minnesmas Stärken zählt.

Aber das heißt ja nicht, dass sie die Hände in den Schoß legen muss – es gibt genug andere Projekte, die angelaufen sind: Auch auf der Watteninsel Vlieland entsteht derzeit ein erstes energieneutrales Viertel. Überzählige junge Bäume in Naturgebieten, die normalerweise ausgerissen und vernichtet werden, werden nun verpflanzt und sorgen an anderer Stelle für mehr Biodiversität und verzögern den Klimawandel – rund um Schulen, in Parks oder privaten Gärten. Eine Million Bäume sollen auf diese Weise gerettet werden und ein neues Zuhause finden.

Wenn sie wüsste, dass morgen die Welt unterginge, würde sie heute noch ein Apfelbäumchen pflanzen? Genau. Da ist Marjan Minnesma ganz bei Luther. Und bei Loesje: Verbeter de wereld – fang einfach an!

## Stephan Wrage aus Hamburg, Deutschland
# DER STURMFESTE

*Von Philipp Hedemann*

Alles begann an einem Frühlingstag im Jahr 1986. Wie an jedem Tag in den Osterferien ging Stephan Wrage auf der Ostsee mit einem fünf Meter langen Katamaran segeln. Doch bald schlief der Wind ein, mit dem letzten lauen Lüftchen schaffte er es gerade noch zurück an den Strand. Dort packte der Schüler seinen neuesten Lenkdrachen aus. Er hatte ihn selbst im Hobbykeller genäht, mit der alten, mit einem Fußpedal angetriebenen Singer-Nähmaschine seiner Oma. Er ließ ihn aufsteigen, und obwohl der Wind nicht aufgefrischt war, schleifte der rund vier Quadratmeter große Lenkdrachen Wrage über den Strand. Selbst sein Segelkumpel konnte ihn nicht festhalten. In 30 Meter Höhe wehte offenbar ein deutlich stärkerer und beständiger Wind. »Wie kriegst du die Power des Drachens aufs Boot?«, fragte der damals 14-jährige Junge sich. Die Frage ließ ihn nie wieder los.

16 Jahre später gründete Wrage die Firma Skysails. Seine Idee: Riesige, voll automatisierte Lenkdrachen sollten mehrere Tausend Tonnen schwere Tanker und Containerschiffe über die Weltmeere ziehen und so täglich pro Schiff bis zu zehn Tonnen Treibstoff einsparen. Die Idee war gut – und

floppte. Doch Wrage, der begeisterte Lenkdrachenpilot und umweltbewusste Unternehmer, ließ sich nicht unterkriegen. Nachdem er mit seinen bis zu 320 Quadratmeter großen Zugdrachen eine wirtschaftliche Bruchlandung hingelegt hat, produziert er jetzt mit den gleichen Lenkdrachen Ökostrom. Das Ziel seiner Firma SkySails Power: »Wir wollen dazu beitragen, die drohende Klimakatastrophe abzuwenden.«

Stephan Wrage schaut in die Luft. Das macht er oft und gerne. Ein Hans-Guck-in-die-Luft ist der kühl rechnende Wirtschaftsingenieur jedoch nicht. Wenn er in die Wolken starrt, arbeitet Wrage meist. Mit zusammengekniffenen Augen verfolgt er die Flugbahn eines Gerätes, das der Laie einen Drachen und Wrage eine Flugwindkraftanlage nennt. In mehreren Hundert Metern Höhe zieht der rotweiß gestreifte und in seiner Form an einen Gleitschirm erinnernde Lenkdrachen seine Bahnen und malt Figuren, die an eine liegende Acht erinnern, in den wolkigen Himmel über Schleswig-Holstein. Am Boden weht Wrage nur eine leichte Brise durch die Locken, doch dort oben, wo der Drachen fliegt, bläst der Wind mit exakt 9,8 Meter pro Sekunde – Windstärke 5 – und beschleunigt den Drachen auf 160 Kilometer pro Stunde.

Dass das Hightechgerät diese Geschwindigkeit und damit eine Zugkraft von bis zu sechs Tonnen erreicht, ist kein Zufall, sondern das Verdienst von künstlicher Intelligenz. Das in einem Gehäuse unterhalb des Drachens befestigte »Gehirn« der Anlage berechnet permanent die ideale Flugbahn. Sensoren und Steuerungstechnik führen über 1000 Messungen und mehr als 100 Berechnungen pro Sekunde durch. Der Drachen »weiß« so jederzeit, wo der Wind gerade am stärksten weht und fliegt vom Autopiloten gelenkt genau dort hin. Keine Acht, die der Drachen am Himmel zieht, gleicht so der anderen.

Aufsteigen darf er bislang nur in für den Luftverkehr gesperrten Bereichen. Sollte sich dennoch ein Flugzeug oder ein Hubschrauber nähern, wird der Drachen innerhalb weniger Sekunden auf unter 100 Meter Höhe gebracht. Bislang hat es so keinen einzigen Unfall mit dem fliegenden Stromerzeuger gegeben. Wrage liest die live übermittelten Flugdaten von seinem Laptop ab, den er an die Bodenstation der Höhenwindanlage angeschlossen hat. Sie befindet sich in einem Überseecontainer, der wiederum auf einer Wiese in der Nähe des knapp 1000 Einwohner zählenden Dörfchens Klixbüll steht, rund 15 Kilometer von der dänischen Grenze entfernt. Neben Messinstrumenten befinden sich in dem unscheinbaren Metallgehäuse eine große Winde und ein Generator. Während der Drachen in rund zwei Minuten auf bis zu 400 Meter Höhe aufsteigt, zieht er ein gelbes, 14 Millimeter starkes Kunststoffseil von der Winde ab und treibt so einen 200-Kilowatt-Generator an. Eine grüne Digitalanzeige gibt in Echtzeit an, wie viel Strom dabei produziert wird. Gerade sind es 75 Kilowattstunden, genug, um über 200 Haushalte mit Strom zu versorgen.

Ist das Seil vollständig abgewickelt, stabilisiert die Steuerungstechnik den Drachen vollautomatisch in einer Ruheposition, in der er nur mit minimaler Kraft am Seil zieht. Der Generator dreht die Winde nun rückwärts, zieht das Fluggerät so in einer halben Minute auf eine Höhe von rund 150 Metern, dann steigt der Drachen wieder auf. Weil für das Aufwickeln der Schnur nur fünf bis zehn Prozent der zuvor erzeugten Energie verbraucht werden, entsteht ein Stromüberschuss, der ins örtliche Netz eingespeist wird. Wrages Kindheitstraum, ein Kinderspielzeug zum Lieferanten erneuerbarer Energie zu entwickeln – in Klixbüll ist er bereits Wirklichkeit geworden. In Schleswig-Holstein, Hamburg und Niedersachsen forschen und schrauben Wrage und seine mehr als 130 Mitarbeiterinnen und Mitarbeiter unterdessen weiter daran, dass die Lenkdrachen bald in aller Welt einen Beitrag dazu leisten, 100 Prozent erneuerbare Energie zu erzeugen und damit die Erwärmung des Planeten zumindest zu verlangsamen.

Ortswechsel: eine zugige Produktionshalle in einem tristen Industriegebiet im niedersächsischen Seevetal. Vier Männer arbeiten konzentriert an einer SkySails-Power-Anlage, als Stephan Wrage um kurz nach neun Uhr morgens die Werkstatt betritt. »Moin! Wie läuft's? Wie kommt ihr voran?« »Läuft!«, sagt einer der Männer, der seine langen Dreadlocks zu einem dicken Zopf zusammengebunden hat. Mehr Worte braucht es in Norddeutschland oft nicht. Zudem weiß der Mechaniker, dass er seinem Chef, mit dem er wie alle Mitarbeiter per Du ist, ohnehin nichts erklären muss und ihm erst recht nichts vormachen kann. Schließlich ist die Anlage – knapp zehn Meter lang, 2,5 Meter breit und ebenso hoch – das Baby seines Chefs. Die letzten 20 Jahre hat er ungezählte Nächte durchgearbeitet, um die Flugwindkraftanlage auf den Markt zu bringen. Jetzt endlich der Durchbruch! Fünf Jahre nachdem Wrage den ersten Einsatz der Testanlage in Klixbüll absolviert hat, sollen in wenigen Wochen die ersten kommerziell genutzten Anlagen das Werk in Seevetal verlassen. Eine von ihnen hat eine mehr als 10 000 Kilometer lange Reise vor sich und soll bald in einem Zuckerrohrfeld auf der Trauminsel Mauritius Ökostrom produzieren.

Den Deal hat Wrage auf dem Zermatt Summit eingefädelt. Einmal im Jahr treffen sich Macherinnen und Macher, Visionärinnen und Visionäre und innovative Managerinnen und Manager in dem mondänen Schweizer Urlaubsort, um mit Blick auf das Matterhorn und die immer schneller schmelzenden Alpengletscher über nachhaltiges Wirtschaften nachzudenken und Deals abzuschließen. Bei diesem illustren Treffen schaute Arnaud Lagesse, CEO der IBL-Gruppe, des mit 26000 Mitarbeiterinnen und Mitarbeitern größten Konzerns auf Mauritius, sich eine Präsentation von Stephan Wrage an und erkannte sofort: Der Mann aus Hamburg hat etwas, was wir brauchen, nämlich eine innovative Anlage zur Erzeugung von Ökostrom. Und wir haben etwas, was er braucht: große Flächen auf einer Insel mit viel Wind, einen stark wachsenden Energiebedarf und Mut zur Innovation. Kurz darauf war der erste Vertragsabschluss für SkySails Power per Handschlag besiegelt. Über den Kaufpreis haben Wrages Start-up aus Hamburg und der Mischkonzern mit 280 Geschäftsfeldern Stillschweigen vereinbart. Wrage verrät nur so viel: »Für unsere Anlagen muss man einen sechs- oder siebenstelligen Betrag bezahlen.«

Mehrere Anlagen werden gerade in der Halle in Seevetal zusammengeschraubt. Eine hat der Energieriese RWE bestellt, der dafür noch einen geeigneten Standort in Deutschland sucht. Eine weitere soll auf einem Frachtschiff montiert werden, damit der Bordstrom nicht über einen teuren und umweltschädlichen Dieselgenerator produziert werden muss. In den Auftragsbüchern von SkySails Power stehen weitere Bestellungen, und Wrage guckt sich bereits nach einem größeren Standort und mehr Mitarbeiterinnen und Mitarbeitern um.

»Das Geschäft läuft gut«, sagt Wrage, und die kleinen Fältchen an seinen Augen verraten, dass dies norddeutsches Understatement ist und seine Mundwinkel unter der FFP2-Maske gerade weit nach oben gehen. Es ist das Lächeln eines zufriedenen Mannes, eines Mannes, der hart für seinen Erfolg gearbeitet hat und sich von Rückschlägen nicht unterkriegen ließ, weil er immer überzeugt war, das richtige Ziel zu verfolgen – das Klima zu schützen.

Wrage war ein junger Wirtschaftsingenieurstudent in Kaiserslautern, als ihm Anfang der 1990er-Jahre das Buch »Die Grenzen des Wachstums« in die Hände fiel. In dem »Bericht des Club of Rome zur Lage der Menschheit« warnten der US-Ökonom Dennis Meadows und andere renommierte Wissenschaftler: »Wenn die gegenwärtige Zunahme der Weltbevölkerung, der Industrialisierung, der Umweltverschmutzung, der Nahrungsmittelproduktion und der Ausbeutung von natürlichen Rohstoffen unverändert anhält, werden die absoluten Wachstumsgrenzen auf der Erde im Laufe der nächsten 100 Jahre erreicht.«

Viele hielten die Prognosen der Forscher damals für alarmistische und wirtschaftsfeindliche Katastrophenszenarien. Der im Erscheinungsjahr des Buches geborene Wrage nicht. »Es ist doch nicht so schwer zu verstehen, dass man irgendwann an Grenzen stößt, wenn man exponentielle Rohstoffausbeutung und exponentielles Wachstum in ein limitiertes System – unsere Erde – reinpackt«, sagt der Unternehmer mit dem exponentiell wachsenden Erneuerbare-Energien-Unternehmen, fast 50 Jahre nach Erscheinen der Studie. Als er sie vor fast 30 Jahren das erste Mal las, beschloss er, dazu beizutragen, Wirtschaften nachhaltiger und für den Planeten erträglicher zu gestalten – und scheiterte.

Dabei sah zunächst alles gut aus. »Wie kriegst du die Power des Drachens aufs Boot?« Seine alte Frage war Segler und Drachenfan Wrage auch während seines Studiums nie aus dem Kopf gegangen. Doch als er sein Studium 1999 abschloss, interessierte ihn nicht mehr, wie man eine kleine Jolle mit einem selbst genähten Drachen bewegt, sondern wie man richtig große Pötte, mehrere Hundert Meter lange Tanker und Containerschiffe, mit Windkraft ziehen – und so im großen Stil Treibhausgasemissionen einsparen – könnte. Immerhin war der weltweite Schiffsverkehr mit seinem extrem schwefelhaltigen Schweröl schon zur Jahrtausendwende für rund 2,5 Prozent des weltweiten $CO_2$-Ausstoßes und gigantische Mengen krebserregenden Feinstaubs verantwortlich. Wrage wollte das ändern.

Mit seiner alten Jolle Jeton und einem seiner Dutzenden selbst genähten Drachen machte der frischgebackene Wirtschaftsingenieur am Strand von Haffkrug in der Lübecker Bucht erste Feldversuche. Wrage weiß nicht mehr, wie oft die zugkräftigen Drachen ihn über Bord in die kalte Ostsee gezogen haben, aber er erinnert sich noch genau: »Alles, was schieflaufen kann, lief grandios schief. Die Jolle kenterte, wir wurden rückwärts durchs Wasser gezogen, der Drachen stürzte ab. Aber immerhin haben wir großes Freiluftkino für die Strandbesucher abgeliefert.« Doch irgendwann hatte Wrage den Bogen raus, irgendwann zogen seine Drachen seine Jolle auch bei schwachem Wind langsam durch die Ostsee. Wrage ließ sich das von ihm entwickelte System patentieren und gründete 2001 SkySails.

Auch wenn Schiffbauer, Reeder und Kapitäne ihn zunächst als Spinner abtaten oder als einen romantisierenden Öko belächelten, der den Windjammern nachtrauerte, ließ die Hamburgische Schiffbau-Versuchsanstalt den jungen Tüftler einige Tage kostenlos in einem ihrer Tanks experimentieren. Doch schnell wurde klar: Eine neuartige, von riesigen Drachen angetriebene Fortbewegungstechnik kann man weder ausschließlich an Hochleistungsrechnern simulieren noch in einem vor Wind und Wetter geschützten Becken erproben. Die Hamburger Schiffsforscher aber glaubten an Wrage und seine Idee – und schenkten ihm ein Frachtschiffmodell im Maßstab 1:26. Wrage lud den knapp acht Meter langen Rumpf auf einen Anhänger und ließ ihn im Salzhaff vor der Insel Poel zu Wasser. Am 1. September 2003 fand dort die erste Testfahrt mit einem Zugdrachen statt. Es sollte sechs Jahre dauern, bis Wrage mit einem Team von 35 Leuten seinen vollautomatisierten Zugdrachen zur Marktreife brachte. Indem er schwere Schiffsmotoren unterstützte, sollte der Drachen pro Tag und Schiff bis zu 32 Tonnen $CO_2$ einsparen und den Schiffbetreibern täglich bis zu 4500 Euro für Treibstoff sparen.

Die boomende Schifffahrtsbranche, die über Jahre Rekordgewinne eingefahren hatte und trotzdem unter dem damals hohen Ölpreis von rund 110 Dollar pro Barrel litt, reagierte nach anfänglicher Skepsis aufgeschlossen. Wenige Wochen nachdem es seinen vollautomatischen Drachen vorgestellt hatten, verhandelte das Hamburger Start-up bereits über 140 Aufträge. Die Bremer Schwergut-Reederei Beluga Shipping wollte ihre ganze Flotte – insgesamt 75 Schiffe – mit Zugdrachen ausrüsten. 2008 wurde Wrage vom WWF und der Zeitschrift Capital der Titel »Ökomanager des Jahres« verliehen. Der Hamburger hatte es mit seiner anfangs belächelten Idee geschafft. Das dachte er zumindest. Doch dann passierte etwas, das nicht im Business-Plan des Ingenieurs und Unternehmers stand.

Am 15. September 2008 meldete die amerikanische Investment-Bank Lehman Brothers Insolvenz an und löste so eine globale Finanzkrise aus, die wiederum eine weltweite Schifffahrtskrise zur Folge hatte. Nach einem ungesund schnellen Flottenwachstum in den Boom-Jahren gab es plötzlich ein riesiges Überangebot an Schiffen. Weil als Folge der Krise auch die Ölpreise sanken, wollte keiner der klammen Reeder mehr in eine innovative Technik investieren, die sich erst amortisieren musste. »Viele unserer potenziellen Kunden – auch die Beluga-Reederei – gingen in die Insolvenz. Die Finanz- und Schifffahrtskrise hat uns in wenigen Wochen die gesamte Sales-Pipeline zerbröselt. 98 Prozent der avisierten Aufträge brachen plötzlich weg«, erinnert Wrage sich an seine schlimmste Zeit als Unternehmer. In den nächsten Monaten musste der Mann, der zuvor händeringend qualifiziertes Personal gesucht hatte, ein Entlassungsgespräch nach dem nächsten führen. Von mehr als 90 Mitarbeiterinnen und Mitarbeitern im Herbst 2008 waren 2011 gerade noch 30 Angestellte übrig.

»Menschen, mit denen ich jahrelang ganz eng zusammengearbeitet hatte, freisetzen zu müssen, um das Überleben der Firma irgendwie zu sichern, war fürchterlich. Einfach schlimm«, erinnert Wrage sich. Mit der Idee, schwere Schiffe von Drachen ziehen zu lassen, hatte der Unternehmer unverschuldet eine Bauchlandung hingelegt. Insgesamt wurden nur sechs Zugdrachen für Schiffe ausgeliefert, nur ein einziger ist heute noch im Einsatz. Er zieht einen Forschungskatamaran, der auf den Weltmeeren unterwegs ist, um auf die Verschmutzung der Ozeane mit Plastikmüll aufmerksam zu machen. Mit der Entwicklung von Software, die Schiffen mit herkömmlichem Dieselantrieb hilft, ihren Treibstoffverbrauch um bis zu fünf Prozent zu senken, erhielt Wrage seine Firma am Leben. Doch die Sache mit den Drachen und die eine Formel aus seinem Studium gingen ihm dabei nicht aus dem Kopf: $E=v^3$, Energie = Geschwindigkeit hoch 3. Wrage erklärt die Formel für Nichtphysiker: »Die Energie E, die aus dem Wind gewonnen werden kann, ergibt sich aus der dritten Potenz der Geschwindigkeit v. Für uns heißt das: Weht der Wind doppelt so schnell, kann man die achtfache Energie ernten. Weht er dreimal so schnell, sogar die 27-fache Energie.« Hinzu kommt, dass der Wind in Höhen von 200 Meter aufwärts stärker und beständiger weht, weil er nicht mehr so stark durch die Reibung an der Erdoberfläche gebremst wird. Dass seine vollautomatisierten Drachen diesen Höhenwind ernten können, hatte Wrage vor der Schifffahrtskrise mit mehreren gezogenen Schiffen unter Beweis gestellt. Doch dass sich mit ihnen nicht nur tonnenschwere Kähne ziehen, sondern auch wirtschaftlich Strom erzeugen ließ, galt es noch zu beweisen. Als der ursprünglich für ein Frachtschiff konzipierte Drachen im Dezember 2019 in Klixbüll die erste Kilowattstunde produzierte, war auch dieser Beweis erbracht.

Mit der Energieerzeugung erlebt das Hamburger Startup seitdem eine Renaissance. Viele der entlassenen Wegbegleiter aus den ersten Tagen hat Wrage mittlerweile wieder einstellen können. Offizielle Einstellungsvoraussetzung ist es nicht, aber tatsächlich sind unter den Angestellten überdurchschnittlich viele Kite-Surfer, Drachenflieger und Segler. »Menschen, die sich auch privat für die Kraft des Windes begeistern, wollen offenbar auch gerne für uns arbeiten«, vermutet Wrage, der selbst noch nie auf einem Kite-Surfbrett stand.

Nach der Pleite mit den Zugdrachen für Schiffe, ist der Unternehmer sich sicher, dass er mit den Stromdrachen diesmal Erfolg haben wird. Die Notwendigkeit, das Potenzial der Höhenwindkraft zu nutzen – »Merken Sie sich die Formel: $E=v^3$«, wiederholt Wrage noch einmal –, hält der Ökostrom-Unternehmer für unverzichtbar, wenn es gelingen soll, die Klimakatastrophe bei weltweit stark steigendem Energiebedarf noch abzuwenden. Dabei hat der Mann aus Deutschlands Norden nichts gegen klassische Windkraftanlagen. »Im Gegenteil! Ich bin wahrscheinlich einer der wenigen Menschen, die Windräder wirklich hübsch finden. Und an den richtigen Standorten haben die großen, modernen Anlagen eine fantastische Ausbeute.«

Dennoch stockt der Ausbau der Windenergie in Deutschland seit Jahren. Das liegt auch an Bürgerinitiativen, die sich durch Schattenwurf, Rotorenlärm und die »Verspargelung« der Landschaft gestört fühlen. Es wird immer schwieriger, Standorte für neue Windparks zu finden. Und genau hier sieht Wrage seine Chance. »Unsere Drachen sind der letzte fehlende Baustein, um nicht nur in Deutschland eine hundertprozentige Versorgung mit erneuerbarer Energie zu ermöglichen. Denn im Vergleich zu Windrädern ist die Stromerzeugung mit Höhenwind minimalinvasiv. Wenn man nicht in den Himmel guckt, nimmt man die Drachen kaum wahr. Sie werfen wenig Schatten und sind vergleichsweise leise. Darum erwarte ich auch keine vergleichbaren Widerstände wie beim Bau von klassischen Windparks«, sagt Wrage. Und dann zählt er noch die vielen weiteren Vorteile auf, die seine Stromdrachen gegenüber Windrädern haben.

»Wir dematerialisieren, digitalisieren und demokratisieren mit unserem System die Windkraft«, sagt der Firmengründer mit dem schwarzen Tesla selbstbewusst. Was wie drei hohle Phrasen aus der Marketingabteilung klingt, hat bei ihm Substanz. »Wir dematerialisieren, weil unsere Anlagen nur etwas mehr als 20 Tonnen wiegen. Eine moderne große Windkraftanlage besteht aus 1600 Tonnen Stahl und Beton.« Digitalisiert sei das System, weil es mithilfe von künstlicher Intelligenz die Flugbahn optimiere und so im Gegensatz zu Windkrafträdern beständig grundlastfähig Strom liefere. So könnten auch fossile Kraftwerke ersetzt werden. »Und wir demokratisieren, weil unsere verhältnismäßig kleinen und günstigen Anlagen überall für eine dezentralisierte Stromversorgung sorgen können. Sie können teure, laute und umweltschädliche Generatoren ersetzen und den für eine wirtschaftliche Entwicklung so wichtigen Strom in jedes abgelegene Dorf bringen. Überall auf der Welt«, so Wrage.

Bislang ist der größte von ihm produzierte Drachen 120 Quadratmeter groß und kann bis zu 300 Haushalte mit sauberer Energie versorgen. Wrage und sein Team planen jedoch schon bis zu 400 Quadratmeter große Drachen mit 36 Tonnen Zugkraft und knapp 3000 PS Leistung, die eines Tages Strom für bis zu 2000 Haushalte liefern könnten. Fragt man ihn, was ihn als Unternehmer antreibt – der Schutz des Klimas oder sein eigener Kontostand –, reagiert Wrage fast ein bisschen beleidigt. »Der Schutz des Klimas natürlich! Wir sind gerade dabei, unseren Planeten zu verheizen. Ich kann da nicht einfach zugucken!« Seine eigene Lebenszeit wolle er einsetzen, damit das bisher größte Problem der Menschheit nicht in einer Katastrophe ende. »Der größte Hebel, den ich dazu im Moment habe, ist unsere Technologie«, so Wrage. Andernfalls wäre er nach dem Studium doch einfach zu einem x-beliebigen Konzern gegangen, um ein x-beliebiges Produkt und so auch seinen Kontostand zu optimieren. Man nimmt Wrage seine Antwort ab, auch wenn er keinen Hehl daraus macht, dass es ihm auch Freude bereitet, dass bei seinem eigenen Unternehmen mittlerweile auch die Zahlen stimmen. »Mit SkySails Power wollen wir zeigen, dass man erfolgreich mit und nicht nur gegen die Natur wirtschaften kann. Ich will anderen Mut machen, dass sie sich auf den gleichen Weg begeben und so ihren Beitrag gegen die Klimakatastrophe leisten«, sagt Wrage.

Konkurrenz fürchtet er nicht. »Mit mehr als 15 Jahren Erfahrung in der Höhenwindtechnologie sind wir der Markt- und Technologieführer. Aber der weltweite Markt ist mindestens so groß wie der für die klassische Windkraft. Es wäre vermessen zu denken, dass wir dieses gewaltige Potenzial alleine nutzen könnten.« Extrem heiße und trockene Sommer, eine Zunahme von heftigen Stürmen und Starkregen, immer neue Temperaturrekorde – Stephan Wrage ist sich sicher, dass er mit seinen 48 Jahren die Auswirkungen des Klimawandels auch in Norddeutschland schon am eigenen Leib zu spüren bekommen hat – und das macht dem Vater von drei kleinen Kindern und bekennenden Fan von Greta Thunberg Angst. »Ich glaube nicht, dass wir die Auswirkungen des Klimawandels bislang auch nur ansatzweise abschätzen können. Kriege um Wasser, Migrationsbewegungen und möglichweise durch den Klimawandel begünstigte Pandemien – all das werden wir noch zu spüren bekommen, wenn wir uns nicht endlich dazu aufraffen, die Klimakatastrophe noch zu verhindern. Wir wissen, was zu tun ist. Die Zeit des Redens ist vorbei, wir müssen jetzt handeln.« Dann ist das Interview beendet. Der SkySails-Gründer muss zurück an den Schreibtisch. Die Welt muss gerettet werden. Zum Schnacken ist jetzt keine Zeit mehr.

## Camilla van Deurs aus Kopenhagen, Dänemark
## DIE STADTARCHITEKTIN

*Von Julia Wäschenbach*

Camilla Richter-Friis van Deurs blickt durch das Glas eines kleinen Gewächshauses in einen Hinterhof, wie es sie in Kopenhagen überall gibt: Häuser aus dem frühen 20. Jahrhundert mit Backsteinfassaden, an denen ringsherum ein gepflasterter Weg für Fußgängerinnen und Fußgänger oder Kleinkinder mit ihren Laufrädern führt. In der Mitte Grasflächen, überdachte Fahrradständer, Bänke, am Ende ein kleines Klettergerüst mit gelber Rutsche.

Und doch ist dieser Innenhof in der Askøgade anders als viele andere in Kopenhagens nordöstlichem Innenstadtviertel Østerbro. Die Straße gehört zum »Klimakvarter«, einem Pilotprojekt der Stadt für ein klimaangepasstes Viertel; der Hof ist im Laufe einiger Jahre renoviert worden, mit dem Ziel, ihn klimasicher zu machen. »Wir nennen das den Innenhof der Zukunft«, sagt van Deurs, eine Frau mit dichtem, langem braunen Haar und freundlichem Blick. Sie zeigt auf Regenrinnen, die vom Dach herunterführen. »Das Regenwasser wird von den Dächern abgeleitet, führt wie ein kleiner Fluss durch den begrünten Innenhof, und beim hintersten Haus wird das Wasser aufgesammelt, und man kann damit zum Beispiel sein Fahrrad waschen.«

Van Deurs ist Mitte vierzig, sie trägt einen weiten blauen Wintermantel, einen weichen schwarzen Schal um ihren Hals und fröstelt trotzdem an diesem frühen Nachmittag im Januar, an dem das Thermometer ein Grad über null anzeigt. Seit Anfang 2019 ist sie Stadtarchitektin in Kopenhagen, eine Position, die es in der dänischen Hauptstadt schon seit 1886 gibt. In ihrer Funktion kann sie Stadtplanung und Architektur entscheidend mitgestalten. Sie inspiriert und berät Verwaltung und Politiker, stößt neue Projekte an und verrät auswärtigen Gästen, was die dänische Hauptstadt so lebenswert macht, dass sie mehrfach dafür ausgezeichnet wurde.

Seit einigen Jahren ist bei der Arbeit der Stadtarchitektin aber ein Thema ganz besonders in den Vordergrund gerückt – für van Deurs das entscheidende. »Als ich mich um den Job beworben habe, stand Kopenhagen gerade am Anfang dieser großen grünen Revolution, und da wollte ich unbedingt dabei sein«, erzählt sie. Denn ihre Heimatstadt hat das ehrgeizige Ziel, 2025 die erste klimaneutrale Hauptstadt der Welt zu sein. Dass dieser Plan sehr ambitioniert, vielleicht sogar etwas zu ambitioniert ist, ist der Stadtarchitektin bewusst. »Ich glaube, dass es sehr realistisch ist, dass wir die erste klimaneutrale Hauptstadt werden – aber ob das 2025 der Fall sein wird, das kann ich nicht versprechen.« Von dem hehren Ziel trennen Kopenhagen nach den Initiativen, die die Stadt in ihrem Klimaplan bis 2025 aufführt, nämlich noch 430 000 Tonnen $CO_2$, die irgendwie dauerhaft eingespart werden müssen.

Der größte Klimasünder in der Stadt: der Verkehr. »Bis 2025 brauchen wir eine viel größere $CO_2$-Reduktion im Straßen- und besonders im Autoverkehr, wenn Kopenhagen das Ziel der $CO_2$-Neutralität erreichen will«, heißt es im Klimaplan der Stadt. Die Autos auf den Kopenhagener Straßen allein stoßen 370 000 Tonnen $CO_2$ aus. »Die einfachste Art, die Klimaneutralität zu erreichen, wäre also, alle Autos aus der Stadt zu verbannen«, sagt van Deurs und lacht. »Aber im Ernst: Autos haben natürlich einen bedeutenden Einfluss auf den Treibhauseffekt, und damit müssen wir uns auseinandersetzen.« An der Østerbrogade, einer der Hauptverkehrsadern der Stadt, rauschen die Autos auf vier Fahrstreifen vorbei. An der Straße liegen zahlreiche Geschäfte und Wohnungen, ein Kino, mehrere Kirchen. Camilla van Deurs muss gegen den Lärm anreden. Wenn es nach ihr geht, dann wird es auf Kopenhagens Straßen künftig viel leiser zugehen. »Wir wollen das Tempo senken, denn wer langsamer fährt, verbraucht weniger Treibstoff und erzeugt nicht so viel $CO_2$«, sagt die Stadtarchitektin. Außerdem will sie den Hauptstädtern bessere Argumente liefern, um auf Autos mit Elektroantrieb umzusteigen. »Wir wollen eigene Spuren für Elektroautos und -busse ausweisen und 5000 zusätzliche Ladesäulen für Elektroautos schaffen.« Gerade brütet van Deurs über einem Plan dafür, wie die Ladestationen sinnvoll über die Stadt verteilt werden sollen.

Noch eine Vision der Stadtarchitektin: Sie will den Durchgangsverkehr aus Wohnvierteln verbannen. Nur noch auf wenigen großen Straßen, die wiederum zu grünen Boulevards umgestaltet würden, sollen künftig Pendler und Lieferfahrzeuge durch die Stadt brausen. Die Idee stammt aus dem belgischen Gent, wo ein ähnlicher Plan 2017 in Kraft trat. Seitdem sieht man dort in der Innenstadt viel mehr Fahrräder und viel weniger Autos. »Wenn du von einem

Viertel ins andere fahren willst, musst du die Hauptstraße nehmen. In andere Straßen kommt man nur rein, wenn man zum Beispiel in dem betreffenden Viertel wohnt«, erklärt Camilla van Deurs ihr angepasstes Konzept für Kopenhagen. Mit den weitgehend autofreien Wohnvierteln, mehr Elektroautos und -bussen könnten nach ihren Berechnungen 150 000 Tonnen $CO_2$ eingespart werden. »Das ist ein richtig großes, schwieriges und teures Projekt«, weiß die Architektin. »Aber ich hoffe, dass die Politik den Mut hat, wenigstens zunächst einmal ein, zwei Viertel auszuwählen, in denen man mit dem Verkehr experimentiert. Genau wie wir im Klimaviertel um die Askøgade Projekte zur Klimasicherung ausprobiert haben.« Diese Erfahrungen ließen sich im Erfolgsfall dann auf den Rest der Stadt übertragen.

Wenn Kopenhagen sein Klimaziel erreichen will, kommt die Stadt um eine Revolution des Verkehrs nicht herum. Taxen und Busse sollen bis 2025 emissionsfrei werden, Autos öfter gemeinsam benutzt werden. Dabei ist schon einiges geschehen. Der moderne Ausbau der Metro, die seit 2019 einen großen Teil der Stadt verbindet, hat eine riesige Rolle bei den Plänen Kopenhagens gespielt, klimaneutral zu werden. Viel $CO_2$ spart die dänische Hauptstadt seit jeher dadurch, dass das Fahrrad das beliebteste Transportmittel ist. Schon heute radelt die Hälfte aller Kopenhagener zur Uni oder ins Büro. Im Durchschnitt besitzt jeder Hauptstädter 2,5 Fahrräder. Jede vierte Familie mit Kindern hat ein Lastenfahrrad, für viele ersetzt es das Auto. Das macht es schwerer, noch ehrgeizigere Ziele zu erreichen. Mindestens drei Viertel aller Wege in der dänischen Hauptstadt, so der Plan, sollen künftig zu Fuß, mit dem

Rad oder den öffentlichen Verkehrsmitteln zurückgelegt werden. Heißt im Umkehrschluss: Autos dürfen nur noch ein Viertel des Verkehrs in der Stadt ausmachen. 2020 waren es noch 33 Prozent.

Das soll auch gelingen, indem der begrenzte öffentliche Raum noch mehr auf die klimafreundlichen Verkehrsmittel ausgerichtet wird. Mehr Fahrradständer sollen gerade an Bahnhöfen und Metro-Haltestellen entstehen, für die neuen Ladestationen müssen herkömmliche Parkplätze weichen. Damit noch mehr Hauptstädter und vor allem Pendler das (Elektro-)Fahrrad dem Auto vorziehen, sind in Kopenhagen und den umliegenden Kommunen acht Super-Radwege entstanden, die den Weg ins Büro sicherer und schneller machen sollen. Wenn alle Pläne umgesetzt sind, sollen die regionalen Routen für Fahrradpendler mehr als 750 Kilometer lang sein. Vor wenigen Jahren gehörte Camilla van Deurs selbst noch zu den vielen Kopenhagenern, die ihre Stadt am liebsten vom Fahrradsattel aus erkunden. Doch dann, nur wenige Monate, nachdem sie ihr Büro in der Technik- und Umweltverwaltung der Stadt bezogen hatte, übersah ein Auto sie und ihr Rad in einer Rechtskurve, als sie auf einer Hauptverkehrsader in der Innenstadt unterwegs war. Mit gebrochenem Knöchel arbeitete van Deurs in den folgenden Wochen von ihrem Bett aus daran, Kopenhagen zu einer noch fahrrad- und fußgängerfreundlicheren Stadt zu machen.

Damit kennt sie sich aus. Bevor sie den Job als Stadtarchitektin angetreten hat, war van Deurs über ein Jahrzehnt lang für den Mann tätig, der Kopenhagens Wandlung von einer von Autos verpesteten zu einer der lebenswertesten Fahrradstädte der Welt entscheidend geprägt hat: den

Stadtplaner und Architekten Jan Gehl. »Ich habe Fahrradprogramme für Sydney, Melbourne und New York entworfen, weil alle wissen wollten, wie wir das mit den Fahrrädern hier machen«, sagt sie. Während der Corona-Pandemie hätten viele Städte sich beeilt, bessere Voraussetzungen für den Radverkehr zu schaffen, weil öffentliche Verkehrsmittel als Transportoption ausfielen. In Kopenhagen hingegen sei die Infrastruktur längst da gewesen. »In den ersten Jahren hat man die großen, aber einfachen Investitionen umgesetzt. Wir haben überall Fahrradwege und gute Fahrradverbindungen in den grünen Parks«, erzählt van Deurs. »In den vergangenen Jahren haben wir dann angefangen, richtig teure Fahrradbrücken über das Wasser zu bauen, und die schaffen noch einmal ganz neue Möglichkeiten für Radfahrer.«

Zwischen den Stadtteilen Vesterbro und Islands Brygge schwebt etwa die zweispurige orangene »Cykelslangen« auf schmalen Säulen über dem Wasser, vor ihr demonstriert ein zehn Meter breiter Fahrradweg über die Dybbølsbro die Macht der Zweiräder in Kopenhagen. Die Autos sind auf eine schmale Seitenspur verbannt. »Nachdem ich unsere Ideen aus Kopenhagen zwölf Jahre lang in die ganze Welt exportiert hatte, hatte ich Lust, Kopenhagen wieder selbst zu prägen und dazu beizutragen, dass meine Stadt noch besser wird«, erklärt van Deurs, was sie nach vielen Reisen und dem Aufstieg zur Partnerin bei Gehl Architects dauerhaft zurück in ihre Heimat gebracht hat. Die Kopenhagener Klima-Ambitionen exportiert sie aber auch als Stadtarchitektin weiter in die Welt. Jedes Jahr kommen rund 400 ausländische Delegationen in die dänische Hauptstadt, um sich über die Klimainitiativen zu informieren.

An manchen Projekten hängt Camilla van Deurs' Herz besonders. Über die viel befahrene Østerbrogade blickt sie auf ein Schild, das einen Neubau neben einer Kirche ankündigt. Hier soll ein fünfstöckiges Holzhaus mit Studentenwohnungen entstehen. »Das wird das bislang höchste Holzhaus der Stadt«, sagt sie. Im Gegensatz etwa zu Schweden, Norwegen oder Kanada gebe es in Dänemark keine große Tradition, mit Holz zu bauen. Das ist zum Teil dem Brandschutz, aber auch der starken Ziegel- und Betonindustrie geschuldet. Das will sie nun ändern. »Wir wünschen uns für Kopenhagen schon sehr lange, mehr mit Holz zu bauen«, sagt van Deurs. »Das ist in Bezug auf die $CO_2$-Bilanz einfach vernünftig, es schafft eine bessere Luftqualität in unserer Stadt und entlastet den Verkehr. Darüber denkt man in dem Zusammenhang nicht so häufig nach, aber auf einem Lastwagen kann man entweder ein Betonelement oder zehn Holzelemente transportieren.« Dem Holzhaus auf Østerbro sollen weitere Projekte etwa im südlichen Teil des Kopenhagener Hafens folgen.

Van Deurs, die früher auch einmal auf Østerbro gewohnt hat, lebt heute mit ihrer Familie selbst in einem Holzhaus, das mit Erdwärme geheizt wird, etwas außerhalb von Kopenhagen. Durch ihre beiden Kinder, einen Sohn und eine Tochter im Teenageralter, sagt van Deurs, fühle sie eine große Verantwortung für das Klima. Aber ihr Engagement hat auch Wurzeln in ihrer eigenen Kindheit, die sie zum Teil in Somalia verbracht hat. Dort arbeiteten ihre Eltern für UNESCO und DANIDA, die dänische Organisation für Entwicklungshilfe. »Es hat mich als Kind schon beeinflusst, zum Beispiel den Wassermangel dort zu erleben und zu sehen, welche großen Herausforderungen mit dem Klima zusammenhängen und welche Konflikte auf den mangelnden Zugang zu Ressourcen zurückzuführen sind.«

An ihrer privaten Klimabilanz arbeitet die Dänin, die sich selbst als »pragmatische Idealistin« bezeichnet, laufend. Ein Sachbuch hat sie 2020 dazu inspiriert, Vegetarierin zu werden. Auch ein Elektroauto fährt sie inzwischen – »aber wir haben auch einen Benziner. Ich tue also nicht alles, was ich kann, aber das, was für mich in meinem Alltag funktioniert, was unsere Wohnsituation und meine Ernährung angeht – und an dem Teil mit dem Transport arbeite ich noch.« Den größten Beitrag fürs Klima könne sie aber bei ihrer Arbeit leisten, glaubt die Stadtarchitektin. »Dadurch kann ich einen ganz anderen Einfluss auf unsere Stadt ausüben, als ich es als private Architektin je könnte«, sagt sie. »Ich komme bei meinen Projekten mit allen Themen in Berührung und kann Impulse setzen, von Stadtplanung über Verkehr bis zu Wohnen, Energie und Materialien. So kann ich hoffentlich einen kleinen Teil zur grünen Umstellung beitragen.«

Beim Spaziergang durch das »Klimakvarter« kommt Camilla van Deurs am Tåsinge Plads vorbei. Früher war hier ein Parkplatz für Autos, heute ist es ein Platz zum Erholen für Menschen, mit Skulpturen und einer kleinen Wildnis, in der Weiderich und Wasserhanf wachsen, was den Tåsinge Plads zu einer innerstädtischen Oase macht, die Regenwasser aus der ganzen Umgebung auffangen kann. Das Klimaviertel ist ein Experiment der Stadt, mit dem sie sich unter anderem einer Antwort auf die Frage nähern will, wie sie sich in Zukunft gegen starke Regenfälle und Überschwemmungen wappnen kann. Heftige Regenfälle hatten etwa in den Sommern 2010 und 2011 in Kopenhagen für zahlreiche Überschwemmungen gesorgt. »Solches Regenwetter werden wir in Zukunft häufiger erleben. Die Kanalisation ist groß, aber ihre Kapazität ist begrenzt«, schreibt die Stadt in ihrem Klimaplan. Deshalb will sie sich rechtzeitig dafür rüsten.

Welche Wassermengen der Platz bewältigen kann, erschließt sich Passanten nicht auf den ersten Blick – und das ist Absicht. Denn eine von van Deurs Aufgaben ist es, das Gesicht der Stadt auf eine Weise zu verändern, dass ihre Einwohnerinnen und Einwohner es immer noch wiedererkennen. Wie anderswo auch, stoßen bei der Bewältigung der Klimakrise in Kopenhagen zahlreiche unterschiedliche Interessen aufeinander. Doch Tradition und Nachhaltigkeit stehen nicht immer im Widerspruch. Am Tåsinge Plads lädt eine typische »Kopenhagener Bank« zum Ausruhen und Verweilen ein. Ein massives Ding, ein dänischer Designklassiker, erstmals präsentiert bei der Weltausstellung 1888. Zwei Holzstreben als Sitzfläche, eine zum Anlehnen, zusammengehalten von geschwungenen, gusseisernen Seitenteilen. Als relativ unscheinbares Merkmal begegnet die Bank den Besuchern der Stadt in allen Vierteln, rund um den vornehmen Kongens Nytorv in der Innenstadt genauso wie im ethnisch diversen Nordvest oder im Hipster-Viertel Vesterbro. Die Design-Tradition, auf die die Dänen so stolz sind, ist in diesem Fall eine nachhaltige. »Erstens ist sie für uns als Kommune natürlich einfacher zu pflegen, aber wir können auch die Materialien wiederverwenden. Diese Wangen« – van Deurs zeigt auf die Seitenteile der Bank – »halten 30 bis 50 Jahre, und dann tauschen wir einfach nur diese Elemente aus« – sie zeigt auf die Holzstreben. »Etwas, womit ich kämpfe, ist, dass Architekten natürlich immer Lust haben, ein einzigartiges Projekt zu schaffen. Eine einzigartige Bank zu zeichnen. Und für uns als Stadt ist es viel klimafreundlicher, dieselben Elemente wiederzuverwenden.«

Deshalb schickt van Deurs Architektinnen und Architekten, die ein neues städtisches Bauprojekt begleiten, heute immer zuerst in den Selinevej im Stadtteil Amager. Auf der vorgelagerten Insel stapeln sich in einem großen Lager Reste von Pflastersteinen oder Granit – Materialien, die von früheren Bauvorhaben übrig geblieben sind. »Ich sage ihnen, sie sollen sich ansehen, was es gibt, und das als Grundlage für ihre Skizzen nutzen, anstatt neues Material anzuschaffen.« So, meint die Architektin, werde man in Zukunft in Kopenhagen immer häufiger Designs sehen, die als Basis nähmen, was bereits in der Stadt vorhanden sei, anstatt allein die Ideen der Architektinnen und Architekten aufzugreifen. »So drehen wir den Designprozess um und respektieren auf diese Art die Grenzen unseres Planeten.« Gleichzeitig kommt die Architektin dem Wunsch der Stadt und ihren Bewohnerinnen und Bewohnern nach, den Charme und die ästhetische Tradition Kopenhagens zu bewahren. Deshalb hat sie zusammen mit einem Architekturbüro etwa eine rote Ziegelschindel entwickelt, die gleichzeitig eine Solarzelle ist. Gegenüber vom Tåsinge Plads sind die unsichtbaren Solarzellen auf einem Dach bereits verbaut. »In der Zukunft werden hoffentlich alle Ziegeldächer in der Stadt Solarzellen sein«, sagt van Deurs.

Von der Sonnenenergie auf dem Dach über Holzhäuser bis zur Regenwassernutzung in den Innenhöfen will die Dänin als Stadtarchitektin auch die eigene Zunft und die

Art und Weise herausfordern, wie bislang noch vorrangig gebaut wird. Das kann sie nur, wenn nicht nur bei städtischen Bauprojekten Abfall und Energieverbrauch reduziert und auf grüne Energieproduktion gesetzt wird. Sie muss auch die privaten Haus- und Wohnungsbesitzer erreichen und für ihre Ideen begeistern. Wer sein Zuhause klimafreundlicher machen will, kann bei der Kommune entsprechend die Übernahme von einem Viertel der Sanierungskosten beantragen. »Die Art, wie wir wohnen, ist eine der ganz großen Klimasünden«, sagt van Deurs. 630 000 Menschen leben in Kopenhagen. Jedes Jahr wächst die dänische Hauptstadt um rund 10 000 Einwohnerinnen und Einwohner. Platz für die Zuziehenden schaffen, Wohnungen bauen und gleichzeitig das Klima schonen – wie kann das zusammengehen?

Indem neue Häuser aus klimafreundlichem Material wie Holz gebaut werden, meint van Deurs. Aber auch, indem die Hauptstädterinnen und Hauptstädter näher zusammenrücken und mehr teilen. Noch bis 2020, erzählt die Stadtarchitektin, sollten Wohnungen in Kopenhagen im Durchschnitt 95 Quadratmeter groß sein, etwa um Familien mit Kindern Anreize zu bieten, in der Stadt zu bleiben. Jetzt werden im Sinne der Nachhaltigkeit wieder vorrangig kleinere Wohnungen gebaut. In neuen Wohnkonzepten wird ein größerer Gemeinschaftssinn mitgedacht, auch, um Ressourcen zu schonen. »Es gibt vielleicht eine Gemeinschaftsküche oder eine gemeinsame Waschmaschine statt einer in jeder Wohnung. Das ist beim Wohnungsbau ein Trend, mit dem ich viel arbeite, auch, weil ich die Erfahrung gemacht habe, dass die Kopenhagenerinnen und Kopenhagener danach fragen.«

Zu wissen, was die Menschen in ihrer Stadt bewegt, Nachbarinnen und Nachbarn nach ihrer Meinung zu fragen, wenn in ihren Lebensraum eingegriffen wird, ist van Deurs auf der Suche nach Lösungen in der Klimakrise wichtig. »Besonders an Kopenhagens Klimastrategie ist, dass wir viele unserer Projekte gemeinsam mit den Anwohnerinnen und Anwohnern gestalten«, sagt sie. In dem kleinen Gewächshaus im Hinterhof der Askøgade, das sonst Treffpunkt der Nachbarschaft ist, hat sich die Dänin inzwischen etwas aufgewärmt. »Deshalb kommen am Ende hoffentlich Projekte dabei heraus, von denen alle finden, dass sie das Leben in Kopenhagen noch schöner machen, und mit denen wir gleichzeitig die Klimaherausforderungen bewältigen können.«

## Brian Spears aus Berkeley, Kalifornien, USA
# DER NEOFLEISCHER

*Von Christoph Drösser*

Es gibt in der japanischen Kultur das Prinzip des Ikigai. Demnach sollte jeder, der ein befriedigendes Leben führen will, vier Fragen beantworten: Was tue ich gerne? Was kann ich gut? Was braucht die Welt? Und womit kann ich Geld verdienen? Und sich dann eine Tätigkeit suchen, die in der Schnittmenge dieser vier Bereiche liegt. Brian Spears ist zwar kein Japaner, sondern US-Amerikaner. Aber er war Ende 30, als er sich genau diese Fragen stellte. Er war erfolgreich in seinem Beruf als Ingenieur, war Mitgründer eines florierenden Start-ups. Aber sein Job erfüllte nur zwei der vier Bedingungen. Er machte ihm keinen Spaß mehr, und der Nutzen für die Welt war fragwürdig. Auf der Suche nach seinem persönlichen Ikigai kam er zu dem Ergebnis: Ich muss die Fleischindustrie revolutionieren, um das Klima zu schützen.

Bei der Klimakrise denken die meisten an die Verbrennung fossiler Brennstoffe und deren Ersetzung durch erneuerbare Energien. Die Landwirtschaft wird dabei gern übersehen, dabei trägt sie weltweit etwa 15 Prozent zur Klimabilanz bei. Und innerhalb der Landwirtschaft ist die Fleischproduktion der größte Klimasünder: Für ein Kilogramm Fleisch wird – je nach Art – dem Nutztier die zwei- bis achtfache Menge an Pflanzen gefüttert. Entsprechend größer ist der Flächenbedarf für Fleisch im Vergleich zu pflanzlicher Nahrung. Weil die Weltbevölkerung weiter wächst, werden landwirtschaftliche Flächen immer knapper, werden Wälder gerodet und zu Weideland gemacht. Die Abwässer der Tierfabriken sind ein Umweltproblem. Rinder und andere Wiederkäuer erzeugen Methangas, das zwanzigmal so klimawirksam ist wie $CO_2$.

Würden alle Menschen auf einmal zu Vegetariern, dann sänken die Treibhausemissionen drastisch, in Massenbetrieben aufgezogene Tiere müssten nicht mehr leiden. Aber das wird nicht passieren – trotz aller Argumente für eine pflanzliche Ernährung bleibt der Anteil der Vegetarier in westlichen Ländern bei unter zehn Prozent. In ärmeren Ländern sind viele Menschen Vegetarier aus Not, und sobald dort der Lebensstandard steigt, wollen sie häufiger Fleisch auf dem Teller haben, ganz so wie die Europäer in den 50er- und 60er-Jahren des vergangenen Jahrhunderts.

Vegetarische Alternativen zu Fleisch gibt es schon eine Weile, aber sie waren lange ein Nischenmarkt. Überzeugte Fleischgegner kauften ihre Soja-Bratlinge und ihren Tofu im Reformhaus oder im Bioladen. Die Produzenten der neuen Fleisch-Alternativen dagegen nehmen passionierte Karnivoren ins Visier: Wie kann man diese dazu bringen, auf umweltfreundlichere Produkte umzusteigen?

Brian Spears war selbst ein großer Fleischliebhaber. Besonders gern mochte er »carnitas«, das langsam gegarte und zerfaserte Schweinefleisch, das man in Mexiko und Kalifornien in Tacos und Burritos isst. »Statt den Leuten ein schlechtes Gewissen zu machen, muss man ihnen ein

Produkt anbieten, das ihnen schmeckt«, sagt Spears. »Wir müssen verstehen, was es bedeutet, ein Fleischesser zu sein: Wie reagierst du, wenn du es riechst, wenn du es kaust, wenn du es schluckst? Was hat das mit deiner Identität zu tun? Wie kochst du damit? Wie passt das in dein Umfeld, in deine Familie?« Wenn man diese Fragen beantwortet, muss man von Fleischliebhabern nicht die totale Entsagung verlangen, sondern kann ihnen etwas Besseres anbieten. Er selbst hat mit dem Fleischessen 2017 aufgehört, jetzt probiert er es nur noch ab und zu, vor allem um es mit dem Geschmack seiner eigenen Produkte zu vergleichen.

Im Moment sind es vor allem pflanzenbasierte Alternativen, mit denen Fleischesser zu einer klimafreundlicheren Ernährung bekehrt werden sollen. Firmen wie Beyond Meat führen das Wort »Fleisch« sogar im Namen. Den Impossible Burger der gleichnamigen Firma aus dem Silicon Valley kann man in Sternerestaurants bestellen, aber auch bei Burger King. Er sondert sogar einen roten Saft ab, wenn man hineinpikst – denn zu den Zutaten gehört Häm, das dem Fleisch die rote Farbe gibt. Für den vegetarischen Burger wird sie gentechnisch aus Pflanzen hergestellt.

Für Spears, den einstigen Fan von blutigen Nackensteaks, reichte das aber nicht. Er wollte nicht »beyond«, sondern einfach nur »meat«. Und so stellte er sich die Frage, wie es wäre, wenn man den Geschmack und die Textur von Fleisch nicht auf Pflanzenbasis simulieren würde, sondern echtes Fleisch im Labor herstellen könnte – ohne Tiere dafür aufziehen und töten zu müssen, ohne Flächen für den Futteranbau zu verschwenden, ohne Probleme mit Gülle und Antibiotika. An dieser Vision arbeitet Brian Spears mit seiner Firma New Age Meats im kalifornischen Berkeley.

Spears wuchs im US-Bundesstaat Maryland in einer streng mormonischen Familie auf. In Europa sind Anhänger der Kirche Jesu Christi der Heiligen der Letzten Tage eine Skurrilität, in den USA dagegen hat die Kirche über sechs Millionen Anhänger. Sie gehört zu den äußerst konservativen christlichen Strömungen. Während Brian als Teenager unter seinen Klassenkameraden noch als der »earth boy« galt, der sich für Umweltschutz einsetzte, nahm er später die Haltung seiner Glaubensbrüder und -schwestern an: Gott hat Moses mit dem Symbol des Regenbogens versprochen, ihn in Zukunft vor Naturkatastrophen zu bewahren. Alles geschieht nach seinem Plan, wir müssen uns keine Sorgen machen.

Nach der Schule, die er mit erstklassigen Noten abschloss, begann Brian Spears ein Medizinstudium an der renommierten Johns-Hopkins-Universität in Baltimore, kam dort aber weder mit dem Curriculum noch mit seinen Kommilitonen zurecht. Er brach das Studium ab und tat, was von vorbildlichen Mormonen erwartet wird: Er ging zwei Jahre auf Mission, ein einschneidendes Erlebnis für jeden jungen Anhänger der von Joseph Smith gestifteten Religion. Auf eigene Kosten reisen die Gläubigen dabei paarweise in fremde Länder, gehen von Tür zu Tür und versuchen Fremde zu ihrem Glauben zu bekehren. Während dieser Zeit dürfen sie sich dem anderen Geschlecht nur auf Armeslänge nähern, selbst Fernsehen ist verpönt. Spears verschlug es auf die Philippinen. Nach seinem Missionsdienst begann er ein Studium an der mormonischen Brigham-Young-Universität im Staat Utah. Er schloss es als Chemieingenieur ab und fand einen Job in Texas bei einer Firma, die anderen schlüsselfertige Produktionssysteme lieferte. Dort lernte er, wie man aus Ideen wirklich funktionierende Industrieanlagen macht. Nach vier Jahren machte er sich selbstständig und gründete ein Unternehmen namens Sixclear, das Wissenschaftlern und Ingenieuren dabei hilft, ihre Forschungsergebnisse innerhalb kurzer Zeit in funktionierende Unternehmen umzusetzen.

Gleichzeitig entfernte er sich innerlich immer weiter von der Kirche, in der er aufgewachsen war. Dass alles, was auf der Welt geschah, einen Zweck habe und Gott sich schon etwas dabei gedacht habe, erschien ihm zunehmend als eine große Lüge. Vor allem die Umweltzerstörung konnte er nicht mehr als gottgewollt hinnehmen. Gleichzeitig verlor er das Interesse an seinem eigenen Job. Zwar hatte er spannende Kunden wie die NASA, aber eben auch Firmen, für die er heute nicht mehr arbeiten würde – doch das junge Unternehmen konnte nicht wählerisch sein. Spears fragte sich, was einmal auf seinem Grabstein stehen würde. Dass er anderen Leuten, bildlich gesprochen, den Treibstoff geliefert habe, der diesen ihre wirtschaftlichen Erfolge ermöglicht habe?

Auch die Klimakrise rückte in dieser Zeit immer stärker in sein Bewusstsein. In schlaflosen Nächten fragte er sich, ob er mit seiner Arbeit an immer besseren und billigeren Produkten nicht alles noch schlimmer machte. Spears beschloss, sich von seinem Mitgründer im Guten zu trennen, seine Unternehmensanteile zu verkaufen und ein Sabbatical zu nehmen. Zwei Jahre lang reiste er als Backpacker durch die Welt. Er traf Menschen auf Kuba oder in Indien, die nur das Notwendigste zum Leben hatten. Das ließ ihn die Vorstellung, dass die Ordnung der Welt von Gott so gewollt sei, immer stärker hinterfragen, denn er empfand die

Verhältnisse zunehmend als ungerecht und die amerikanische Legende, nach der jeder und jede Einzelne im Prinzip alles werden kann, als Lüge. Zur gleichen Zeit stellte sich Spears die vier Ikigai-Fragen. Er war ein fähiger Ingenieur mit einer neu erwachten Passion für den Klimaschutz, und mit seinen vielfältigen Kontakten hätte er gut zum Beispiel in der Entwicklung erneuerbarer Energien arbeiten können. Das war auch sein erster Gedanke, aber bei der Frage nach seiner persönlichen Wirkung kam er ins Grübeln. Natürlich muss es Leute geben, die durch ihre Arbeit zum Beispiel die Effizienz von Batterien oder Solarzellen um ein weiteres Prozent steigern – aber es gibt eben auch ganze Bereiche wie die Landwirtschaft, die einen großen Anteil an den Treibhausgasemissionen haben, aber in den letzten 100 Jahren kaum etwas an ihren Produktionsweisen verändert haben. Zeit für Disruption, wie man heute sagt. In der Landwirtschaft sah Spears ein großes Potenzial für wirklich umwälzende Veränderungen.

Er beschäftigte sich deshalb genauer damit, insbesondere mit der Fleischproduktion. So stieß er auf das in San Francisco beheimatete Good Food Institute, das Start-ups und Forschungsinstitute der Alternativ-Protein-Szene miteinander vernetzt und den wissenschaftlichen und technischen Austausch fördert. Darüber kam der Kontakt zu Andra Necula zustande, einer jungen Forscherin, die sich an der Universität Oxford mit synthetischer Biologie beschäftigt. Die beiden fanden sofort einen gemeinsamen Nenner: das Bedürfnis, nicht nur interessante Ideen zu entwickeln, sondern einen messbaren Beitrag zur Verbesserung der Welt zu leisten. Sie beschlossen daher, eine Firma zu gründen und in das In-vitro-Fleischgeschäft einzusteigen.

Sowohl das Know-how als auch mögliche Geldgeber fanden sich damals vor allem in der Bay Area rund um San Francisco.

Der Pionier der Szene war der Niederländer Mark Post. Der präsentierte 2013 in Utrecht einen Burger, der komplett aus tierischen Zellen im Labor herangezüchtet worden war. In die Entwicklung des Fleischklopses waren etwa 250 000 Euro geflossen – dieses »Preisschild« war ein guter Aufhänger für die Medien, zeigte es doch, wie weit die Technik noch vom Massenmarkt entfernt war.

Spears sah sich nicht als Erfinder, sondern wollte in der Kunstfleisch-Szene das tun, was er in seiner bisherigen Karriere bereits mit vielen Kunden praktiziert hatte: Er wollte den Sprung vom Labor zum fertigen Produkt schaffen. Dafür wollte er zunächst bereits existierenden Start-ups unter die Arme greifen. Er sprach mit vielen hoffnungsvollen Entwicklern – aber deren Antworten befriedigten ihn nicht. Und so wurde ihm klar, dass er diesmal nicht nur der Steigbügelhalter für andere Firmen sein wollte.

Spears und Necula schauten sich den PR-Trick des Holländers ab. Im September 2018, ein halbes Jahr nach der Gründung ihrer Firma, präsentierten sie ausgewählten Journalisten ein paar Würstchen, die alle aus einer kleinen Gewebeprobe eines Schweins namens Jessie herangezüchtet worden waren. Preis pro Wurst: knapp 2500 Euro. Eine Journalistin des Magazins Business Insider beschrieb den Geschmack als rauchig und herzhaft. »Es schmeckte wie Fleisch. Aber es war ja auch Fleisch.«

Heute gibt Brian Spears gerne zu, dass die Präsentation eher eine Showveranstaltung war. »Die Schwierigkeit ist nicht, einen Prototypen herzustellen. Man nimmt die Stammzellen, differenziert sie in Fett- und Muskelzellen. Und dann rührt man alles zu einem Produkt zusammen und probiert es.« Auch die immensen Preise dieser Prototypen hält er heute für unseriös. Das große Problem der Branche, das noch keine der weltweit etwa 30 In-vitro-Fleischfirmen gelöst hat, ist der Übergang vom Laborbetrieb in die industrielle Produktion. Und erst wenn dieser geschafft ist, ist es sinnvoll, auf den Kilopreis des Kunstfleischs zu schauen.

Tierische oder menschliche Stammzellen dazu zu bringen, sich zu reproduzieren, ist im Labor bereits möglich. Beim Tissue Engineering werden auf diese Weise zum Beispiel Haut- oder Knorpelzellen vermehrt und dann in den menschlichen Körper verpflanzt. Diese medizintechnischen Verfahren sind jedoch sehr aufwendig, müssen klinischen Maßstäben genügen und sind daher entsprechend teuer. »Das Gewebe muss funktional sein – wenn man Muskelzellen oder ein Stück Speiseröhre in einen Körper einpflanzt, dann soll das die nächsten 20 oder 30 Jahre halten. Unser Produkt muss das nicht – die Zellen müssen nicht funktionieren, sondern nur schmecken und gesundheitlich unbedenklich sein.«

Fleisch aus dem Labor – das klingt zunächst einmal nicht sehr ökologisch und schreckt vielleicht viele Verbraucher ab. Man kann es nicht mit Begriffen wie »natürlich« oder »unverarbeitet« bewerben, es ist ein hoch artifizielles Produkt, das mit den Mitteln der Gentechnik hergestellt wird. Deshalb besteht die Zielgruppe ganz gewiss nicht aus Bauernhof-Romantikern, die ihr Fleisch von kleinen Betrieben beziehen wollen, wo jedes Tier einen Namen hat. Solche Höfe gibt es, aber mit dieser Form der Fleischproduktion kann man den Bedarf einer wachsenden Weltbevölkerung nicht decken. Das Marketing für das Kunstfleisch wird sich an Menschen wenden, die den ökologischen Vorteil sehen und keine Berührungsängste mit industriell erzeugten Lebensmitteln haben.

Die Herstellung von In-vitro-Fleisch beginnt mit Stammzellen, die einem lebenden Tier entnommen werden. Diese kommen in eine Nährlösung, die sie mit allem versorgt, was sie brauchen, um sich zu vermehren – Kohlenhydrate, Fett, Salz. Zusätzlich werden sie mit einem Nährmedium gefüttert, das Wachstumsfaktoren enthält, welche die Differenzierung der Zellen steuern. Diese Wachstumsfaktoren, die heute noch vorwiegend aus den Zellen von Tierföten entnommen werden, sind der größte Kostenfaktor bei der In-vitro-Fleischproduktion. Sie stammen bisher meistens von Unternehmen aus der Medizinbranche, die dafür entsprechende Preise verlangen können. Aber Brian Spears ist optimistisch, dass sich das ändern wird. »Je mehr unsere Industrie wächst, desto häufiger kommen Firmen auf uns zu und sagen: Hallo, wir machen diese Wachstumsfaktoren auf eine neue Art und Weise, indem wir sie zum Beispiel in Pflanzen heranzüchten«, erzählt Spears. »Das bringt die Kosten radikal herunter – und es ist ein Problem, das wir nicht lösen müssen.«

Dass sich die Firma New Age Meats Schweinswürste als erstes Produkt ausgesucht hat, ist kein Zufall, sondern hat ganz praktische Gründe: Das Schwein ist ein sehr gut bekannter Organismus und dem Menschen sehr ähnlich. Mit ihrer homogenen Struktur stellt Wurst ein erheblich geringeres technisches Problem dar als beispielsweise ein Steak, dessen Muskelfasern eine gewisse Textur haben müssen, um kritische Esser zu überzeugen. »Und in jeder Kultur gibt es Wurst«, sagt Spears. Es ist einfach die beste Methode, auch Teile eines Tiers zu verarbeiten, die für sich allein nicht besonders appetitlich sind. »Aber wir sehen uns nicht als Wurstfirma, auch nicht als Schweinefirma.« Wenn die Produktionslinie für Schweinefleisch erst einmal stehe, sei es ein Leichtes, diese auf andere Fleischsorten zu übertragen: Rind, Lamm, aber auch Fisch oder Meeresfrüchte.

Im Moment allerdings geht es Spears noch gar nicht darum, ein reines Fleischprodukt auf den Markt zu bringen. Die ersten New-Age-Würste, die vielleicht in drei Jahren in den Verkauf gehen könnten, werden höchstwahrscheinlich ein Mischprodukt aus tierischen und pflanzlichen Proteinen sein. Der echte Fleischgeschmack sei so dominierend, dass man ihn schon bei einem Anteil von 30 Prozent deutlich wahrnimmt, sagt Spears.

Doch New Age Meats ist nicht die größte der In-vitro-Fleischfirmen. Und sie wird mit ihren Produkten auch nicht zuerst im Handel sein. Diesen Preis hat sich ein lokaler Konkurrent geholt: die Firma Eat Just aus San Francisco. Deren im Labor gezüchtete Chicken Nuggets können Konsumenten seit Anfang 2021 in einem Restaurant in Singapur bestellen – zum Preis von 19 Euro pro Portion. Das asiatische Land hat als erstes Laborfleisch zum Verzehr zugelassen. Man kann annehmen, dass dies für den US-Hersteller eher PR ist als ein Geschäft, so preiswert lässt sich das Laborfleisch noch nicht produzieren.

Aber egal, wer letztlich die Nase vorn hat – die Branche insgesamt wächst, und Organisationen wie das Good Food Institute sorgen dafür, dass die vielen kleinen Alternativ-Fleisch-Produzenten immer sichtbarer werden. Denn sie haben mächtige Gegner: In der Fleischindustrie haben wenige Großfirmen das Sagen. Die beginnen schon, pflanzenbasierte Produkte in ihr Sortiment aufzunehmen – ein Zeichen dafür, dass man die neuen Mitbewerber ernst nimmt. Und die Riesen schauen auch auf die noch junge In-vitro-Szene. Die beiden amerikanischen Fleischgiganten Cargill und Tyson haben bereits in die Firma Memphis Meats investiert. »Werden sie selber die Technik entwickeln? Nein, das ist zu weit von ihrem Kerngeschäft entfernt«, sagt Brian Spears, »die werden die kleinen Firmen aufkaufen.« Seine eigene nimmt er davon nicht aus. So läuft eben das Start-up-Geschäft.

In den nächsten Jahren wird sich zeigen, ob der Traum vom Fleischgenuss ohne Tiertod eine Vision bleiben wird oder ob ein Massenmarkt dafür entsteht. Am Anfang werden teure Lifestyle-Produkte für eine kleine Oberschicht stehen. Einige Firmen sehen dort ihre Nische, sagt Brian Spears, doch ihm reicht das nicht. Eine Auswirkung auf die Klimakrise kann das In-vitro-Fleisch nur haben, wenn es auf einem Massenmarkt mit kleinen Gewinnspannen mit dem Billigfleisch an der Supermarkttheke konkurrieren kann. »Mir reicht es nicht, Fleisch für reiche Leute zu produzieren«, sagt Spears. Er wird einen langen Atem brauchen: Laut einer Prognose der Unternehmensberatung Kearney könnte der Anteil des Laborfleischs am gesamten Fleischmarkt im Jahr 2035 bei 22 Prozent liegen – eine sehr optimistische Schätzung.

## Allan Schwarz aus Beira, Mosambik
# DER BAUMSCHULLEHRER

*Von Leonie March*

»Früher wuchsen hier noch überall Wälder«, sagt Allan Schwarz, während er mit seinem alten Pick-up von der mosambikanischen Hafenstadt Beira in Richtung Norden fährt. Inzwischen ist von den einstigen Wäldern entlang der breiten Asphaltstraße nichts mehr zu sehen, Bäume stehen, wenn überhaupt, vereinzelt in der weiten, flachen Landschaft. Und das nicht erst, seitdem Tropensturm Idai hier im März 2019 gewütet und eine Spur der Verwüstung hinterlassen hat. Die Wälder waren schon vorher verschwunden: abgeholzt für den Export, für die Holzkohleproduktion oder um der Landwirtschaft Platz zu machen. Nicht allein wegen der Klimakrise, sondern auch wegen dieses Raubbaus an der Natur entwickle sich der sogenannte Beira-Korridor, der die Küste Mosambiks mit dem Nachbarland Simbabwe verbindet, zu einem »Zyklon-Korridor«, betont Schwarz.

»Die Umwelt ist hier so massiv beschädigt worden, dass der Luftdruckunterschied zwischen dem Ozean und dem Land diese Tropenstürme direkt in diese Zone lenkt«, erklärt er. Zwar sind Zyklone in der Küstenregion nichts Neues, aber ihre Zerstörungskraft erreicht nun mehr Regionen im Landesinneren, auch weil es keine Wälder mehr gibt, die die Winde zumindest etwas bremsen und einen Teil der Wassermassen absorbieren. »Statistisch gesehen, sollten wir hier nur alle 50 Jahre von einem Zyklon getroffen werden, aber in den letzten beiden Jahren waren es schon drei«, fügt er hinzu, als er nach rund einer Stunde Fahrt mit dem Wagen in eine Einfahrt abbiegt.

Plötzlich ist es so, als hätte jemand das Licht gedimmt: Nach dem grellen Sonnenlicht der Straße filtern hier Bäume die Sonnenstrahlen, Bäume, die Allan Schwarz und sein Team allesamt selbst gepflanzt und so das Mezimbite Forest Center erschaffen haben. Die kleine Waldinsel inmitten der entwaldeten Region ist Schwarz' Lebenswerk. Der gebürtige Südafrikaner ist ein angesehener Architekt, ein Experte ökologisch nachhaltiger Bauten, versiert als Zimmermann und Schreiner, gefragt als Gastdozent an Universitäten wie dem Massachusetts Institute of Technology und der Harvard-Universität. Als er seinen Lebensmittelpunkt 1994 nach Mosambik verlegt habe, habe er zunächst nur an ein kleines Projekt gedacht, einen Ort zum Experimentieren und die praktische Umsetzung seiner Ideen, erzählt er, während er einem kleinen Pfad durch seinen Wald folgt. Heute jedoch gilt Mezimbite als eine der größten Baumschulen Mosambiks, als wichtige Arbeitgeberin und Ausbildungsstätte in der verarmten, strukturschwachen Region.

Auf einer kleinen Lichtung wässert Ana Maria Morreira Dutzende kleine Bäumchen in Pflanzsäcken, unterschiedliche einheimische Arten, die allesamt aus Samen gezogen worden sind. Wie die meisten Frauen und Männer, die hier in Mezimbite arbeiten, lebt sie in einer benachbarten kleinbäuerlichen Siedlung. Wie viele andere habe sie lange nicht gewusst, dass man Bäume überhaupt aus Samen ziehen könne, erzählt sie. Heute gibt sie dieses Wissen weiter. »Früher haben wir die Bäume gefällt, um Holzkohle zum Kochen herzustellen, aber weil keine neuen gepflanzt wurden, mussten wir immer weitere Entfernungen zurücklegen, um an Holz zu kommen. Das ist nun anders.« Sie und ihre Familie haben Bäume gepflanzt, die sie jetzt nach dem Vorbild Mezimbites auf nachhaltige Weise nutzen. Und sie ermuntern andere, es ihnen nachzutun. »Bäume sind wichtig, weil sie in den heißen Monaten Schatten spenden«, betont Morreira. Aber auch als Baumaterial und weiterhin für die Holzkohleproduktion, für die sie Bäume jedoch nur noch beschneiden, nicht aber mehr fällen würden.

Geschätzte 90 Prozent der mosambikanischen Bevölkerung hätten keine andere Energiequelle zum Kochen, ergänzt Allan Schwarz. Studien zufolge verbrauche jeder Einwohner so zwei Tonnen Holz im Jahr. »Bei 30 Millionen Mosambikanerinnen und Mosambikanern sind das also enorm viele Bäume, die sich in Rauch auflösen, Emissionen verursachen und nicht ersetzt werden.« Am Rand der Hauptstraße, deren Verkehrslärm bis in den Wald vordringt, verkaufen Händler Säcke mit Holzkohle oder transportieren sie auf den Gepäckträgern ihrer Fahrräder. Szenen, die auch in anderen Ländern des Südlichen Afrika an der Tagesordnung sind. Zwischendurch donnern außerdem schwer beladene Lkw vorbei, die dicke Baumstämme für den Export zum Hafen in Beira transportieren. Ihre Zahl habe in den letzten Jahren jedoch deutlich abgenommen, so Schwarz.

Ein großer Teil der Holzlager und Sägewerke, die überwiegend chinesische Unternehmen an der Hauptverkehrsader errichtet hatten, sind mittlerweile verwaist. Jedoch nicht wegen einer plötzlichen Einsicht aus Gründen des Umwelt- oder Klimaschutzes, fügt er hinzu. »Die Wahrheit ist, dass die Ressource fast ausgeschöpft ist. Es ist kaum mehr möglich, Profit zu machen. Game Over.« Und das, obwohl es in Mosambik recht gute Gesetze zum Schutz der Wälder gibt, die Schwarz aufgrund seiner Expertise teils mitformuliert hat. Doch wie so oft hapert es an der Umsetzung, außerdem ist Korruption ein Problem: »Holzexporte waren in Mosambik schon immer illegal, trotzdem waren sie jahrzehntelang an der Tagesordnung. Auch weil jeder chinesische Holzhändler hier von einem hochrangigen Politiker protegiert wird.«

Die Kombination aus kommerzieller Abholzung in großem Stil, der lokalen Nachfrage nach Feuer- und Bauholz sowie der Erschließung neuer landwirtschaftlicher Flächen durch Brandrodung hat landesweit zu einem enormen Schwund der Waldflächen geführt, der auf Satellitenbildern deutlich zu erkennen ist. Über die konkrete Größenordnung gibt es unterschiedliche Schätzungen: Laut Weltbank verliert Mosambik jedes Jahr 267 000 Hektar Wald, das entspricht etwa der Fläche des Saarlandes. Laut Allan Schwarz stammt die letzte wirklich belastbare Studie jedoch aus dem Jahr 1963: »Damals waren noch 75 Prozent von Mosambik von Wäldern bedeckt. Heute können wir uns glücklich schätzen, wenn diese Prozentzahl noch im zweistelligen Bereich liegt. Das ist also ein enormer Verlust.«

Wälder seien viel mehr als nur die »grüne Lunge« der Erde, betont Schwarz, dem Debatten um die Klimakrise, die sich ausschließlich um $CO_2$-Werte drehen, zu kurz greifen. Wälder hätten schließlich Einfluss auf Niederschläge und Grundwasserpegel, Temperaturen und Winde, sowohl regional als auch global. In Mezimbite kann er das alles im Kleinformat demonstrieren. »Wenn Leute neu bei uns sind, dann gehe ich mit ihnen zuerst draußen auf die Straße und lasse sie spüren, wie viel heißer es dort ist. Dann steige ich mit ihnen Stück für Stück tiefer ein.« In einer Region, die die Klimakrise bereits mit voller Wucht zu spüren bekommt und in der der Bildungsstand gering ist, sind diese direkten Eindrücke wichtiger als komplizierte Modelle. »Ich kämpfe auch nicht gegen den Klimawandel«, fügt er hinzu. »Stattdessen trage ich bewusst zu einer positiven Veränderung bei. Das ist ein entscheidender Unterschied.«

Auf dem Weg durch seinen Wald macht Schwarz in der Küche halt, um einen Happen zu essen. Die Einrichtung dieser Freiluftküche ist spartanisch und erinnert ein wenig an Camping, auch weil in unmittelbarer Nähe zwei Zelte als ›Gästezimmer‹ dienen. Doch auf den zweiten Blick fällt das liebevolle Design auf: Esstisch und Stühle, sogar die Teller wurden in Mezimbite aus Holz gefertigt, praktisch und formschön zugleich, alte Handwerkskunst, die ohne Nägel und Schrauben auskommt. Hier, das ist deutlich spürbar, geht es um die Sache, nicht um den Schein – um nachhaltige Lösungen, um Praxis statt Theorie. Groß angelegte Kampagnen, die zu Spenden aufrufen, um Bäume in großem Stil zu pflanzen, sieht Schwarz mit Skepsis. »Erstens gehen viele dieser Bäume wieder ein. Zweitens sind es nicht immer die richtigen Bäume am richtigen Ort. Und drittens sind ein Haufen Bäume noch kein Wald.« Über Projekte mit Drohnen, die im Sekundentakt Samen in den Boden schießen, um so in Rekordzeit eine Menge Bäume zu ›pflanzen‹, schüttelt er nur den Kopf. Die Zahl sei unbedeutend, zentral sei etwas anderes: das Verhältnis derjenigen zu den Bäumen, die sie pflanzten, pflegten und bestenfalls als Teil ihrer Kultur ansähen.

»Wenn wir begreifen, dass wir in einer Symbiose mit unserer Umwelt leben, also auch mit diesen Bäumen, dann geht es nicht mehr um Statistiken, sondern um den Aufbau von Beziehungen.« Und so ist auf ehemals ausgelaugten Feldern, die die Kleinbauern aufgrund ausbleibender Ernten verlassen hatten, nicht nur ein Wald mit einem gesunden unterirdischen Wurzelwerk gewachsen, sondern mit ihm auch ein Geflecht an Beziehungen. Allan Schwarz doziert nicht über die Klimakrise, er bietet den Menschen rund um Mezimbite Alternativen, die ihr Leben verbessern. Schließlich ist die Armut groß. Auf praktische Art lernen interessierte Nachbarinnen und Nachbarn, welchen Wert Wälder haben, wie sie sie selbst auf vielfältige Art nachhaltig bewirtschaften und so auf lange Sicht von ihnen profitieren können, anstatt sie abzuholzen. So wird der Klimaschutz zu einer Zukunftsperspektive.

Im Herzen seines Waldzentrums hat Schwarz eine Schreinerei eingerichtet, in der mittlerweile seine früheren Lehrlinge andere Mosambikaner und Mosambikanerinnen ausbilden. Sie stellen unter anderem Möbel, geschnitzte Türen, Spielzeuge und Rohlinge für Holzblasinstrumente her. Mário Jorge Mário arbeitet seit 2010 hier, auch er fing als Lehrling an und bildet mittlerweile selbst aus. Wie alle Mitarbeitenden erhält er den gesetzlichen Mindestlohn und wird zusätzlich pro Möbelstück bezahlt, das er herstellt. So viel Geld habe er noch nie verdient, erzählt er. »Ich hätte nicht im Traum daran gedacht, dass ich mir je ein eigenes Haus bauen könnte. Außerdem habe ich ein Handwerk gelernt, mit dem ich mich auch selbstständig machen oder einen anderen Job finden könnte.«

Aber wie passt das Schreinerhandwerk zum Waldschutz? Allan Schwarz schmunzelt, als habe er diese Frage schon erwartet. In noch existierenden Wäldern der Dorfgemeinschaften, mit denen Mezimbite zusammenarbeitet, sei erst mal eine Art Inventur gemacht worden. »Wir wissen also ganz genau, wie viele Bäume es dort gibt, welche Arten, in welchem Alter und in welcher Größe.« Als Beispiel nennt er Grenadillbäume, aus denen Oboen und Fagotte hergestellt werden. Es braucht bis zu 300 Jahre, bis das Holz die dafür nötige Qualität hat. Wenn diese Bäume an ökologisch oder kulturell wichtigen Stellen wachsen, werden sie nicht angerührt. Eine gewisse Anzahl von ihnen ist für den Erhalt der genetischen Vielfalt notwendig. Außerdem braucht es eine großzügige Reserve, um den Verlust von Bäumen, etwa durch Insektenbefall, auszugleichen. »Diese zieht man von der Gesamtzahl ab und teilt den Rest dann durch 300, also das Alter der Grenadill-Bäume Heraus kommt die Anzahl der Bäume, die man nutzen kann«, erklärt Schwarz sein System. »Außerdem wissen wir dann, wie viele neu gepflanzt werden müssen, um einen einzigen gefällten Baum zu ersetzen und dafür zu sorgen, dass die Art nicht nur überlebt, sondern der historische Schaden behoben wird.«

In den letzten sieben Jahren sei für die Schreinerei jedoch gar kein Holz neu geschlagen worden. »Wir haben nur das genutzt, was die kommerziellen Holzhändler hier als Verschnitt zurückgelassen haben. Für sie hat höchstens die Hälfte eines Baums einen Wert, der Rest ist Abfall.« Die gerodeten Flächen wirken wie Schlachtfelder, selbst große Bäume liegen dort kreuz und quer. Auch in den ehemaligen Sägewerken entlang der Straße wurde bergeweise Holz zurückgelassen, weil es für den Export nicht perfekt genug erschien, beispielsweise Astlöcher aufwies. Darunter seien teils vom Aussterben bedrohte Arten wie Palisander, meint Schwarz. »Wir nutzen jeden kleinen Rest, zum Beispiel für Intarsien.« Behutsam streicht er mit der Hand über eine Tischplatte, in der Risse und Löcher mit kleinen Holzstücken kunstvoll geflickt worden sind. So werden die Reparaturen zu einem Teil des Designs, womit auch das Bewusstsein für den Wert des Holzes wächst.

Mário zeigt sich tief betroffen von den Besuchen auf den ›Schlachtfeldern‹. Er hat beobachtet, dass es auf den gerodeten Flächen heißer ist, dass es dort weniger regnet, Überschwemmungen jedoch verheerende Folgen haben. Eine Klimakrise im Miniaturformat. »Es ist wichtig, dass wir Bäume pflanzen«, betont er. Das empfehle er auch seinen Nachbarn. »Denn wir Mosambikaner werden darunter leiden, wenn wir irgendwann kein Holz mehr haben, um Dinge des täglichen Lebens herzustellen: Türen, Stühle und Särge.« Die Bäume hätten noch eine andere wichtige Funktion, ergänzt er, sie schützten vor Erosion. »Neben meinem Haus ist ein kleiner Fluss. Am Ufer habe ich Setzlinge aus unserer Baumschule gepflanzt, damit die Erde nicht weggespült wird.« Aber nicht alle seiner Nachbarn verstünden das. Nachdem Zyklon Idai in der Region verheerende Schäden angerichtet habe und Bäume teils auf Häuser gefallen seien, würden sie nun sogar vorsorglich auch die wenigen verbliebenen Bäume fällen. Mário schüttelt den Kopf, denn ihm ist klar, wie fatal diese Entscheidung ist – auch weil er selbst gesehen hat, dass Mezimbite dem extremen Wetter besser standgehalten hat als die Dorfgemeinschaften.

Beim Spaziergang mit Allan Schwarz wird deutlich warum: Kleine Kanäle durchziehen das Waldareal, durch das Wasser abfließen kann, die Wege sind etwas höher angelegt. Außerdem wurden mehrere Alleen in drei parallelen Reihen gepflanzt, die Bäume stehen eng beisammen. Sie wehren auch starke Winde ab und schützen die Flächen dahinter, die noch aufgeforstet werden. In den ersten Jahren, während die Setzlinge zu kleinen Bäumen heranwachsen und der Wald sich Hektar für Hektar ausbreitet, wird auf diesen Flächen Gemüse angebaut. Dazu kommen Nutzbäume wie Moringa, die der Erde Stickstoff zuführen, oder wie Niem- und Teebäume für die Ölproduktion. Die Zahl der Produkte, die in Mezimbite hergestellt werden, ist beeindruckend, die Wertschöpfungskette lang. Die Verkäufe sichern das Überleben der Gemeinschaft und des Projekts, das Schwarz immer wieder auch mit eigenen Mittel finanziert, die eigentlich für seine Pension gedacht waren. Er brauche nicht viel, sagt er schulterzuckend.

Der ehemals ausgelaugte Boden auf den Feldern wird durch Mulch, Kompost und Sägespäne regeneriert. Alles, was in Mezimbite an Grünabfällen anfällt, wird als Biomasse wieder in die Erde eingebracht. So wird zum einen $CO_2$ gebunden, außerdem erholen sich Mikroorganismen im Boden. Die Erde wird wieder durchlässiger und nimmt im Fall von Überschwemmungen mehr Wasser auf als die kompakten Böden der benachbarten Zuckerrohr-Monokulturen oder kleinbäuerlicher Felder, auf denen Unkraut jährlich mit Feuern vernichtet wird. Das Resultat dieser Praxis sei buchstäblich verbrannte Erde, sagt Allan Schwarz. »Diese als Brandrodung bekannte Methode ist sehr destruktiv. In Afrika südlich der Sahara werden in jeder Trockenzeit 60 Prozent der gesamten Fläche auf diese Weise abgefackelt.« Entsprechend verheerend ist die $CO_2$-Bilanz. Die verbrannten, dunklen Flächen reflektieren zudem kein Sonnenlicht mehr, sondern heizen sich und damit die Erde auf. »Diese Praxis trägt also in großem Maß zu Erderwärmung und Klimakrise bei«, resümiert Schwarz.

Zwar hat Idai 2019 auch in Mezimbite erhebliche Schäden angerichtet und Teile der Baumalleen zu Fall gebracht. Aber der Boden darunter blieb intakt, und so konnte unmittelbar nach der Räumung der Sturmschäden mit dem Anbau von neuen Setzlingen und Gemüse begonnen werden. »Innerhalb von sechs Wochen konnten wir uns wieder selbst versorgen«, erzählt Schwarz. Und nicht nur das: Da die Familien rund um Mezimbite alles verloren hatten, inklusive der ohnehin dünnen Humusschicht ihrer Felder, wurde der Gemüseanbau ausgeweitet, die Ernte reichte aus, um auch sie und rund 3000 Schulkinder zu ernähren. Das weckte Interesse: Etliche Nachbarn kamen nach Mezimbite, um zu erfahren, was dort anders und besser läuft. »Sie sagten: ›Wir wollen nicht auf Politiker oder Hilfsorganisationen warten, sondern unser Leben aus eigener Kraft verbessern.‹ Das gibt mir Hoffnung: die einfachen Leute, die ihr Verhältnis zur Umwelt verbessern und sie dadurch positiv verändern.«

Auch Kleinbäuerin Ana Morreira hat bei sich zu Hause vieles nach dem Vorbild Mezimbites neu gestaltet: Nachdem Zyklon Idai ihr Haus zerstört hatte, habe sie relativ schnell ein neues errichten können, sagt sie. »Beim Bau und der Ausbesserung der Baumschule habe ich viel darüber gelernt, wie man mit Holz baut.« Außerdem bewirtschaftet sie ihr eigenes Feld nun auch auf ökologisch-nachhaltige

Weise, verzichtet auf die jährlichen Feuer, und das mit Erfolg. »Ich hatte eine wirklich gute Ernte, und auch meine Töchter setzen nun auf diese Anbaumethode.« Für sie ist es ein spürbarer Fortschritt, der im Zweifel ihre Existenz retten könnte und zugleich die Klima-Resilienz steigert. In der Summe kann sich diese Veränderung aber auch global auswirken.

»Auf jedem Hektar absorbieren wir durch Bäume und Biomasse große Mengen $CO_2$, und das hat in der Summe auch einen globalen Effekt für das Klima«, so Schwarz. Besonders wichtig ist es ihm, dass Menschen in ärmeren Ländern wie Mosambik nicht entmündigt werden, indem sie als reine Opfer der Klimakrise behandelt werden. Schließlich spielten lokale Faktoren wie die Brandrodung und die Holzkohleherstellung ebenfalls eine Rolle. Die mosambikanische Regierung trage zudem Verantwortung für die kommerzielle Abholzung der Wälder, ebenso wie für die Förderung von Kohle und Gas, die schon beim Abbau und dann noch einmal nach dem Export ins Ausland zu Emissionen und damit zur negativen globalen Klimabilanz beitrügen. Die Verursacher der Klimakrise säßen also nicht nur in den Industriestaaten, so wie es gängige Narrative in Entwicklungshilfe, internationaler Politik und ärmeren Ländern wie Mosambik selbst nahelegten. »Nur wenn wir anerkennen, dass jeder von uns, wenn auch in unterschiedlichem Ausmaß, zur Klimakrise beiträgt, können wir aktiv werden. Wir sind keine Opfer. Und wir können alle ein Teil der Lösung sein.« Zunächst lokal, im eigenen Umfeld, in der Summe jedoch mit globaler Wirkung, sagt Schwarz am Ende unseres Waldspaziergangs. »Nur so kann unsere Erde wieder zu einem Ort werden, wo wir alle gern leben.«

## Mireia Barba aus Barcelona, Katalonien, Spanien

# DIE RESTEVERWERTERIN

*Von Julia Macher*

Eine milde Frühlingsbrise weht über das Delta des Llobregat, über Feldgräser und Ackerblumen tanzen ein paar Schmetterlinge, und der Himmel blitzt mittelmeerblau: ein Postkartenidyll. Doch für Naturbetrachtungen haben die Freiwilligen des Projekts Espigoladors keine Zeit. Konzentriert arbeiten sich acht Frauen und zwei Männer durch die Ackerfurchen, drücken prüfend auf Weißkohlköpfe.

Der fußballfeldgroße Acker gehört einem Kleinbauern, für den sich die Ernte wegen der niedrigen Marktpreise nicht lohnte. Also hat er den Kohl stehen lassen. An vielen Pflanzen haben sich die äußeren, grünen Blätter bereits aufgefaltet, die Blüte drückt nach oben. Eigentlich ist das Gemüse nicht mehr für den Verzehr geeignet. Aber ab und zu entdeckt eine der Helferinnen im wuchernden Grün doch noch einen festen Kohlkopf – oder zumindest einen, der mit ein, zwei Schnitten wieder präsentabel wird. Dann hört man ein anerkennendes Zungenschnalzen, einen triumphierenden Jauchzer.

Nach zwei Stunden hieven die Helfer ein gutes Dutzend prall gefüllter Kisten in den Laderaum des kleinen Transporters. Mireia Barba quittiert die Ladung mit einem zufriedenen Blick. »Wenn wir dieses Gemüse nicht gerettet hätten, dann wäre es einfach untergepflügt worden – und dazu ist es doch viel zu schade.« Die Türen klappen zu, eine knappe Stunde später wird die Nachbarschaftshilfe Sant Boi das erntefrische Gemüse an bedürftige Familien verteilt haben.

Seit 2014 sammelt die Stiftung Espigoladors bei katalanischen Bauern das Obst und Gemüse ein, das für den regulären Markt zu unansehnlich oder zu unrentabel ist. Über 100 Landwirte geben regelmäßig ihre Felder zur Nachlese frei. Inzwischen buddeln die knapp 2000 Freiwilligen fast täglich irgendwo rings um Barcelona Kartoffeln aus der Erde, klauben Mandarinen oder Zitronen von den Bäumen, schneiden vergessene Artischocken ab. Die Produkte werden unentgeltlich an Nachbarschaftshilfen oder Suppenküchen weitergegeben. Das Rote Kreuz zählt inzwischen zu den Stammkunden der Stiftung. »Bei uns zu Hause wurde immer sehr sorgsam mit dem Essen umgegangen«, erzählt Mireia Barba, eine der drei Gründerinnen des Projekts. »Zu sehen, wie viel Lebensmittel einfach so verloren gehen, tut mir in der Seele weh.«

Laut der Ernährungs- und Landwirtschaftsorganisation der Vereinten Nationen (FAO) landet weltweit ein Drittel aller Lebensmittel auf dem Müll oder Kompost. 7,7 Millionen Tonnen sind es allein in Spanien. Der Großteil der verschwendeten Lebensmittel, etwa 45 Prozent, sind der FAO zufolge Obst und Gemüse. Jeder Kohl, der auf dem Feld verrottet, jede krumme Gurke, die in der Verpackungsstation aussortiert wird, jeder Salat, der im Kühlschrank verwelkt, schlägt sich in der Klimabilanz nieder. Denn die Aufzucht kostet Wasser, Nährstoffe, Energie. Dazu kommen die Umweltkosten für Weiterverarbeitung und Transport, der Treibstoff für die Laster und Kühlanlagen. Rund 4,4 Milliarden Tonnen Treibhausgase landen durch verschwendete Lebensmittel jedes Jahr vollkommen unnötig in unserer Atmosphäre. Wäre Lebensmittelverschwendung ein Land, dann wäre es – rechnet die FAO vor – das Land mit den drittgrößten $CO_2$-Emissionen.

Mireia Barba kann diese Eckdaten im Schlaf herunterbeten. Aber um zu verstehen, wem ihr Projekt zugutekommt, braucht sie weder Zahlen noch Statistiken. »Wer für Menschen, die Hilfe benötigen, Lebensmittel rettet, handelt nicht nur sozial, sondern auch nachhaltig und schützt das Klima. Und davon profitieren letztlich wir alle.« Eine Triple-win-Situation, sozusagen.

Die Sozialunternehmerin sitzt im Schneidersitz auf einem Mäuerchen vor einer Werkhalle im Industrieviertel Sant Cosme del Llobregat. Sie trägt Jeans und Turnschuhe und hat das lange, dunkelbraune Haar locker hinter dem Kopf zusammengeknotet. Für mehr bleibt beim steten Wechsel zwischen Acker, Büro und Werkhalle keine Zeit. Zusätzlich zur Stiftung Espigoladors hat Mireia Barba 2018 eine Firma gegründet und produziert aus einem Teil der Restbestände Marmeladen, Gemüseaufstriche und Soßen. »És Im-Perfect« heißt die Marke: »Es ist un-perfekt«. Ein Lieferwagen hält vor der Einfahrt, zwei Männer hieven Kisten mit Bitterorangen und Kürbissen von einer Palette. Die Orangen haben Freiwillige von Straßenbäumen in Barcelona geerntet, die Kürbisse sind ein Restposten vom Großmarkt. Mireia Barba begrüßt die beiden mit einem Kopfnicken, führt dann in die Küche.

Auf einem Industrie-Gasherd blubbern drei 200-Liter-

Kochtöpfe. 15 Menschen arbeiten im Zwei-Schicht-System. Viele von ihnen haben keinen Schulabschluss oder gelten aus anderen Gründen als schwer vermittelbar. Auf dem regulären Arbeitsmarkt hätten sie keine Chance. Bei »És Im-Perfect« erhalten sie einen halb- oder ganzjährigen Ausbildungsvertrag, der ihnen neue Chancen öffnet – und manche zum Bleiben bewegt. Mauricio, der für die erste Marmeladenproduktion das Obst schnippelte, ist inzwischen Leiter der Küchenbrigade. »Menschen, die der Markt verschmäht hat, machen aus angeblich zweitklassigem Obst ein erstklassiges Produkt. Das ist doch das perfekte Wechselspiel«, freut sich Mireia Barba. Sie schraubt eines der noch nicht etikettierten Gläser auf, kostet ein Löffelchen und nickt: fruchtig-frisch, mit präsenter, aber nicht zu penetranter Bitternote – so als wären die Früchte genau dafür gemacht. »Manchmal braucht man eben eine zweite Chance, um seine eigentliche Bestimmung zu entdecken.« Das trifft gewissermaßen auch auf sie selbst zu.

Barba, Jahrgang 1976, hat Sozialpädagogik und Betriebswissenschaften studiert. Sie hat in Banken gearbeitet und in der öffentlichen Verwaltung, hat Jungunternehmer in der Entwicklungsphase begleitet und ehemalige Prostituierte betreut. Die Jobs waren immer herausfordernd, manchmal auch gut bezahlt. Doch richtig zufrieden machten sie Mireia Barba nicht. Erst als sie 2014 zusammen mit ihrem Lebensgefährten Jordi und Marina, einer gemeinsamen Freundin, ihr eigenes Projekt aus der Taufe hob, wusste sie: Diesmal stimmt alles. Diesmal ist alles aus einem Guss. »Wir verbringen so viel Zeit mit unserer Arbeit, da muss das, was wir tun, doch Sinn machen – für die Gesellschaft, aber auch für uns selbst.«

Die Idee zur Stiftung für Lebensmittelrettung entstand in den Nachwehen der Finanzkrise von 2008. Als die spanische Immobilienblase platzte, geriet das gesamte Finanz- und Wirtschaftssystem ins Trudeln. Hunderttausende Spanierinnen und Spanier verloren nicht nur ihre Arbeit, sondern oftmals auch ihre Wohnung. Vor den Suppenküchen wurden die Schlangen immer länger. Die Krise riss die Menschen aus der politischen Lethargie. In den Stadtvierteln entstanden Nachbarschaftsvereine und Sozialinitiativen, auch die Gruppe um Barba wollte helfen. Bei einem ihrer Streifzüge durch die Stadt lernten die drei Silvia kennen. Die alleinerziehende Mutter zweier Kinder durchstöberte kurz nach Geschäftsschluss jeden Tag die Mülltonne des Obstladens, holte heraus, was der Händler dort wenige Minuten zuvor als unverkäuflich entsorgt hatte: Bananen, an denen die Schale etwas aufgeplatzt war, Äpfel mit Druckstellen, zerknickte Lauchstangen – bis auf diese kleinen Makel einwandfreie Lebensmittel. Das Bild ließ Mireia Barba nicht mehr los. Sie fing an zu recherchieren, bei Händlern, auf dem Großmarkt und bei Produzenten, und entdeckte bald, dass die graue Tonne nur das Symptom eines verfehlten Systems war.

Barba geht zum Gemeinschaftsarbeitsplatz in der Werkhalle und räumt eine Ecke des vollen Schreibtischs frei. Mit einem Surren fährt der Computer hoch, die Unternehmerin klickt sich durch die Statistik. In der EU landen jedes Jahr 87,6 Millionen Tonnen Lebensmittel im Müll: weil sie aus produktionstechnischen oder ästhetischen Gründen bei der Ernte liegen bleiben, weil sie bei der Weiterverarbeitung als Nebenprodukt wegfallen, wegen Lagerproblemen oder aus Unachtsamkeit der Verbraucherinnen und Verbraucher. Umgerechnet auf alle EU-Bürgerinnen und -Bürger sind das 173 Kilogramm pro Kopf. Über die Hälfte der Lebensmittelverluste entstehen in Privathaushalten, etwa 19 Prozent bei der Verarbeitung. Der Einzelhandel steht mit fünf, die Landwirtschaft mit elf Prozent am Ende der Liste. Trotzdem war Mireia Barba von Anfang an klar, dass sie beim Kampf gegen Lebensmittelverschwendung den Hebel auf dem Land beziehungsweise bei der Produktion ansetzen musste. Warum? Ein kurzes Lächeln, dann erzählt die Katalanin von den Sommern ihrer Kindheit. Jedes Jahr verbrachte sie die Ferien bei ihrem Großvater in Gelida, in den Bergen westlich von Barcelona. Sie erntete wilden Spargel mit ihren Cousins und Cousinen, manchmal lud ein befreundeter Bauer sie ein, auf dem Feld die übrig gebliebenen Melonen einzusammeln. »Wir haben den ganzen Kofferraum des Autos meines Großvaters gefüllt und konnten morgens, mittags, abends Melonen löffeln«, erzählt sie. »Wir haben uns unheimlich reich gefühlt.«

Mireia Barba öffnet die Webseite der Stiftung. Unter der Erklärung »Wer sind wir« hängt eine Reproduktion von Jean-François Millets Ölgemälde »Des Glaneuses«, Die Ährenleserinnen. Das Bild von 1857 zeigt drei Frauen, die ein spätsommerliches Stoppelfeld nach den letzten Ähren absuchen. Die Luft schimmert staubig-golden, die Frauen wirken trotz der gebückten Haltung und der ärmlichen Kleidung würdevoll. »Über Jahrhunderte ließen die Bauern einen kleinen Teil der Ernte bewusst auf dem Feld stehen, damit die ärmere Bevölkerung oder Reisende sie abernten konnte«.

Bereits im Alten Testament werden Bauern aufgefordert, den Rand des Feldes nicht abzuernten. Er sollte Waisen, Witwen und Besitzlosen überlassen werden. In ganz Europa gehörte das Ährenlesen, die Nachlese durch die Armen, bis in die Neuzeit zu den verbrieften Rechten. Doch dann versperrte ihnen eine zunehmend industrialisierte Landwirtschaft den Zugang zu den Feldern. Die Welt, so sieht das Barba, teilte sich in Produzenten und Konsumenten – und das Produkt war nur noch das wert, was es kostete: ein paar Cent, schnell verdient, schnell ausgegeben, schnell weggeworfen.

»Aber wenn man selbst mit Hand anlegt, und sei es nur ein paar Stunden, dann steigt die Wertschätzung ganz automatisch: Das haben wir als Kinder erlebt – und dieses Gefühl wollte ich weitergeben.« 2014 entstand aus diesem Gedanken die Fundació Espigoladors, die Stiftung Ährenleser.

Der Anfang war nicht leicht. Manche der Landwirte, bei denen Barba und ihre Mitstreiter anfragten, reagierten zunächst zurückhaltend: Wenn man einfach so Fremde aufs Feld lässt, öffnet man dann nicht Hinz und Kunz das Gatter? Können Städter überhaupt Strunk von Blatt unterscheiden? Und was, wenn sich einer der ungeübten Helfer auf dem Feld verletzt? Aus ihren früheren Jobs wusste Barba, wie man Zweifler überzeugt und Mitstreiter gewinnt. Vor jedem Einsatz wird allen erklärt, was wie geerntet wird. Die Helfer und Helferinnen der Stiftung achten darauf, dass niemand auf dem Nachbarfeld stibitzt. »Wer einmal gesehen hat, mit welchem Einsatz wir uns durch die Ackerfurchen arbeiten, hat keine Bedenken mehr. Und das spricht sich rum.« Sie deutet mit dem Kinn auf den Bildschirm und schmunzelt: »Dem nächsten Millet stehen dann wir Modell.«

Der Kreis der Landwirte, die sich an dem Projekt beteiligen, ist seitdem stetig gewachsen. Inzwischen sind es fast 100, die regelmäßig ihre Felder von freiwilligen Helferinnen und Helfern abernten lassen. Dabei lassen sich die Bauern nicht nur von umweltpolitischen Überlegungen, sondern, je nach Anbauart, auch von ökonomischer Vernunft leiten: Kartoffeln müssen runter vom Acker, sonst treiben sie aus und machen der nächsten Frucht das Leben schwer. Auch Mandarinen und Zitronen müssen vollständig abgeerntet werden, sonst bilden die Bäume im nächsten Frühjahr keine Blüten. Wenn Freiwillige diese Arbeit kostenlos erledigen und man dazu noch nebenbei einen kleinen Beitrag zum Klimaschutz leistet: warum nicht? Auch für die beteiligten Landwirte ist Espigalodors also in mehrfacher Hinsicht ein Gewinn.

Am meisten profitierten vom Projekt aber weiter die Helferinnen und Helfer, glaubt Barba. Die Freude über die prall gefüllten Kisten, der Stolz, mit dem sie einen Kohlkopf oder ein paar Artischocken für sich selbst in den mitgebrachten Beutel packen, die Begeisterung, mit der nach getaner Arbeit noch ein paar Rezepte ausgetauscht werden: schwer vorzustellen, dass bei ihnen je wieder ein Schälchen Erdbeeren im Kühlschrank vergammelt. Manchmal entspinnt sich vor oder nach dem Einsatz ein Gespräch mit den Besitzern der Felder. Für viele Helfer aus der Großstadt sei das der erste Kontakt mit »echten Landwirten«. Von diesen zu hören, wie sehr die Starkregen der letzten Jahre die Ernte erschwerten, habe eine viel stärkere Wirkung als jeder Zeitungsartikel über die Folgen der Klimakrise. »Ein paar Stunden auf dem Feld erreichen mehr als jede Aufklärungskampagne«, sagt Mireia Barba.

Inzwischen ist auch die Politik auf Barbas Initiative aufmerksam geworden. Die autonome Region Katalonien ist die erste spanische Region, in der das Ährenlesen seit März 2020 gesetzlich geregelt ist: Um Lebensmittelverschwendung zu vermeiden, sollen in Absprache mit den Landwirten auch andere Organisationen für wohltätige Zwecke den Überschuss abernten können. Ein Riesenschritt, findet Barba: »Unsere Tätigkeit wird dadurch enorm aufgewertet.« Den dazugehörigen Good-Practice-Guide hat ihre Stiftung gemeinsam mit dem katalanischen Landwirtschaftsministerium ausgearbeitet. Die Verwaltung hat auch den $CO_2$-Rechner übernommen, der anzeigt, wie viele Treibhausgase durch die Rettung von Obst und Gemüse eingespart wurden.

Interessiert verfolgt die Aktivistin, mit welchen Instrumenten die EU gegen Lebensmittelverschwendung kämpfen will. Bis 2030 sollen die Abfälle halbiert werden, auch aus Klimagründen. Eine Musterrechnung des vom Thünen-Institut initiierten Forschungsprojekts ReFoWas (»Reduce Food Waste«) zeigt, dass sich so in Deutschland die auf den Lebensmittelkonsum zurückzuführenden Treibhausgasemissionen im Vergleich zu 2015 um 9,5 Prozent reduzieren lassen würden. Barba kennt die europaweiten Debatten um das Mindesthaltbarkeitsdatum, die Diskussion um eine mögliche Kennzeichnung von Lebensmitteln nach Klimakriterien. Sie weiß, dass viele Supermärkte Kunden und Kundinnen mit Aktionen und Extras ganz bewusst dazu verführen, doch die Großpackung mitzunehmen, und dass viele ein Verbot solcher Lockangebote fordern. »Solche Maßnahmen sind absolut notwendig«, sagt Barba. »Aber wir setzen in einem Bereich an, den die Politik nur schwer regulieren kann: Wir bringen den Menschen bei,

Nahrung wieder wertzuschätzen, ganz intuitiv, so wie das unsere Großeltern getan haben.«

Dabei hat die Katalanin unerwartete Unterstützung bekommen. Als in Spanien wegen der Corona-Pandemie im Frühjahr 2020 ein strenger Lockdown verhängt wurde, entdeckten Millionen Menschen das Kochen und damit auch den Wert von Nahrungsmitteln neu. Im Vergleich zum Vorjahr landeten damals 14 Prozent weniger Lebensmittel im Müll. Auch die Datenbank der Stiftung profitierte von der Pandemie. Freiwilligenarbeit gehörte zu den wenigen begründeten Ausnahmen, wegen der die Spanierinnen und Spanier trotz der geltenden Beschränkungen ihre Wohnung verlassen durften. In wenigen Wochen verdoppelte sich die Zahl der Helferinnen und Helfer so auf 1800. »Fast allen hat die Arbeit unter freiem Himmel, draußen in der Natur so viel Spaß gemacht, dass sie bis heute dabeigeblieben sind«, freut sich die Unternehmerin. »Manche würden am liebsten jeden Tag mit uns raus.«

Auch ihre beiden Kinder nimmt sie ab und zu mit aufs Feld. Sie sollen miterleben dürfen, was für Schätze man dort finden kann und wie lecker das selbst geerntete Obst und Gemüse schmeckt. »Unsere Kinder werden sehr viel verantwortungsbewusster mit unseren Lebensgrundlagen umgehen müssen, als wir das getan haben«, sagt Mireia Barba. »Das fängt beim Essen an.«

Und es scheint zu funktionieren. Aran, Barbas zehnjähriger Sohn, hat neulich entdeckt, dass im Mülleimer des Speisesaals seiner Schule lauter kleine Serviettenpäckchen lagen, in die seine Mitschüler heimlich den ungeliebten Fisch eingewickelt hatten, um ihn anschließend zu entsorgen. »Zuerst war er richtig traurig und aufgewühlt deswegen«, erzählt sie. »Doch dann hat er sich ein Herz gefasst und vor der ganzen Klasse erklärt, was für eine lange Reise der Fisch hinter sich hatte, bis er bei ihnen auf den Tellern landete. Die meisten haben seinen Ärger danach gut verstanden.« Mireia Barba klingt stolz, als sie davon berichtet. Dann klingelt wieder ihr Handy. Eine Agrar-Kooperative aus dem Umland will in das Programm aufgenommen werden. Mireia Barba erklärt geduldig das Prozedere und vereinbart gleich einen Termin. Am Wochenende wird ein kleiner Freiwilligen-Trupp aus Barcelona ins Umland fahren, zur Nachlese auf ein Brokkoli-Feld.

## Larch Maxey aus London, Großbritannien
## DER BAUMBESETZER

*Von Peter Stäuber*

Der Weg führt durch ein Wildgebiet mitten in London. Wormwood Scrubs, ein Park im Westen der Millionenmetropole, hat keine adretten Blumenbeete zu bieten. Rosen und Tulpen sucht man hier vergebens. Stattdessen stapft man durch Gestrüpp, kleine Wäldchen, und – an diesem regnerischen Tag im Frühjahr – über schlammige Pfade. Wiesenpieper, Klappergrasmücken und Laubsänger nisten hier, auch findet man Eidechsen, Blindschleichen und hin und wieder einen Dachs. Wer im Stadtteil rund um den Park wohnt, ist oft ganz vernarrt in die Natur in Wormwood Scrubs, sie nennen sich »Scrubbers«. Und die Scrubbers sind dieser Tage richtig sauer.

Denn ausgerechnet in »ihrem« Scrubs wird gebaut. Der nördliche Teil der Grünfläche ist seit einigen Wochen unzugänglich, lange Metallgitter versperren den Weg. »HS2-Grundstück – Bitte nicht betreten«, steht auf einem Schild. HS2 steht für »High Speed 2«. Es ist ein unscheinbarer Name für ein gigantisches Unterfangen: eine neue Schnellzugstrecke, die London mit Birmingham, Leeds und Manchester verbinden soll. Das größte Infrastrukturprojekt Europas ist seit über zehn Jahren in der Planung, nach langen Vorbereitungsarbeiten hat das staatliche Unternehmen HS2 Ltd. im September 2020 mit dem Bau begonnen. Die Zahlen sind beeindruckend: Die Strecke soll über 500 Kilometer lang sein, 30 000 Arbeiterinnen und Angestellte sollen beschäftigt werden und die Züge mit einer Geschwindigkeit von bis zu 400 Kilometern pro Stunde durch die Landschaft fegen.

Rekordverdächtig sind auch die Kosten. Anfangs wurde HS2 auf rund 38 Milliarden Pfund veranschlagt, mittlerweile schätzen Expertinnen und Experten jedoch, dass es nicht weniger als 106 Milliarden sein werden, also etwa 120 Milliarden Euro. Ein Teil davon wird für Landkäufe ausgegeben: Seit dem Zweiten Weltkrieg hat sich der britische Staat nicht mehr so viel Land angeeignet wie für dieses Megaprojekt, für die Entschädigungen fließen angeblich 600 Millionen Pfund. Zudem, so sagen Umweltschützende, werden so viele Bäume abgeholzt wie zuletzt im Ersten Weltkrieg, mehrere Hundert Schutzgebiete, die reich sind an Wildtieren, werden zerstört. Zum Beispiel jenes in Wormwood Scrubs.

Nicht alle lassen sich das gefallen. Am Ende des Metallzauns, dort, wo ein kleines Wäldchen beginnt, steht das Protestcamp. Vier Zelte zwischen Bäumen, unter einer großen blauen Plastikplane kauern zwei Frauen und drei Männer rund um ein glimmendes Feuer und schlürfen Kaffee. Noch davor steht ein Häuschen, zusammengeschustert aus Holzpaletten und Brettern, gleich am Zaun. Auf der anderen Seite haben sich die in Orange gekleideten Sicherheitsmänner von HS2 in Position gebracht. Breitbeinig stehen sie da, halten das Camp stets im Auge und lächeln nie. Etliche Bäume und Büsche im Areal sind bereits gerodet, aber die Protestierenden hoffen, einen der letzten größeren Bäume zu retten – oder zumindest die Arbeit der Holzfäller zu erschweren. Die Rosskastanie steht blätterlos und etwas verloren zwischen den abgeholzten Büschen. An einem Ast hängt ein Seil. Sobald Arbeiter mit Sägen aufkreuzen, werden sie sich schleunigst hinaufschwingen und den Baum besetzen.

Der Protest gegen HS2 ist so alt wie das Projekt selbst. Der direkte Widerstand begann jedoch im Frühling 2020, als die Bauarbeiten näher rückten. Überall entlang der geplanten Strecke zwischen London und Birmingham sind Camps aus dem Boden geschossen. Mehrere sind bereits geräumt worden, zuletzt jenes am Londoner Bahnhof Euston. Viele Aktivistinnen und Aktivisten sind anschließend hierhergekommen, nach Wormwood Scrubs. Einer von ihnen ist Larch Maxey, einer der dienstältesten Aktivisten der britischen Klimabewegung. Denn darum geht es den Protestierenden: Sie wollen nicht bloß ein paar Bäume retten, sondern einen Beitrag dazu leisten, die Klimakrise aufzuhalten.

Was das eine mit dem anderen zu tun hat, das wollte Maxey heute erklären, aber er ist auch eine Stunde nach dem verabredeten Termin noch nicht aufgekreuzt. »Er hat gesagt, vor einer Stunde werde er hier sein?«, fragt einer der Campbewohner, ein Mann mit einem langen roten Bart, den er mit drei Gummibändern zusammengerafft hat. »Dann kannst du gut und gerne noch eine weitere Stunde warten. Der ist nie pünktlich.« Am Holzhaus sind einige Besucher aufgetaucht. Eine ältere Frau am Stock sagt, sie habe sich zum Muttertag gewünscht, das Protestcamp zu besuchen, um sich bei den Aktivisten zu bedanken. »I'm a scrub«, sagt sie stolz, und sie finde es eine Frechheit, dass hier gebaut werde. Immer wieder an diesem Tag kommen Lokalanwohner vorbei, viele mit ihren Hunden, und alle sagen dasselbe: Niemand will diesen Zug.

Endlich kommt er den Waldweg hinaufgeradelt. Larch Maxey hat sich ein Halstuch um die Ohren gebunden und trägt eine gelbe Warnschutzjacke, die er mit Malereien und Aufschriften verziert hat; »investiert in Gutes«, steht darauf. Der 48-Jährige hat kurze, teilweise ergraute Haare und einen Stoppelbart. Der Anhänger an seinem Rad ist vollgepackt mit Brettern und langen Holzstangen. »So sorry, ich musste noch etwas abholen«, keucht er außer Atem und beginnt gleich, seine schwere Fracht zu entladen. »Komm, pack mit an«, sagt er, als er zwei Holzplatten fasst. Maxey macht einen rastlosen Eindruck. Im Lauf des Tages stellt sich heraus, dass dies sein Dauerzustand ist: Immer ist er auf Achse und kommt kaum zur Ruhe. Schnell tauscht er Telefonnummern aus mit zwei Spaziergängerinnen, die mehr wissen wollen über HS2 und den Protest, er ermuntert sie, am nächsten Tag an seinem »Aktivistentraining« teilzunehmen. Dann verschwindet er in der Holzhütte und kommt umgezogen raus, er trägt jetzt einen Pullover, der nach Rauch und Erde riecht. Als er sich ans Feuer gesetzt hat und hastig beginnt, seinen Lunch zu verspeisen – Brot mit Reis –, hat er Zeit für ein Gespräch. »HS2 ist ein gutes Beispiel dafür, was mit dem System, das die Klimakrise herbeigeführt hat, alles falsch ist«, erklärt er mit vollem Mund.

Eine moderne, schnelle Zugverbindung zwischen London und dem Norden Englands klingt auf dem Papier nach einer guten Idee. 25 Jahre nach der Privatisierung von British Rail ist das britische Bahnsystem völlig marode: Die

Züge sind oft langsam, überteuert, vielerorts überfüllt und unzuverlässig, und der Fiskus muss jährlich mehrere Milliarden Pfund an Subventionen hinblättern – die staatseigene Bahn war inflationsbereinigt weniger als halb so teuer. Aber die Frage ist, ob HS2 helfen wird, den Schienenverkehr auf der Insel zu verbessern. Das Hauptargument der Fürsprecher lautet, dass die neue Bahn zusätzliche Kapazität schaffen werde, »dort, wo es am dringendsten nötig ist«, wie es auf der HS2-Webseite heißt. Aber bereits 2015 schrieb der Wirtschaftsausschuss des britischen Oberhauses, es sei »schwierig festzustellen«, ob die langfristige Nachfrage durch die neue Strecke befriedigt werde. Um mehr Platz für Zugpassagiere zu schaffen, sei die Verbesserung des bestehenden Netzwerks eine gute Alternative. Denn zügige Verbindungen zwischen den Großstädten gibt es bereits heute; schlecht ausgebaut ist vielmehr der Regionalverkehr.

Larch Maxey argumentiert allerdings weniger mit dem zweifelhaften Nutzen der Schnellbahn als mit der schieren Zerstörung, die ihr Bau mit sich bringt. Vor allem verweist er auf die riesigen Mengen an Treibhausgasemissionen, die das Projekt verursachen wird. Dies ist auch von offizieller Seite unbestritten: In einem Bericht von 2019 schätzte der ehemalige HS2-Chef Douglas Oakervee, dass der Bau von Brücken, Tunneln, Viadukten und Erdbau 8 bis 14 Millionen Tonnen an $CO_2$-Äquivalent freisetzen wird, vor allem durch den Einsatz von Beton. Auch wenn die Bahn in über zehn Jahren in Betrieb ist –, und, so ist zu hoffen, jährlich Tausende Autofahrten ersetzen wird – ist es dem Bericht zufolge unklar, ob dies den Nettoausstoß von Treibhausgasen verringern wird. »Durch seine Emissionen verschärft das Projekt den Klimanotstand«, sagt Maxey. »Wir müssen das Gegenteil tun: Alle Emissionen müssen sofort gestoppt werden. Dann müssen wir ein groß angelegtes Programm aufziehen, das den Kohlenstoff aus der Atmosphäre rausnimmt – durch natürliche Regeneration, das Pflanzen von Bäumen oder die Wiederherstellung von Wildgebieten.« Er weist mit dem Kopf auf den Wald rund um das Lager: »Dies ist eines der letzten Wildgebiete in London – es zu zerstören, ist so ziemlich das Letzte, was wir tun sollten.« Während des Gesprächs wird Maxey zuweilen unterbrochen von seinen Mitaktivisten, die interessiert zuhören und Fragen stellen. Man spürt, dass die jüngeren Leute in ihm ein Vorbild und eine Inspiration sehen.

Maxey hat die Kampagne des aktiven Widerstands gegen den Schnellzug mitgegründet. Aber sein Engagement für das Klima und den Erhalt der Natur begann bereits viele Jahrzehnte zuvor. Er erinnert sich genau: »1985 lernte ich zum ersten Mal, dass wir einen Öko-Notstand haben«, sagt er. »Für ein Schulprojekt befasste ich mich mit saurem Regen: Das war mein Weckruf. Ich fühlte eine emotionale Bindung zu den sterbenden Wäldern, es traf mich sehr tief.« Damals habe man in der Schule gelernt, dass saurer Regen das dringendste Umweltproblem sei: Abgase, die in die Atmosphäre gelangen, senken den pH-Wert des Niederschlags – eine der wichtigsten Ursachen für Waldsterben. In der Folge begann Maxey, sich mit anderen Notständen zu beschäftigen – zum Beispiel mit der Abholzung im Amazonas, angetrieben durch den Fleischkonsum in westlichen Ländern. Über das Klima und den Treibhausgaseffekt erfuhr Maxey erst in den frühen 1990er-Jahren, als er in der nordenglischen Stadt Lancaster Umweltpolitik studierte. Damals begann er auch, selbst aktiv zu werden.

Bei seiner ersten direkten Protestaktion blockierte er die Eingangstore zu den Docks von Liverpool, um zu verhindern, dass Tropenholz ins Land geschafft wurde. »Das war meine erste illegale Aktion, für die ich meine Freiheit aufs Spiel setzte«, sagt Maxey. »Ich war einer der unerfahrenen Neulinge. Seither habe ich solche Dinge 100-mal gemacht, aber damals war das für mich sehr aufregend.« Zudem war er einer der Mitgründer des Lloyds and Midland Boycott, einer Kampagne gegen zwei Banken, die mit verschuldeten Entwicklungsländern viel Geld machten. Er und seine Mitstreiterinnen und Mitstreiter ketteten sich in Bankfilialen an, oder sie nahmen an den Hauptversammlungen teil, wo sie lautstark protestierten und schließlich rausgeworfen wurden. Maxey unterbrach sein Studium, um ein Jahr lang in einem Protestcamp in Lancashire zu leben, wo er sich gegen den Bau einer Autobahn engagierte. Er ist überzeugt, dass ein gesellschaftlicher Wandel nur durch ein solches direktes Engagement der Bürgerinnen und Bürger angetrieben werden kann: »Alle bedeutenden Fortschritte in unserer Gesellschaft sind durch Proteste, zivilen Ungehorsam und direkte Aktionen erzielt worden – dadurch, dass Leute versuchen, selbst etwas zu bewirken.« So sei es auch beim Kampf gegen die Klimakrise: »Direkte Aktion ist entscheidend«, sagt Maxey.

Er bezeichnet sich als »Vollzeit-Aktivist« – das sei er schon seit bald 30 Jahren. Nach dem Studium blieb er zunächst an der Uni: Er schrieb eine Doktorarbeit über Nachhaltigkeit, arbeitete als Geografiedozent und veröffentlichte Dutzende akademische Publikationen. Zudem engagierte er sich in Organisationen, die eine nachhaltige Lebensweise fördern: Ökodörfer, emissionsarme Gebäude, grüne Transportsysteme. Aus dem akademischen Betrieb stieg er 2011 aus. Er habe die Arbeit nur gemacht, »um meine Hauptbeschäftigung als Aktivist zu finanzieren«, sagt Maxey.

Acht Jahre später, im Frühling 2019, war er einer von Tausenden Aktivistinnen und Aktivisten, die der Klimabewegung in Großbritannien zum endgültigen Durchbruch verhalfen. »Ich habe 25 Jahre lang auf eine Bewegung wie diese gewartet«, sagte er damals. Wochenlang wurden Knotenpunkte im Zentrum von London und in anderen Städten besetzt, regelmäßig zogen Schülerinnen und Schüler durch die Straßen und forderten die Regierung auf, die Rettung des Klimas ganz oben auf die Prioritätenliste zu setzen. »Die Mobilisierung von Tausenden von Menschen damals war entscheidend«, sagt Maxey heute. »So konnten wir das Bewusstsein der Bürger für die Klimakrise dramatisch schärfen.« Aber dennoch bleibe viel Arbeit zu tun: »Noch immer verschließen wir als Gesellschaft die Augen davor, wie groß das Problem tatsächlich ist.« Er sieht seine wichtigste Aufgabe darin zu vermitteln, was auf uns zukommt, wenn wir nicht handeln. »Und diese Wahrheit zu akzeptieren, ist nicht einfach. Weil sie so kompliziert und so furchtbar ist.« Aktivismus kann jedoch helfen: Er sei ein effektives Mittel gegen »Klimaangst« – die Angst vor den Auswirkungen der Klimakrise. »Das ist ein zunehmend verbreiteter Zustand – und eine rationale Reaktion auf das Ausmaß der Bedrohung, der wir uns gegenübersehen«, sagt Maxey. »Aber wenn wir gemeinsam dagegen ankämpfen, dann geben wir uns die Zuversicht, dass wir tatsächlich etwas bewirken können, um diese Zukunft abzuwenden.« Auch deswegen sind direkte Protestaktionen wichtig: Sie erregen Aufmerksamkeit und geben den Klimakämpferinnen und -kämpfern Gelegenheit, zu einem breiteren Publikum zu sprechen und alle zum Mitmachen aufzufordern.

Keine Aktion der HS2-Gegner hat mehr Schlagzeilen gemacht als der Tunnelbau in Euston. Der schmucklose Londoner Bahnhof ist der Endbahnhof des Schnellzugs und wird für das Projekt umfassend saniert. Auch die kleine Grünfläche vor dem Bahnhof soll verschwinden. Um die Bauarbeiten zu verhindern, gingen die Aktivisten zunächst vor wie üblich: Sie ließen sich mit ihren Zelten auf dem Gelände nieder und errichteten rund um die Bäume ein hölzernes Hüttendorf. Dann, im Sommer 2020, begannen sie unbemerkt zu buddeln. Versteckt unter einem Zelt gruben sie ein Loch, mehrere Meter tief, dann ging es etwa 30 Meter in die Horizontale. Rund um die Uhr waren sie bei der Arbeit, mit Pickeln, Schaufeln und Eimern. »Insgesamt halfen rund 100 Aktivistinnen und Aktivisten mit«, sagt Maxey. »Das Graben an sich war nicht besonders anstrengend, die Erde bestand hauptsächlich aus Sand und Kies. Es fühlte sich an, als würden wir am Strand graben. Dafür mussten wir Tunnel richtig gut mit Holzstangen und Brettern verstärken.« In Handy-Videos ist Maxey bei der Arbeit zu sehen, auf dem Kopf eine Stirnlampe, der nackte Oberkörper schmutzig von der Erde. Um genügend Sauerstoff zu haben, strapazierten die Aktivisten eine elektronische Pumpe, mit der normalerweise Luftmatratzen aufgeblasen werden – »die hat sich im Nu durch die Batterien gefressen«, sagt Maxey.

Selbst gegrabene Tunnel sind in Großbritannien immer wieder als Mittel des Protests eingesetzt worden: Solange unter einer geplanten Baustelle Menschen sind, dürfen keine Baumaschinen anrollen und mit ihrer Arbeit beginnen. Zudem kann man sich unter der Erde besser verschanzen als auf Bäumen, was den Räumungskommandos die Arbeit erschwert. Fast ein halbes Jahr lang bekam niemand etwas von den Arbeiten mit. Ende Januar wurde das Loch entdeckt, und die Räumung begann. Von da an blieben Maxey und eine Handvoll anderer Aktivisten dauerhaft unter der Erde. Er verbrachte 27 Tage im Tunnel – für jemanden, der an starker Klaustrophobie leidet, eine ganz schöne Herausforderung. »Es war eine Frage von ›mind over matter‹«, sagt er – eine Frage der Willenskraft. Auch die unzähligen Botschaften der Solidarität hätten ihm Mut gemacht. »Immer wieder erhielt ich Nachrichten von Leuten, die sagten, wie inspirierend sie die Aktion fänden.«

Langweilig war es im Tunnel nie: »Im Gegenteil. Ich hatte immer etwas zu tun. Am wichtigsten war natürlich, die Leute vom Räumungskommando daran zu hindern, den Tunnel zu betreten. Zudem führte ich viele Interviews mit Journalisten, und auch die Koordination mit unserem Team kostete Zeit«, sagt Maxey. »Jede alltägliche Routine dauert viel länger: waschen zu Bett gehen, essen, sich bewegen.« Als Toilette benutzten sie Hundebeutel – »biologisch abbaubar«, betont Maxey. Er habe zwar Martin Luther Kings Autobiografie mit unter die Erde genommen, aber in über drei Wochen schaffte er es gerade mal, ein paar Seiten zu lesen.

Insgesamt gruben die Gerichtsvollzieher acht Löcher, um zu den Protestierenden vorzudringen – Maxey schätzt, dass die Aktion den Beginn der Arbeiten in Euston um mehr als einen Monat verzögern konnte. Kurz darauf kamen die Aktivistinnen und Aktivisten vor Gericht: Die Anklage gegen

Maxey lautete auf »aggravated trespass« – »schwerer Hausfriedensbruch«, eine Straftat. Der Prozess ist noch nicht abgeschlossen. Er glaubt allerdings nicht, dass er verurteilt wird: »Ich habe niemals physisch jemanden daran gehindert, seine Arbeit zu machen. Ich wohnte in meiner Bleibe unter der Erde, und die Gerichtsvollzieher haben mich entfernt – es ist eine einfache zivilrechtliche Angelegenheit.« Maxey legt stets großen Wert darauf, dass das, was er tut, keiner strafbaren Handlung gleichkommt. »Wir protestieren immer friedlich. Forschungen zeigen, dass der friedliche Protest gegen die Klimakrise doppelt so effektiv ist wie gewaltsamer Aktivismus. Hoffen wir also, dass wir es schaffen, unser Ziel auf gewaltlose Weise zu erreichen.«

Allerdings macht er sich – wie viele andere Aktivistinnen und Bürgerrechtler – wachsende Sorgen, weil die konservative Regierung immer rigoroser gegen Demonstrierende vorgeht. Im März 2021 lancierte das Innenministerium eine Gesetzesvorlage, die sogenannte »Policing, Crime, Sentencing and Courts Bill«, die der Polizei weit größere Befugnisse einräumen soll, Proteste zu unterbinden. So könnten die Behörden beispielsweise genaue Anfangs- und Endzeiten von Demonstrationen und sogar einen bestimmten Lärmpegel vorschreiben – das heißt: Wenn der Protest zu laut wäre, würde er abgebrochen. Auch dürfen die Behörden eine Kundgebung beenden, wenn sie »absichtlich oder rücksichtslos stört« – dass genau dies zum Zweck eines wirksamen Protests gehört, ist der Regierung wohl bewusst. Das Gesetz würde zudem Hausfriedensbruch nicht mehr als zivilrechtliches Vergehen einstufen, sondern als Straftat.

Das Gesetz hat seinen Ursprung in der tiefen Frustration der Behörden über die Demonstrationen der Klimabewegung im Sommer 2019. Die Polizei war richtig sauer, weil ihr die friedlichen Demonstrierenden kaum Anlass gaben, gegen sie vorzugehen. Cressida Dick, die Chefin der Londoner Polizei, beklagte ihre Ohnmacht gegen »Proteste, die nicht in erster Linie gewaltsam oder wirklich undiszipliniert sind, aber in diesem Fall das Ziel hatten, die Polizei in die Knie zu zwingen und die Stadt lahmzulegen.« Das neue Gesetz gäbe ihr die nötigen Mittel, solchen Protestaktionen einen Riegel vorzuschieben. Gracie Bradley, Direktorin der Bürgerrechtsgruppe Liberty, warnte, dass die Vorlage »abweichende Meinungen unterdrücken und es uns erschweren wird, die Mächtigen zur Rechenschaft zu ziehen«.

Maxey hat den rauen Wind, der den britischen Protestbewegungen entgegenweht, bereits am eigenen Leib gespürt. Als er wegen des Tunnelbaus vor Gericht stand, verfügte die Richterin, dass er eine feste Adresse haben müsse, an der er sich jeden Tag zwischen 23 Uhr und 7 Uhr morgens aufzuhalten habe. So kommt Maxey – der eigentlich in der südenglischen Stadt Totnes wohnt – derzeit bei einem Freund im Norden Londons unter und radelt jeden Tag ins Camp in Wormwood Scrubs. Zweimal schon habe die Polizei mitten in der Nacht an die Tür geklopft und ihn aus dem Bett geholt, um zu überprüfen, ob er sich an die Auflagen halte. »Einmal war es richtig knapp, ich war Punkt elf Uhr im Haus, und gerade dann schauten die Beamten vorbei. Wenn ich zu spät gewesen wäre, säße ich jetzt im Gefängnis«, sagt Maxey. Auch deshalb ist er stets so unermüdlich bei der Arbeit, wenn er im Camp ist: »Es gibt immer so viel zu tun, bevor ich wieder verschwinden muss.«

In Wormwood Scrubs hat es zu regnen angefangen, dicke Tropfen prasseln auf die Plane über dem Lagerfeuer. Maxey muss los, die Holzhütte neben dem Zaun muss heute noch verstärkt und ausgebaut werden. Der eine Baum, den sie noch zu retten versuchen, wird wohl irgendwann in den kommenden Wochen gefällt werden – das wissen auch die Aktivisten. Aber ebenso ist Maxey überzeugt, dass ihre Kampagne insgesamt Erfolg haben wird. »HS2 wird irgendwann über Bord geworfen. Das Projekt hat keinen Platz im 21. Jahrhundert, und ich bin sicher, dass es nicht umgesetzt wird. Wir versuchen zu erreichen, dass der Tag, an dem HS2 abgebrochen wird, so schnell wie möglich kommt.«

Und auch wenn nicht: Ob ein Protest am Ende scheitere, mache für ihn keinen Unterschied, sagt Maxey. »Ich muss es trotzdem tun. Wenn ich mir vor Augen halte, wie beschissen unsere Situation ist, wie wenig Zeit uns bleibt, um den Klimakollaps abzuwenden, dann fühle ich mich gezwungen zu handeln. Ich habe zwei Kinder – ihnen eine Zukunft zu geben, ist für mich das Wichtigste. Wenn es eine kleine Chance gibt, dass ich einen Unterschied machen kann, dann muss ich diese Chance ergreifen.«

## Dominic Wanjihia aus Nairobi, Kenia
# DER ALCHEMIST

*Von Bettina Rühl*

Dominic Wanjihia steht vor dem Wasserbecken auf seinem Grundstück und begutachtet die Wasserhyazinthen, die darin treiben. Die Pflanzen haben schon ein Drittel der Wasseroberfläche bedeckt. Bald dürften es mehr sein: Unter guten Wachstumsbedingungen breiten sich die ursprünglich aus Lateinamerika stammenden Schwimmblattpflanzen in rasantem Tempo aus, verdrängen alle anderen Gewächse. In Kenia sind sie vor allem bei vielen Fischern verhasst und gefürchtet, beispielsweise am Viktoriasee im Westen des Landes. Der See droht trotz seiner Größe von fast 69 000 Quadratkilometern – er ist damit fast 120-mal so groß wie der Bodensee – zuzuwachsen, der Sauerstoffgehalt sinkt, andere Fische, Vögel und Pflanzen sind in Gefahr. Auch für Menschen werden die treibenden Pflanzen manchmal lebensgefährlich: Immer wieder stecken Fischer mit ihren Booten auf dem See in einem Teppich aus Wasserhyazinthen fest und kommen nicht mehr an Land, manchmal sogar für mehrere Tage nicht. Viele Kenianerinnen und Kenianer können der Schönheit der violett blühenden Pflanzen deshalb nichts mehr abgewinnen, sehen die Gewächse nur als Plage.

Wanjihia dagegen freut sich, dass sich die Hyazinthen in

seinem Becken ausbreiten. »Wenn alles gut geht, bedecken sie bald die ganze Oberfläche«, stellt er zufrieden fest. Wanjihia baut die Wasserhyazinthen sozusagen an, sie sind Teil eines Versuchsaufbaus. Er möchte wissen, ob er die schnell wuchernden Pflanzen als Rohstoff nutzen kann, um in einem geschlossenen Kreislauf immer neues Biogas zu gewinnen. Im Gras neben dem Wasserbecken steht »T-Rex«, eine 30 Kubikmeter fassende, überirdische Biogasanlage, die er mit seiner Firma hergestellt hat. »Wir füllen sie mit Wasserhyazinthen, nutzen das Biogas zum Kochen und geben den Dünger, der als Nebenprodukt aus der Anlage kommt, wieder ins Wasser, um das Wachstum der Hyazinthen weiter zu beschleunigen«, erklärt Wanjihia. Der »Dünger« ist eine flüssige, nährstoffreiche Substanz, die beim Gären übrig bleibt.

Ein solcher Versuch ist ganz nach seinem Geschmack, denn er liebt es, Lösungen für möglichst viele Probleme auf einmal zu entwicklen. In diesem Fall: klimafreundliche Energie herzustellen, die Seen von den lästig wuchernden Pflanzen zu befreien und einen neuen Brennstoff für Biogasanlagen zu finden. Denn Biogasanlagen gibt es in Kenia bisher vor allem auf Bauernhöfen. Wanjihia hingegen träumt von Anlagen auch für städtische Haushalte, in denen es kein Vieh gibt.

Wanjihia interessiert sich also nur für Biomasse, die ohnehin anfällt oder »Abfall« ist. Für die Klimabilanz seiner Anlagen ist das wichtig, denn die fiele anders aus, wenn eigens Biomasse angebaut würde. Für die Produktion von Energiepflanzen ist hoher Energieeinsatz nötig. Bei intensiver Landwirtschaft und falsch eingesetzter Stickstoffdüngung wird außerdem Lachgas frei, das ein ungefähr

300-mal größeres Treibhausgaspotenzial hat als $CO_2$. Für die Klimabilanz jeder Biogasanlage ist zu bedenken, dass bei der Verbrennung $CO_2$ frei wird. Trotzdem verbrennt Biogas klimaneutral, weil das entstehende $CO_2$ von den Pflanzen vorher aus der Luft gebunden wurde.

Gegründet hat Wanjihia seine Firma »Biogas international« im Jahr 2011. Seitdem hat er etliche verschiedene Biogasanlagen und passende Anwendungen entwickelt, ständig kommen weitere hinzu. Ein parkähnliches, halb verwildertes Grundstück in Karen, einem Vorort der kenianischen Hauptstadt Nairobi am Fuß der Ngong-Berge, ist Firmensitz und Showroom für einige seiner bisherigen Entwicklungen. An einem für Kenia typisch kühlen Augustmorgen führt er Charles Adede herum. Adede soll für ihn einen Infofilm über seine Erfindungen produzieren. In Schlips und Anzug wirkt der Besucher zwischen den hohen Bäumen und dem wuchernden Gras seltsam fremd. Wanjihia selbst trägt Wanderschuhe, Cargohose und ein einfaches Hemd. Man sieht dem Mittfünfziger an, dass er gerne körperlich arbeitet und oft selbst an der Werkbank steht.

Adede hört Wanjihia aufmerksam zu. Schwer ist das nicht: Wanjihia lacht gerne, der Schalk blitzt ihm oft aus den Augen, und beim Erzählen verpackt er trockene biologische Sachverhalte spielerisch in anschauliche Geschichten. Wanjihia entwickelt wie E-Bike-Pionier Lincoln Wamae gerne Dinge, die das Leben der ärmeren Kenianerinnen und Kenianer vereinfachen und verbessern. Außerdem alles, was hilft, die Umwelt zu schonen, Bäume zu schützen und die Klimakrise zu verlangsamen. Beim Rundgang über sein Grundstück zeigt er seinem Besucher unter anderem eine Küken-Aufzuchtbox, einen Schrank für das Dörren von

Obst und Gemüse, ein Warmwassergerät und einen Grill, alle betrieben mit Biogas.

Den Anstoß zur Beschäftigung mit dieser umweltschonenden Energie gab ihm eine seiner Schwestern, die ausgesprochen umweltbewusst ist und in der Nähe des Nairobi-Nationalparks lebt. Dort ist die ständig weiter in die Höhe wachsende Skyline der kenianischen Hauptstadt ebenso in Sichtweite wie die Giraffen, Zebras und Elefanten im Park. Immer häufiger sind auch die Rinder der Massai zu sehen, von denen mehr und mehr rund um Nairobi sesshaft werden. Um Weideland für ihre Rinder zu schaffen, roden sie das verbliebene Buschland. Das Holz verwenden sie anschließend zum Kochen. »Die Massai haben überhaupt kein Problem damit, Bäume zu fällen«, erzählt Wanjihia. »Aus ihrer Sicht stehen die nur im Weg herum. Aber natürlich spült der Regen den fruchtbaren Boden weg, wenn das Wurzelwerk fehlt, und am Ende haben sie nicht mehr, sondern gar kein Weideland für ihre Rinder.«

Entwaldung und Kahlschlag sind in Kenia seit Jahrzehnten ein großes Problem. Als das ostafrikanische Land 1963 unabhängig wurde, waren zehn Prozent der Fläche von Wald bedeckt. 2007 waren es nur noch knapp zwei Prozent. Grund für die massive Abholzung ist der Bedarf an Feuerholz und Kohle, außerdem das massive Bevölkerungswachstum und der damit verbundene Flächenverbrauch. Für Ackerbau, Weideland und die Besiedlung wurden immer mehr Waldgebiete gerodet. So gibt Kenia inzwischen bedeutend mehr $CO_2$ an die Atmosphäre ab als 1963. Damals hatte das Land knapp neun Millionen Einwohner, 2020 waren es mehr als 50 Millionen. Mit dem Pariser Klimaschutzabkommen hat sich die kenianische Regierung

2015 verpflichtet, den Ausstoß von Treibhausgasen bis 2030 zu vermindern, und zwar – etwas vage formuliert – im Vergleich zu einem fortdauernden »business as usual«. Das Ziel wurde später noch präzisiert und auf 32 Prozent erhöht. Damit das gelingt, darf der Waldverlust nicht im gleichen Ausmaß weitergehen. Deshalb will die Regierung aufforsten: Schon im Mai 2018 kündigte sie an, bis 2022 fast zwei Milliarden Bäume pflanzen zu wollen. Dann soll das Land wieder zu zehn Prozent mit Wald bedeckt sein.

Mit seinem Besucher bleibt Wanjihia vor drei unterschiedlich großen, länglichen Gebilden stehen, die mit einer milchig-transparenten Plastikplane bedeckt sind und im kniehohen Gras liegen. Sie haben vorne und hinten ein kurzes Rohr als Öffnung, ansonsten könnte man sie auch für kleine Gewächshäuser halten. Die Assoziation ist gar nicht so falsch: Es handelt sich um Wanjihias Biogasanlagen. Bei deren Entwicklung hat er sich unter anderem von Gewächshäusern inspirieren lassen. Denn beim Biogas geht es ja auch um Wachstum: um die Vermehrung der Bakterien bei der Vergärung von Biomasse, wobei Methangas entsteht.

«Ich wollte eine Anlage entwickeln, deren Produktion für einen typischen Haushalt im ländlichen Afrika ausreicht, also für eine Familie mit vier bis sechs Mitgliedern«, erklärt er. Die kleinste Anlage für den Hausgebrauch kostet umgerechnet 630 Euro und liefert genug Gas zum Kochen. Später entwickelte Wanjihia auch größere Anlagen, die genug Gas beispielsweise für ein Kinderheim, eine Schule oder für mehrere Garküchen an einem Marktplatz produzieren.

Zwar ist eine Biogasanlage grundsätzlich nichts Neues, aber Wanjihias erstes Modell trotzdem eine echte Erfindung, oder zumindest eine wesentliche Weiterentwicklung. Ein Unterschied: Sein Modell ist flexibel, es besteht aus faltbaren Plastikteilen. »Für herkömmliche Anlagen muss man erst ein großes Loch graben, dann folgen Maurerarbeiten für das Fundament, man braucht Beton, Steine, Zement und viel Arbeitskraft«, erklärt Wanjihia. »Unser System für Privathaushalte ist dagegen in ein paar Stunden aufgebaut, weil wir alle Bestandteile vorproduzieren und sie vor Ort nur zusammensetzen müssen.« Dafür braucht er nicht mehr als zwei Leute, und wenn die Teile zusammengefaltet sind, kann man sie sogar auf dem Fahrrad transportieren. Das bedeutet, dass man sie in jeden Winkel eines Landes wie Kenia bringen kann. Außerdem ist die flexible Biogasanlage deutlich billiger als herkömmliche Modelle. Da kostet allein der Gastank das Dreifache und ist damit unerschwinglich für eine afrikanische Kleinbauernfamilie. Die flexible Anlage können sie sich schon eher leisten, und sie hat sich auch schnell amortisiert, weil viele Familien für Brennholz oder Kohle jeden Monat umgerechnet 20 bis 30 Euro bezahlen müssen.

Ein wesentlicher Unterschied zu unterirdischen Biogasanlagen sei außerdem das Gewächshaus über dem Schlauch mit der Biomasse, weil das die Sonnenwärme bündele. »Dadurch entstehen im Inneren recht hohe Temperaturen. Und je höher die Temperatur, desto schneller die Vergärung.« Das bedeutet laut Wanjihia, dass man für die gleiche Menge Gas weniger Biomasse braucht. Inzwischen sind flexible Biogasanlagen auch von anderen Herstellern und in anderen Ländern gebräuchlich geworden, es gab einige, teils parallele Entwicklungen. Doch in Kenia war Wanjihia der Erste.

Die Entwicklung der flexiblen Biogasanlage fand er relativ einfach. Schwerer war es, anschließend auch seine Kunden davon zu überzeugen, dass aus Kuhfladen Feuer gemacht werden kann. Weil sie besonders viele Rinder halten, dachte er zunächst an die Massai. »Als wir die Anlagen einführen wollten, hielten uns die Massai anfangs für verrückt, weil wir ihnen weismachen wollten, dass wir Rindermist in Feuer verwandeln können.« Die alten Männer, also die Weisen in der Gemeinschaft, erklärten, Wanjihia sei völlig verrückt.

Etwa drei Wochen, nachdem sie die Anlage installiert hatten, kam Wanjihia mit seinen Mitarbeitern wieder. Inzwischen hatte die Anlage genug Gas angesammelt. »Ich habe die Flamme am Ende der Gasleitung entzündet. Weil sie von Methangas gespeist ist, kann man sie tagsüber nicht sehen. Aber die Massai sahen die Hitzewellen aufsteigen und hörten das Rauschen der Flamme.« Schlagartig wurde es totenstill. Nur die Hunde fingen an zu bellen, weil sie auch nicht begriffen, was vor sich ging. »Ich richtete die Flamme auf den Boden, und das trockene Gras brannte sofort. In Sekundenschnelle waren wir von Vollidioten zu Hexenmeistern geworden.«

Wanjihia und seine Leute schlossen Gaskocher an die Leitungen an, alles funktionierte perfekt. Trotzdem war die Begeisterung der Massai-Männer schon wieder verflogen. Sie hatten sich zurückgezogen und waren in eine sehr ernste Unterhaltung vertieft. »Wir haben uns gefragt, was das Problem ist«, erinnert sich Wanjihia. Kurz danach rückten die Ältesten mit ihren Bedenken heraus. Einer von ihnen sagte mit sorgenvoller Miene: »Wenn die Frauen jetzt kein Feuerholz mehr suchen müssen, um kochen zu können – was machen sie dann mit der restlichen Zeit des Tages?« Bisher hätten sie für Liebhaber keine Zeit gehabt, weil sie ständig Brennstoff sammeln mussten. »Aber ab jetzt wäre das anders.« Am Ende, erzählt Wanjihia, habe die Massai vor allem der Preis überzeugt, da die Frauen nicht mehr genug Feuerholz fanden und sie schon damals Holzkohle oder Gasflaschen dazu kaufen mussten.

Viele von Wanjihias Entwicklungen gibt es bereits in anderer Form, was ja auch für Biogasanlagen gilt. Aber er verbessert und verändert sie, bis ein Gegenstand oder eine Anlage für die Anforderungen in Kenia passend ist. Einen akademischen Hintergrund hat er nicht. »Am besten war ich in Mathe und Physik. Und Kunst, ich liebe es zu zeichnen.« Aber auf der halben Strecke zum Abitur brach er die Schule ab, er hatte das Interesse verloren.

Zwei Tage später stehen Wanjihia und zwei seiner Mitarbeiter vor dem Holzhaus einer Massai-Familie, die nicht weit von Nairobi entfernt wohnt. Dort leben Robert und Penina Minissa mit ihren drei Söhnen und Peninas Schwester. Richard trägt Jeans und ein T-Shirt, Penina ein Kleid aus den bunten Stoffen der Massai und den traditionellen, breiten Halsschmuck aus Perlen. Richard verdient sein Geld in einem Kulturverein der Massai. Zielgruppe sind nicht nur Touristen, sondern auch die Angehörigen des Nomadenvolks selbst: Es geht darum, ihre Kultur zu bewahren, die durch die zunehmende Sesshaftigkeit langsam verloren zu gehen droht. Aber so sehr Robert Minissa die Traditionen auch schätzt, so aufgeschlossen ist er zugleich für Neues. Das merkt man nicht nur daran, dass er seine Söhne zur Schule schickt und nur eine Frau hat, sondern auch daran, dass er als Erstes die Zahl seiner Kinder nennt, und nicht die seiner Kühe. Von denen spricht er sogar erst auf Nachfrage. Früher wäre eine solche Reihenfolge bei den Massai undenkbar gewesen: Erst kamen die Rinder, dann lange nichts, dann die Familie. Robert und Penina Minissa haben fast 20 Kühe und 100 Ziegen.

Wanjihia und seine Mitarbeiter suchen einen guten Platz für die Biogasanlage. Mit den Füßen tasten sie die Grasnarbe ab, suchen eine möglichst ebene Stelle. Die Minissas kriegen die Biogasanlage geschenkt. Denn die Familie lebt an einer Stelle, an der sich die Wege vieler Massai kreuzen. Wanjihia möchte hier eine Anlage zu Demonstrationszwecken installieren. Robert gibt offen zu, dass er nicht viel von Biogas versteht, Penina dagegen hat eine viel deutlichere Vorstellung davon, was sich durch die neue Energiequelle verändern kann. »Ich werde einen kleinen Garten anlegen und Gemüse anbauen: Zwiebeln, Tomaten, Chili – alles Mögliche.« Denn als Nebenprodukt fällt ja Dünger an, »und ich habe gehört, dass der sehr gut ist«.

Wanjihia und seine Mitarbeiter haben eine gute Stelle gefunden und breiten die Anlage aus, die in einem Paket mit einer Größe von vielleicht 80 mal 80 Zentimetern verpackt ist. Wanjihia erklärt den Minissas beim Aufbau, wie die Anlage funktioniert, welches Teil welche Aufgabe hat. Sollte es später Schwierigkeiten geben, können sie einige schon selbst lösen. Andernfalls können sie anrufen, dann kommt einer von Wanjihias Mitarbeitern vorbei. Während an die Anlage letzte Hand angelegt wird, haben Richard und Penina mit dem Mischen des Kuhmists begonnen, die Masse darf nicht zu fest sein. Einer ihrer Angestellten karrt den Rinderdung in einer Schubkarre heran, anschließend rühren Robert und Penina in einem großen Eimer Wasser dazu. Alle sind jetzt mit Eifer bei der Sache. Sie sind Wanjihia nicht nur für die Anlage dankbar, sondern auch für die Ruhe, mit der er ihnen alles erklärt. Dann füllt Penina die erste Fuhre in den Trichter der mittlerweile fertigen Anlage, und gleich geht es mit dem Rühren der nächsten Ladung weiter. Währenddessen verlegen Wanjihia und seine Leute die Gasleitung in die Küche und schließen den neuen Kocher an. Dann stellen sie alles beiseite, denn etwa zwei Wochen lang müssen Robert und Penina noch Gas aus der Flasche benutzen, so lange dauert es etwa, bis in der Anlage das erste Gas entstanden ist.

Für heute ist alles geschafft, Wanjihia und seine Leute packen zusammen. Inzwischen interessiert sich Wanjihia vor allem auch dafür, wie er Biogasanlagen für Städter nutzbar machen kann. Laut einer Studie des Zentrums für Internationale Waldforschung (CIFOR) von 2020 nutzen fast 90 Prozent der Bewohner von Nairobi Holzkohle zum Kochen. Für mehr als 40 Prozent stellt Holzkohle die wichtigste Energiequelle dar – und das, obwohl zumindest der Handel mit und der Transport von Holzkohle in Kenia seit 2018 verboten ist. Hergestellt und genutzt werden darf sie allerdings noch immer.

Die Frage, was außer Kuh- oder Hühnermist in Biogasanlagen eingespeist werden kann, ist für Wanjihia deshalb immer wichtiger geworden. Schon seine ersten Anlagen funktionierten nicht nur mit Kuhdung, sondern auch mit Hühnermist, menschlichen Exkrementen, den Schalen von Cashewnüssen, Küchenabfällen, dem Stroh von Reis oder geschnittenem Gras. Und eben auch mit Wasserhyazinthen, die auf Kenias Seen nur so wuchern. Aber mit den Jahren hat er immer mehr ausprobiert – und zum Erfolg gebracht. In Dagoretti, einem Stadtteil von Nairobi, betreiben Marktfrauen seit 2016 eine seiner größeren, eigens dafür angepassten Biogasanlagen mit dem halb verdauten Inhalt der Gedärme von Schlachtvieh. Das so gewonnene Biogas nutzen die Frauen nun statt Holzkohle für ihre Garküchen. Die Kohle mussten sie kaufen, die Abfälle aus dem Schlachthof bekommen sie umsonst.

In Internaten oder Kinderheimen hat Wanjihia Anlagen des Typs »T-Rex« installiert, die mit Marktabfällen betrieben werden. Während die kleinen »Einfamilien-Anlagen« ein oder zwei Kubikmeter fassen, hat der T-Rex ein Fassungsvermögen von bis zu 100 Kubikmeter. Um die Wartung zu erleichtern, entwickelte Wanjihia für solche Großanlagen eine Art Baukastensystem: Mehrere Kammern werden hintereinandergebaut und können einzeln gewartet werden.

Für städtische Privathaushalte experimentiert er derzeit mit einer kleinen Biogasanlage herum, die Biomasse soll dabei in einem festen Tank vergären, nicht in einem Plastiksack. »Den Tank könnten die Leute beispielsweise mit Marktabfällen speisen und in den Garten oder aufs Dach stellen.« Und den Dünger, der dabei anfällt, für vertikale Gärten nutzen. Für die Optimierung der Wasserhyazinthen-Verwertung arbeitet er am »Dunga Beach« des Viktoriasees seit 2018 mit dem Institut für Nachhaltigkeit der Universität Cambridge und einem Pharmaunternehmen zusammen. Am Viktoriasee leben etliche Frauen davon, dass sie den frisch gefangenen Fisch frittieren und dann verkaufen. Bisher erhitzten sie das Fett über Holzkohlefeuern, nun aber nutzen viele von ihnen Kocher, die mit Biogas betrieben werden, das wiederum aus den Hyazinthen gewonnen wird.

Aber Wanjihia will noch mehr erreichen: Am Markt von Kisumu wird er direkt neben einem Wohngebiet ein Pilotprojekt für »Recycling-Märkte« starten: »Wir wollen nicht nur die Bioabfälle verwerten, sondern alles. Am Ende soll kein Müll übrig bleiben, der auf die Deponie gefahren werden muss.« Damit auch Glas und Plastik verwertet werden können, hat er ein Rezept für Ziegel entwickelt: Glas und Plastik werden geschreddert, mit Zement gemischt und dann zu Ziegeln gepresst. »Die werden so hart, dass man sie noch nicht einmal brennen muss«, versichert er. Wanjihia hofft, dass die Verwertung des Mülls nebenbei Arbeit für junge Menschen schafft, von denen in Kenia viel zu viele ohne Beschäftigung und Einkommen sind. Sollte sein Pilotprojekt funktionieren, hätte Wanjihia wieder einmal viele Probleme auf einen Schlag gelöst.

## Nicolas Gerlier aus Paris, Frankreich
## DER UNTERNEHMER

*Von Barbara Markert*

»Welche Sorte Kaffee darf ich anbieten?«, fragt Nicolas Gerlier und zeigt auf das Angebot an Nespresso-Kapseln vor ihm. Mein leicht amüsiertes Schmunzeln und den überraschten Blick versteht der schlanke Mann mit dem schwarzen Rollkragenpulli sofort. »Ja, ökologisch ist das nicht. Aber wir sind hier erst vor ein paar Monaten eingezogen. Die anderen in der Bürogemeinschaft müssen wir noch umerziehen. Es wird noch dauern, bis wir auf losen Kaffee umsteigen.« Bis dahin kümmert sich Gerlier höchstpersönlich darum, dass die Alukapseln den rechten Weg ins Recycling finden.

Der Franzose ist ein selbst ernannter Kämpfer gegen Plastik im Allgemeinen – und gegen Plastik in der Beautyindustrie im ganz Besonderen. »Die Schönheitsindustrie ist der drittgrößte Verschmutzer der Welt, sie kommt direkt nach der Modeindustrie. Tonnen von Mikroplastikpartikeln werden allein beim Duschen oder Haarewaschen in die Ozeane gespült. Neue Studien zeigen, dass heutzutage jedes Kind fünf Gramm Mikroplastik pro Woche aufnimmt, durch Cremes und auch Umverpackungen zum Beispiel«, erklärt Gerlier. »Dadurch steigt die Wahrscheinlichkeit, dass Kinder Krebs bekommen. Wenn wir so weitermachen, werden wir noch alle krank.« Der dreifache Vater redet sich in Rage, sobald es um den Kunststoff geht. Er selbst bezeichnet sich als »besessen« von der Thematik. Wie kommt das? Nicolas Gerlier stammt aus der Bretagne. Er ist am und mit dem Meer aufgewachsen. Schon früher hat ihn der angespülte Plastikmüll am Strand gestört, doch als er selbst Vater wird, kann er nicht mehr tatenlos zusehen. Er will aktiv werden.

Da er in der Beautyindustrie tätig ist, liegt es nahe, sich dort zu engagieren. Den begehrten Job in der Luxussparte des Marktführers der Kosmetikbranche, L'Oréal, hängt er an den Nagel, kurz nachdem sein erstes Kind geboren wird. Er wechselt zum mittelständischen Haarpflege-Unternehmen Phyto. »Dort sollte ich eine Bio-Linie aufbauen. Der Job war super, aber mein Chef wollte sich nicht wirklich in dieser Richtung voll und ganz verpflichten.« Gerlier kündigt erneut und siedelt diesmal in die Modebranche über, zur französischen Marke Kookaï. Wieder geht es um ein nachhaltiges Projekt, doch die Umsetzung scheitert am mangelnden Budget. Mit Ende 30 stellt der Manager für sich fest, dass er als Angestellter nicht wirklich weiterkommt, und wagt den Schritt in die Selbstständigkeit. »Ich war verwöhnt, hatte eine tolle Karriere gemacht und mochte meinen Job, vor allem bei L'Oréal. Aber ich finde auch, dass meine Generation Verantwortung übernehmen muss. Um mich im Job verwirklichen zu können, war ich gezwungen, meine eigene Firma zu gründen. Ich hatte große Angst vor dem Schritt, aber ich tat es für meine Kinder.«

Das war 2015. Die Idee, eine nachhaltige Luxusmarke für dekorative Kosmetik auf den Markt zu bringen, formt sich von selbst – aus seiner Leidenschaft, den Plastikabfall zu bekämpfen, und den verpassten ökologischen Chancen seiner vergangenen Berufsjahre. Wurde er früher von seinen Vorgesetzten in seinem hohen Anspruchsdenken ausgebremst, will der ausgebildete Wirtschaftsprüfer und Marketingmanager nun bei seiner eigenen Firma keine Kompromisse mehr eingehen. Seine Produkte sollen nachhaltiger sein als alles andere auf dem Markt, sauberer für die Umwelt und dabei noch begehrenswert. »Es ging mir nicht darum, irgendein Öko-Siegel auf die Verpackung zu kleben und eine schöne Geschichte dazu zu erzählen. Bio allein reicht nicht. Ich wollte Produkte lancieren, die einen neuen Ansatz in die Kosmetikbranche bringen und unsere Konsumgewohnheiten verändern.« Seine holistische Herangehensweise umfasst Nachhaltigkeit nicht nur in der chemischen Zusammensetzung des Produktes, sondern auch in Herstellung, Verpackung, Zulieferung und Vertrieb, von der Kommunikation bis hin zur Ladengestaltung. »Ich nenne das ›Blue Beauty‹, denn ›Green Beauty‹ oder ›Clean Beauty‹ gibt es schon seit den 90er-Jahren. Es geht nicht nur darum, dass es gut für uns ist, sondern es muss auch gut für unseren Planeten sein. Meine Meinung ist: Wenn man auf den Planeten achtgibt, gibt man auch auf sich selbst acht.«

Zum Start seines Unternehmens konzentriert sich Nicolas Gerlier auf Lippenstifte. Aus gutem Grund. »Jedes Jahr werden eine Milliarde Lippenstifte verkauft und auch weggeschmissen. Die meisten sind in Plastik verpackt. Dazu kommen bis zu 300 Millionen Silikon-Gussformen, die bei der Produktion der Lippenstifte anfallen. Das ist eine ganze Menge.« Außerdem enthalten Lippenstifte Mikroplastik. »Wer einen geschminkten Mund küsst, isst Plastik«, bringt der Anfang 40-Jährige es schonungslos auf den Punkt, während er seinen frisch gebrühten Kaffee aus der improvisierten Kochnische im Flur in sein schmuckloses Büro trägt. In der einen Ecke des Raumes stapeln sich Kartons und zeugen davon, dass der Firmenumzug noch nicht lange her ist. Zwei Mitarbeiter sitzen in der Nähe des einzigen Fensters konzentriert an ihren aufgeklappten Laptops. Die schlichten weißen 08/15-Bürotische sind so aneinandergestellt, dass das Büro nicht nur als Arbeitszimmer, sondern auch als Konferenzraum genutzt werden kann. Das Flair eines Start-ups ist auch im fünften Jahr nach der Firmengründung noch unverkennbar und hat wenig mit dem luxuriösen Anspruch der Produkte gemein, die aufgereiht auf dem typischen Pariser Marmorkaminsims stehen und wenigstens dort einen Hauch von Glamour versprühen.

Gerliers Debütprojekt, der Lippenstift, verpackt in eine Metallhülse mit edler Lederumhüllung, wird zum Namensgeber für die ganze Firma: La Bouche Rouge, der rote Mund, heißt sein nachhaltiges Make-up-Brand, das inzwischen 22 Produkte im Sortiment führt. Neben den Lippenstiften gibt es unter anderem Puder, Pinsel und Mascara. Die Marke ist in Edelkaufhäusern in Frankreich, England, Japan und den USA vertreten, wird in 15 Länder exportiert und wagte Anfang 2021 den Sprung nach China. Seit dem offiziellen Start im Jahr 2017 bekam der »Rote Mund« viel mediale Aufmerksamkeit und entwickelte sich zu einer kleinen ökologischen Success-Story in der Beautyindustrie. Die Firma ist seit ein paar Jahren rentabel. Damit konnte auch der Umzug ins Zentrum von Paris realisiert werden – nicht weit entfernt von den berühmten Kaufhäusern Le Printemps und Galeries Lafayette.

Für das kleine, jetzt 20 Mitarbeiter starke Unternehmen markiert das neue Büro auch den Schritt in die nächste Entwicklungsphase, auch wenn man sich die Lokalitäten im zweiten Stock des pittoresken weißen Baron-Haussmann-Gebäudes mit neun weiteren Firmen teilt. Doch das entspricht ganz der Geschäftsphilosophie des Chefs, der lieber alles Geld in die Firma investiert als in ein schickeres Büro. »Als ich La Bouche Rouge gründete, war meine Frau mit unserem dritten Kind schwanger. Eigentlich wollten wir damals in eine größere Wohnung umziehen. Das haben wir dann sein gelassen. Heute wohnen wir immer noch im gleichen Appartement. Zu fünft.« Gerlier mietete zum Start eine Einzimmerwohnung zusätzlich an, später bekam er einen Raum im Pariser Inkubations-Campus Station F am Stadtrand zugesprochen, inklusive Mietsubvention. »Es gibt in Frankreich eine große Vielfalt an lokalen Hilfen, und ich hatte mein ganzes Geld in die Firma gesteckt. Eigentlich dachte ich, dass ich über ausreichend Startkapital verfüge, aber ich hatte mich getäuscht.« Nicht eingeplant war, dass La Bouche Rouge ein eigenes Labor braucht. Als langjähriger Marketingmanager tüftelte Nicolas Gerlier vor allem an der Positionierung der Marke herum und an einer nachfüllbaren Verpackung aus Metall. Dass der Verzicht auf Polyethylene, Polyoxymethylene und Parabene, also Mikroplastik plus Konservierungsstoffe, zu seiner größten Herausforderung bei diesem Projekt werden sollte, war ihm beim Erstellen des Businessplans noch nicht klar.

Plastik setzt schon bei der Herstellung enorme Mengen an Treibhausgasen frei: 120 Gramm $CO_2$ stecken alleine in einer Plastiktüte, einer Studie des Center for International Environmental Law (CIEL) zufolge könnte allein die Plastikproduktion bis 2050 für einen $CO_2$-Ausstoß von 52,5 Gigatonnen verantwortlich sein. Doch auch bei der Zersetzung erzeugt Plastik Treibhausgase, am meisten dann, wenn es sich um Mikroplastik handelt, das in Meerwasser gelöst ist. Eine Studie der University of Hawaii ergab, dass Plastik aller Art bei der Zersetzung Methan freisetzt, ein Treibhausgas, das 25-mal klimaschädlicher ist als $CO_2$. Auch sonst stellt Mikroplastik einen großen und für unser Auge unsichtbaren Teil des weltweiten Plastikproblems dar. Vor allem in Kleider- und Kosmetikprodukten sind die mikroskopisch kleinen Plastikpartikel in fester und flüssiger Form vorhanden. Britische Forscher gehen davon aus, dass bereits heute mehr Mikroplastik als Plankton in den Meeren schwimmt und dass Plastik zum Hauptnahrungsmittel vieler Fischarten geworden ist. Der Kunststoff verletzt ihre Schleimhäute und verstopft Magen und Darm mit der Folge, dass die Fische verhungern. Über die Nahrungskette oder die Bewässerung von Feldern mit durch Plastik angereichertem Wasser gelangt Mikroplastik mit seinen potenziell krebserregenden Schadstoffen auch in den menschlichen Körper.

Gerliers Kampf gegen Mikroplastik hat also einen guten Grund. »Als ich mit meinem Projekt anfing, gab es nicht einen einzigen Lippenstift im Luxusbereich, der kein Mikroplastik enthielt. Und alle sagten mir, dass es ohne auch nicht ginge. Die Labors, die Lieferanten, die Hersteller – einfach alle. Nur so bleibe die Formel stabil und langlebig. Aber ich wollte das nicht wahrhaben. Also war ich gezwungen, selbst zu forschen.« Da der Jungunternehmer selbst kein Chemiker ist, warb er einen Forscher vom Luxuskonzern LVMH ab und suchte im Internet nach weiteren Experten. Auf LinkedIn fand er ein zwei Rentnerinnen, die in ihrem früheren Arbeitsleben für ihre Innovationsfreudigkeit bekannt waren. »Die eine arbeitete früher bei Chanel, die anderen bei Dior. Diese ›Omas‹ habe ich angeheuert. Beide waren sofort von meiner Idee fasziniert.« Der Franzose muss immer noch schmunzeln, wenn er daran zurückdenkt, wie er die beiden alten Damen vom Bahnhof abholte. »Es war wie in einem Roman. Die Omas und ich auf dem Weg zur geheimen Sitzung für den Coup des Jahrhunderts«, lacht er und rückt die dunkle Hornbrille zurecht.

Seine betagten Mitarbeiterinnen sind ein Glücksfall: Universitätsprofessorinnen, erfahren, passioniert und mit einem Netzwerk, von dem man nur träumen kann. »Es gibt nichts Besseres als alte Leute, um etwas Neues zu kreieren«, urteilt der Unternehmer heute. Die beiden alten Damen machen den Firmenchef auch auf eine vergessene Produktionsmethode aus den 50er-Jahren aufmerksam, um bei der Produktion Plastik zu vermeiden: Statt in Silikon werden die Lippenstifte bei La Bouche Rouge wie zu früheren Zeiten in Metall-Gussformen gegossen, die einfach zu reinigen sind, weniger Wasser und Energie benötigen sowie nahezu unendlich wiederverwertet werden können. »Damit können wir sehr viel Abfall einsparen. Ohne meine ›Omas‹ wären wir nie auf diese alte Technik gekommen.« Schwieriger wird es für die Forscherinnen jedoch, das Mikroplastikproblem zu knacken. Ganze zwei Jahre und 400 verfehlte Formeln dauert es, bis die saubere Lösung gefunden ist. Weitere 400 Versuche, um ein pflegendes Lippenserum ohne Petrochemie in die Produkte zu integrieren.

Kaum ist dieses erste Hindernis gelöst, taucht recht unerwartet ein neues Problem auf: das Bienenwachs, ein essenzieller Bestandteil von Lippenstiften. Natürlich will La Bouche Rouge ein besonders hochwertiges Wachs, am besten aus Frankreich, um den Ausstoß von $CO_2$ zu minimieren. Auf der Suche nach einem Lieferanten wird das Start-up in Marseille fündig. Doch als Nicolas Gerlier sich erkundigt, in welchem Wald oder auf welchem Feld denn die Bienenstöcke genau stehen, erhält er keine Antwort. Der Lieferant meldet sich einfach nicht mehr, die Mails bleiben unbeantwortet. Bei der Recherche stößt der Unternehmer auf einen Skandal: Viele Biofirmen bezögen ihr Bienenwachs aus China, wo die Bienen in engen Metallkisten leben müssten, mit Zuckerwasser gefüttert und mit Antibiotika ruhiggestellt würden, damit sie nicht durchdrehten. »Als ich das erfuhr, war ich echt sauer! Ich bin in eine Falle getappt«, empört sich der Wahlpariser noch heute und zieht die hohe Denkerstirn in Zornesfalten. »Ich habe sofort meine Forscherinnen-Omas angerufen, damit sie die Formel überarbeiten.« Sechs Monate dauert es diesmal, bis die Lösung, ein synthetisches Wachs, gefunden ist. Richtig zufrieden ist der Firmenchef damit nicht, aber es hat den positiven Nebeneffekt, dass der Lippenstift von La Bouche Rouge von nun an vegan ist.

»Ich habe in den letzten Jahren gelernt, dass immer wieder neue Elemente und Schwierigkeiten auftauchen, die man nicht bedacht hat.« Deshalb glaube er an die japanische Management-Philosophie Kaizen, die ein kontinuierliches Innovationsbestreben und einen fortlaufenden Verbesserungsprozess zum Inhalt habe. »Inzwischen bin ich sehr glücklich, mein eigenes Labor zu haben und unabhängig in der Forschung zu sein, denn es gibt immer wieder was zu überarbeiten.« Aktuell beschäftigt Gerlier sich mit einer

Meeresalge aus der Gegend von Saint Malo, die nach ökologischen Gesichtspunkten geerntet wird und von der dortigen Bevölkerung für ihre Anti-Aging-Wirkstoffe geschätzt wird. »Und wir kommen auch unserem Ziel, eine Marke mit absolut null Plastik zu sein, immer näher.« Selbst die Hürde, die Nachfüllpackung und den Drehmechanismus im Lippenstift ohne Plastik anbieten zu können, scheint bald genommen zu sein. »Wir experimentieren gerade mit einem durch Naturharz verstärkten Papier. Die ersten Tests sind sehr gut gelaufen. Dann hätten wir auch das letzte Plastik aus dem Lippenstift eliminiert.«

Die erst 2020 lancierte Mascara ist ebenfalls die einzige am Markt, die nicht in Kunststoff verpackt ist, sondern in Glas. Sie enthält zudem weder Silikone noch Parabene, und die Wimpernbürste besteht aus Rizinusfasern. »Eine normale Mascara beinhaltet Wasser, Kleber, Silikon, Plastik und Schwermetalle. Insbesondere die wasserfesten Wimperntuschen sind eine Katastrophe und verursachen viele Allergien. Wer sich nicht abschminkt, riskiert auf Dauer, sich selbst zu tätowieren.« Gerliers Mascara dagegen besteht laut Produktinformation zu 99 Prozent aus Naturstoffen, etwa Jojoba- und Pistazienöl. »Dank der Glasverpackung brauchen wir auch weniger Konservierungsstoffe. Das hat noch keiner vor uns versucht.« La Bouche Rouge brauchte fast sieben Jahre und musste sich mit zwei weiteren Partnern zusammenschließen, um die Neuheit zur Marktreife zu führen. Der Aufwand aber hat sich gelohnt. Die Mascara entwickelt sich gerade zum neuen Bestseller der Marke.

Alle anderen Produkte stecken in Metallverpackungen, die nachfüllbar oder recyclingfähig sind. Das Leder seiner Lippenstift- und Puderdosen-Hüllen ist pflanzlich gegerbt und entstammt der Fleischwirtschaft, ist also selbst ein Abfallprodukt. Für vegane Kunden gibt es ein Modell aus mikroplastikfreiem Kunstlederimitat, gespendet von der Vorreiterin der veganen Mode, Stella McCartney. La Bouche Rouge nutzt Lieferumverpackungen aus einer Kartoffelhaut, die gegen Staub, Wasser und Dreck schützen und komplett abbaubar sind. Die Ladenausstattung wird auf Flohmärkten zusammengesucht. »Wir sind damals beim Start der Firma angetreten, Wortführer zu sein für eine neue, positive Kosmetik. Wir wollten neue Wege aufzeigen und Verantwortung übernehmen in einem globalen Kontext. Nicht nur für uns, sondern für die ganze Branche. Damals hat man uns für Verrückte gehalten. Niemand glaubte, dass wir es schaffen würden. Das hat sich geändert.«

In die Kosmetikindustrie, die jahrelang vor allem mit Make-up aus bestehenden chemischen Formeln gute Umsätze tätigte, sei Bewegung gekommen. Immer mehr kleine, unabhängige Labels tauchen am Markt auf, ohne Mikroplastik und mit schlauen Verpackungsideen. Auch steige der Druck durch die Konsumenten beständig, meint Gerlier. »Die Verbraucher sind immer besser informiert. Sie suchen im Internet und hinterfragen viel mehr als früher. Gerade während der Pandemie hatten die Leute Zeit, Dokumentarfilme über den Klimawandel und seine Ursachen zu sehen. Der Konsument von heute ist ein Experte, der genau weiß, was er will und auf was er achten muss.«

Aktuelle Trends wie »bio« oder »vegan« oder die Verwendung von recyceltem oder upgecyceltem Plastik hält der Franzose jedoch zum größten Teil für Marketing-Blabla und manchmal sogar für kontraproduktiv. »Oft geht es dabei doch darum, Abfall zu nutzen, um neuen Abfall zu erzeugen. Plastik bleibt Plastik, und ich verstehe auch nicht wirklich den Nutzen von auffüllbaren Plastikverpackungen. Das ist nicht wirklich intelligent.« La Bouche Rouge ist seiner Ansicht nach trotz der neuen, wachsenden Konkurrenz weiterhin die einzige ökoverantwortliche Luxusmarke in der dekorativen Kosmetik in Frankreich. Doch damit sich seine nachhaltige Vision durchsetzt, möchte er mit seinen Produkten noch weit mehr Leute erreichen als jetzt. »Unser Make-up ist rund 10 Prozent teurer als der Massenmarktartikel, aber 20 Prozent günstiger als Designermarken, dafür aber wesentlich nachhaltiger. La Bouche Rouge schaut schön aus, ist plastikfrei – und durchaus bezahlbar.«

Natürlich wäre es das Allerbeste, wenn auch die großen Beautykonzerne umdenken würden. Doch noch halten sie an ihren Kunststoffverpackungen und mit Mikroplastik belasteten Formeln fest. Warum? Gerlier: »Breite Investitionen und auch ökonomische Verpflichtungen hindern diese Konzerne daran, auch künftig auf Plastik komplett zu verzichten. Sie sind zu groß, um sich schnell zu verändern. Kleine Unternehmen wie meins haben es hier leichter. Ich treffe eine nachhaltige Wahl und setze sie um.« Versprechen der Industrie, innerhalb der nächsten fünf Jahre auf recycelten Kunststoff umzusteigen, hält der Antiplastik-Aktivist für Greenwashing.

Immer wieder bekomme er Übernahmeangebote. Aber der Kosmetik-Revoluzzer winkt stets ab. »Ich möchte unabhängig bleiben, um Dinge in einem größeren Rahmen zu verändern. Uns bleibt nicht mehr so viel Zeit. Der Klimawandel ist nicht mehr zu stoppen.« Zwar sei er stolz darauf, beim Abendessen mit Freunden erzählen zu können, dass sein Job eine positive Auswirkung auf die Umwelt habe, aber der schlanke Wahlpariser mit dem schütteren Haar und dem Converse-Sondermodell aus der Kollaboration mit Comme des Garçons an den Füßen ist sich nicht sicher, ob er auch noch in 15 Jahren Kosmetikprodukte verkaufen will. »Ich habe schon vor meiner Selbstständigkeit eine Organisation ins Leben gerufen mit Namen ›Eau Vive Internationale‹, die sich für die Trinkwasserversorgung in Afrika einsetzt. Mit dem Kauf jedes Lippenstifts von La Bouche Rouge finanzieren wir derzeit die Förderung von 100 Liter Trinkwasser in einem Dorf in Togo. Wir haben dort bereits einen Brunnen gebaut. Nun kam eine Schule dazu, es entwickelt sich eine kleine Infrastruktur. Ziel ist es auch, mit diesem Engagement die Kindersterblichkeit im Ort einzudämmen. Ganz neu ist, dass wir für begabte Schüler nun auch die weiterführende Schulausbildung sichern.«

Sich hauptberuflich sozial zu engagieren, ist für Nicolas Gerlier durchaus eine Option für die Zukunft. Er sei kein Radikaler, sondern ein gemäßigter Mensch, der immer positiv bleibe und gut darin sei, Leute zusammenzubringen. »Ich glaube an die Kraft einzelner Personen, die sich engagieren wollen. Die sozialen Medien erlauben uns wie nie zuvor, dabei eine Dynamik zu entwickeln, um gemeinsam Missstände zu verändern. Wir müssen immer kreativ bleiben. Aber vor allem dürfen wir uns nicht mit der Zuschauerrolle begnügen, sondern sollten unsere Träume verwirklichen, ohne dabei die Welt unserer Kinder zu zerstören.«

## Die Dayak von Manuhing Raya, Indonesien
# DIE TRADITIONSBEWAHRER

*Von Christina Schott*

Sobald es dämmert, haben es die Bewohner von Tumbang Mantuhe eilig, nach Hause zu kommen: Denn wenn es dunkel wird, so glauben sie, erwachen die Geister der Toten – und damit auch die Seelen der alten Bäume, die den Ort früher umringt haben. Heute gibt es hier keinen Wald mehr. Das 500-Seelen-Nest liegt im Herzen von Kalimantan, dem indonesischen Teil der Insel Borneo, wie eine Insel zwischen riesigen Ölpalmenplantagen, deren Grenzen sich bis auf einen Umkreis von wenigen Kilometern an die Gemeinde herangeschoben haben. Den letzten Dorfwald ließ eine Palmölfirma 2013 für neue Pflanzungsflächen illegalerweise abfackeln.

Die Bewohner haben versucht, sich dagegen zu wehren. Mit Demonstrationen und gerichtlichen Klagen. Viel genutzt hat es ihnen nicht – ihre Gegner sind internationale Konzerne mit Verbindungen bis in höchste Regierungskreise. Daher probieren sie es nun mit einer anderen Strategie: Rückbesinnung auf ihre Traditionen. Fast alle Einwohner der umgebenden Dörfer gehören zu den indigenen Dayak Ngaju, die schon hier lebten, als es auf Borneo weder Straßen noch Plantagen gab. Indem sie ihre uralte Kultur unter Schutz stellen lassen, wollen sie die letzten verbliebenen Wälder retten, von denen sie – und mit ihnen die ganze Welt – abhängig sind. Eine Rückkehr zur Vergangenheit soll die Zukunft der nächsten Generation sichern.

Die tropische Nacht legt sich schnell und undurchdringlich wie eine Decke über die einfachen Holzhäuser. Statt Licht füllt eine Kakofonie von Zikadengezirp, Froschgequake, Gecko- und Vogelrufen die Dunkelheit. Staatliche Stromversorgung gibt es hier genauso wenig wie öffentliche Wasserleitungen oder gepflasterte Wege, eine weiterführende Schule oder einen Supermarkt. Das Wasser kommt aus dem schlammig-braunen Fluss oder einem Brunnen hinter dem Haus. Und wer es sich leisten kann, schmeißt zur Dämmerung einen knatternden Dieselgenerator an. Großvater Pesi hat keinen Generator, eine Öllampe reicht ihm zur Beleuchtung seiner Hütte, die wie die anderen im Dorf auf Stelzen gebaut ist. Vor manchen stehen handgeschnitzte Totempfähle, die an die Vorfahren erinnern sollen – ein Zeichen des animistischen Kaharingan-Glaubens, der unter den Dayak Ngaju noch weit verbreitet ist. Offiziell gehören fast zwei Drittel der lokalen Bevölkerung der protestantischen Kirche an.

Der 74-jährige Pesi, der wie viele Indonesier nur einen Namen hat, hat sein ganzes Leben im Innern Borneos verbracht. »Früher drangen nur wenige Sonnenstrahlen durch das Blätterdach des Urwaldes, so dicht standen die Bäume hier«, erzählt der Bauer, der am liebsten barfuß läuft, um die Erde unter seinen Füßen zu spüren. Als die Nacht hereinbricht, sitzt er im Schneidersitz auf der großen Holzveranda des Versammlungshauses und spricht von alten Zeiten. Der zwölffache Vater und siebenfache Großvater wuchs in einem traditionellen Langhaus auf, in dem seine Familie mit der gesamten Dorfgemeinschaft wohnte. »Wir lebten vom Wald – wir jagten Hirsche und Wildschweine und sammelten Knollen und Früchte. Damals gab es auch noch viele Orang-Utans, aber die ließen wir in Ruhe. Andernfalls hätten wir die Geister des Waldes gestört.«

Inzwischen sind die Naturgeister nicht nur im Wald gestört. Auch der Fluss, der die Lebensader von Tumbang Mantuhe darstellt, ist verunreinigt mit Düngern und Pestiziden. Bis in die 1970er-Jahre sei das Wasser noch so klar gewesen, dass man auf den Grund habe sehen können, erinnern sich die Dorfälteren. Die Verunreinigungen stammen vor allem aus den umliegenden Plantagen, allerdings auch vom illegalen Goldabbau mit Quecksilber weiter oben am Lauf: »Der Wald und die Natur waren immer unsere Lebensgrundlage. Wenn es die nicht mehr gibt, suchen die Menschen nach anderen Einkommensquellen«, erklärt Pesis Nachbarin Santie, die ebenfalls auf der Veranda sitzt. Die 40-jährige Gemüsebäuerin, die alle nur Mama Feri nennen, ist so etwas wie das Herz der Dorfgemeinschaft. Sie hat heute für alle gekocht: Wasserspinat und Auberginen vom eigenen Feld, dazu gegrillten Fisch, den ihr Mann am Nachmittag gefangen hat. Sie hat sich ein großes Tuch im Stil der Dayak-Frauen turbanähnlich um den Kopf geschlungen, ihr Blick ist offen und freundlich, aber ernst.

Die Dayak sind traditionell Selbstversorger. Meist bauen sie Trockenreis oder Gemüse an. Erst mit der »grünen Revolution« in den 1950er-Jahren kam der Nassreis nach Borneo, der allerdings nur in den Ebenen und nach Trockenlegung der Torfmoore gedeiht. Außerdem wurden Kautschuk, Pfeffer und Kakao eingeführt, womit bis heute viele Kleinbauern ihr Geld verdienen. Mittlerweile werden ihre Pflanzungen aber mehr und mehr von großen Palmölfirmen verdrängt. Die Regierung argumentiert, dass die riesigen Plantagen viele Arbeitsplätze schaffen würden. Umwelt- und Menschrechtsorganisationen kritisieren dagegen, dass der Großteil der Arbeiter aus Java und Sumatra oder gar aus dem Ausland kommt, während die meist unausgebildeten Anrainer höchstens ab und zu als Tagelöhner jobben dürfen. Im Gegenzug verlieren mindestens genauso viele Menschen ihren Lebensunterhalt: Traditionell bewirtschaftete Felder und Gemeinschaftswälder dienen den Dayak nicht nur als Nahrungsquelle, sondern versorgten sie auch mit Brenn- und Baumaterial sowie Heilkräutern. Und sie sorgten für ein gesundes, feuchtes Klima unter der brennenden Äquatorsonne. All das geht durch den Anbau von Monokulturen verloren, die keine anderen Pflanzen neben sich tolerieren.

An diesem Abend treffen sich die Bewohner von Tumbang Mantuhe in ihrem Versammlungshaus mit Mitarbeitern einer Menschenrechtsorganisation, des Borneo Institute. Fünf Aktivistinnen und Aktivisten, allesamt ebenfalls Dayak aus der Region, sind in der Dämmerung aus der Provinzhauptstadt Palangka Raya eingetroffen. Dreieinhalb Stunden dauert die Fahrt über holprige, matschige Pisten – vorbei an schier endlosen Monokulturen, die sich lediglich durch die Höhe der Ölpalmen unterscheiden. Die Bauern wollen mit den Menschrechtlern darüber diskutieren, was sie tun können, um ihr eigenes Land, ihre Bäume, ihr Leben vor den Palmölfirmen zu retten. »Der Wald ist unser Lebensquell. Wie sollen wir ohne ihn überleben?«, fragt Mama Feri. »Es heißt, unser Regenwald sei die Lunge der

Welt. Wie sollen unsere Kinder später atmen, wenn keine Bäume mehr da sind?«

Die Bewohner von Kalimantan wissen, wie es sich anfühlt, wenn man nicht atmen kann. Kaum eine andere Region des weltgrößten Archipels war in den vergangenen Jahren so stark von menschgemachten Naturkatastrophen betroffen wie ihre: Überschwemmungen, Erdrutsche – und riesige Feuer. Jedes Jahr brennen die Wälder auf Borneo und der Nachbarinsel Sumatra. 2015 hüllten die schlimmsten Waldbrände der vergangenen 20 Jahre große Teile Südostasiens über fünf Monate hinweg in dichten Rauch. 2,6 Millionen Hektar Land verbrannten, Dutzende Menschen starben durch direkte Einwirkung der Feuer. Eine halbe Million Menschen mussten wegen Atemwegsbeschwerden behandelt werden. Eine gemeinsame Studie der amerikanischen Universitäten Harvard und Columbia schätzt sogar, dass rund hunderttausend Menschen an indirekten Folgen der Brände starben. Die indonesische Behörde für Meteorologie, Klima und Geophysik bezeichnete die Waldbrände von 2015 als »Verbrechen gegen die Menschlichkeit«: Praktisch alle Feuer in jenem sehr trockenen El-Niño-Jahr waren durch Brandrodung verursacht worden. Auch 2019 brannte es wieder auf der ganzen Insel, die mehr als doppelt so groß ist wie Deutschland. Der Himmel über Zentralkalimantan war auch tagsüber dunkelorange verfärbt, und wer konnte, floh vor dem Rauch zu Verwandten in andere Regionen Indonesiens.

Offiziell ist Brandrodung in Indonesien verboten – doch sie bleibt die einfachste und billigste Methode, um den für Ackerbau wenig geeigneten Boden Borneos urbar zu machen. Seit Jahrhunderten praktizieren auch die Dayak diese Art der Landwirtschaft, die im Englischen so plakativ »Slash-and-burn« genannt wird, abhacken und verbrennen. Ein Stück Land wird für den Anbau vorbereitet, indem die Bäume abgeschlagen und die Pflanzenreste anschließend abgebrannt werden. Die Asche wird danach als Dünger verteilt. Nach einigen Jahren des Anbaus darf die Erde wieder so lange ruhen, bis sich die Natur erholt hat, oft jahrzehntelang, während die Bauern andere Parzellen beackern. Früher hatte jede Gemeinschaft einen kollektiven Wald, der auf diese Weise von allen gemeinsam nach einem festgelegten Rotationsprinzip genutzt wurde. Dieser traditionelle Wanderfeldbau der Ureinwohner schadete Mensch und Natur trotz der Brandrodung wenig. Seit sich allerdings Plantagenunternehmen darauf verlegt haben, ihre Flächen im großen Stil abzufackeln, sieht das anders aus. Denn unter Borneos Regenwäldern lagern bis zu zehn Meter tiefe Torfflöze, die zwischen 3000 und 6000 Tonnen Kohlenstoff pro Hektar speichern – also mehr als vierzig Mal so viel wie ein Wald in Deutschland. Diese jahrhundertealten Böden aus Pflanzenresten dienen als riesiger Schwamm, um in der Regenzeit überflüssiges Wasser aufzusaugen und dem Wald in der Trockenzeit Feuchtigkeit zu spenden. Werden diese Schichten trockengelegt oder gar verbrannt, werden riesige Mengen an Kohlendioxid freigesetzt. Tropenwaldexperte Willie Smits von der Masarang Foundation rechnet vor, dass bei der Konvertierung eines Torfwaldes 38 Tonnen $CO_2$ verpuffen, um in Europa mit Biodiesel aus Palmöl eine Tonne davon einzusparen. Oft glühen die Feuerherde noch jahrelang unterirdisch weiter und lodern in jeder Trockenzeit wieder auf. Experten sprechen von einer Klimabombe, die Auswirkungen auf das Weltklima hat.

Wissenschaftler der Universität Queensland und der Norwegischen Universität für Umwelt- und Biowissenschaften haben 2018 nachgewiesen, dass es einen engen lokalen Zusammenhang gibt zwischen Entwaldung und steigenden Temperaturen: In Gegenden, in denen der Wald abgeholzt wurde, war es durchschnittlich 1,7 Grad wärmer als in Waldgebieten, zugleich ging der Niederschlag ohne Wald um mehr als 15 Prozent zurück.

Dennoch dehnt Indonesien seine Plantagen immer weiter aus, vor allem für Ölpalmenanbau. Es gab sogar Bemühungen, die Neuanpflanzungen als Aufforstungsgebiete anzuerkennen – schließlich seien Palmen doch auch Bäume, so das Argument. Doch die ursprünglich aus Afrika stammende Monokultur gedeiht nur dann gewinnbringend, wenn ihr keine anderen Gewächse in die Quere kommen. Der intensive Einsatz von Dünger und Unkrautvernichter zerstört zudem sämtliche Flora und Fauna im größeren Umkreis um die Pflanzungen.

Als weltgrößter Hersteller von Palmöl bestreitet Indonesien zusammen mit Nachbar Malaysia mittlerweile 85 Prozent der weltweiten Produktion. Der größte Teil geht in die Lebensmittel- und Kosmetikindustrie: Jedes zweite fetthaltige Konsumprodukt enthält das meistgenutzte Pflanzenöl der Welt, von Fertigpizza über Brotaufstrich bis hin zu Lippenstift oder Duschgel. Immer mehr Palmöl landet außerdem im Tank. Während der frühere Diktator Suharto, der Indonesien von 1965 bis 1998 autokratisch regierte, die Palmölproduktion auf der Nachbarinsel Sumatra und im Westen Kalimantans bereits seit den 1970er-Jahren hochfahren ließ, boomt der Anbau in Zentralkalimantan erst seit 2004: Ein Jahr zuvor hatten die Europäische Union sowie die Bundesregierung eine Beimischungspflicht für Biodiesel eingeführt. Auch in den Vereinigten Staaten und China galten damals seit Kurzem Quoten für Biokraftstoffe. Für die indonesische Regierung eine willkommene und profitable Gelegenheit, die Erschließung neuer Plantagengebiete drastisch auszuweiten. 2020 bedeckten bereits mehr als 1,7 Millionen Hektar Ölpalmen die dünn besiedelte indonesische Provinz, die knapp doppelt so groß ist wie Österreich, aber nur 2,6 Millionen Einwohner hat.

Selbst die Corona-Pandemie konnte das Wachstum in der Palmölproduktion nicht stoppen, im Gegenteil. Der Inselstaat hat sogar für die eigenen Autofahrer dynamisch steigende Quoten für Biokraftstoff festgelegt, der seit 2015 auch kräftig subventioniert wird. Der größte Teil des Palmöls ist aber weiterhin für den Export bestimmt. Dass die EU – immerhin der drittgrößte Abnehmer nach Indien und China – inzwischen beschlossen hat, Palmöl bis 2030 nicht mehr in europäischem Biodiesel zu verwenden, hat am rasanten Ausbau der Plantagen in Kalimantan wenig geändert. Denn in China und Indien gibt es keine solchen Richtlinien, und die globale Nachfrage wächst nicht nur bei der Produktion von Biodiesel, sondern auch für Konsumgüter. So hat sich die Fläche der Ölpalmenpflanzungen in ganz Indonesien in den letzten zehn Jahren mehr als verdoppelt: 2020 waren es bereits 15 Millionen Hektar – das entspricht mehr als 40 Prozent der Fläche Deutschlands. Nur ein kleiner Teil dieser Plantagen erfüllt die Nachhaltigkeitskriterien, die die Europäische Union bereits übergangsweise für Biokraftstoffe fordert.

»Die Unternehmen kommen einfach her, hauen die Bäume ab und brennen den Rest nieder. Und niemand hält sie auf«, schimpft Bauer Pesi, der selbst Albazia-Bäume anpflanzt, ein schnell wachsendes Industrieholz, das – anders als die empfindlichen Ölpalmen – Mischkulturen ermöglicht und somit auch den Anbau von Reis und Gemüse für den Eigenbedarf. »Manche Firmen schicken vorher sogenannte Makler, die anfragen, wer sein Land verkaufen will. Oft mit Versprechungen von viel Geld und tollen Arbeitsplätzen. Wer darauf hereinfällt, arbeitet am Ende als Tagelöhner auf seinem eigenen Land und erhält als Entschädigung einen Generator, für den er sich nicht mal mehr den Diesel leisten kann. Gemüse kann er dann jedenfalls nicht mehr anpflanzen.«

Gemeinsam mit mehreren Familien aus der Nachbarschaft sitzt der drahtige alte Mann jetzt im Versammlungshaus auf Bastmatten. Sie knabbern Erdnüsse und Kokoskekse und trinken süßen Tee, einige Kinder sind dazwischen auf Kissen eingeschlafen. Bei den Dayak Ngaju sind alle Gemeinschaftsmitglieder gleichberechtigt, Frauen und Männer sitzen nicht getrennt – anders als sonst üblich im überwiegend muslimischen Indonesien. Ein Generator hinter der Küche sorgt laut ratternd für Strom und Licht, und zum Abschluss des Abends zeigen die Besucher aus Palangka Raya ein Video aus dem Jahr 2013. Damals hatten mehr als 300 Bauern aus dem Bezirk gegen die Landübernahme eines Palmölunternehmens demonstriert, das unter anderem für die Zerstörung des Dorfwalds von Tumbang Mantuhe verantwortlich ist. »Wir haben damals protestiert und vor Gericht sogar Recht bekommen«, erzählt Pesi, dessen braun gebranntes Gesicht von ledrigen Falten durchfurcht ist. Trotzdem haben die meisten Bauern keine Entschädigungen für ihre verbrannten Pflanzungen erhalten:

Lediglich zehn haben eine Besitzurkunde für ihr Land. Wie fast alle Traditionen der Dayak wurden die Landnutzungsrechte nur mündlich überliefert und niemals schriftlich festgehalten.

Das machen sich Politiker und Unternehmen zunutze. Weil sie keine Zertifikate für ihr Land besitzen, haben die indigenen Einwohner in Indonesien einen schwierigen Stand gegen die Behörden, die Nutzungsgenehmigungen an die Plantagenunternehmen vergeben. Schon Präsident Suharto verteilte großzügig traditionelles Dayak-Land an seine Generäle. Damals ging es vor allem um die wertvollen Hölzer im ältesten Urwald der Welt: Schon vor 140 Millionen Jahren war Borneo mit Regenwald bedeckt, mehr als 150 000 verschiedene Pflanzen und Hunderte Tierarten leben hier. Seit der Demokratisierung Indonesiens 1998 ist die Konvertierung von Waldflächen allerdings noch schneller vorangeschritten: Viele politische Zuständigkeiten wurden dezentralisiert und die Lokalpolitiker vor Ort können nun selbst Konzessionen für die Landnutzung an Unternehmen erteilen. »Die Vergabe von Landnutzungsrechten ist für die Regionalregierung die schnellste Methode, an Geld zu kommen. Das fördert die Korruption«, sagt Yanedi Jagau, Direktor des Borneo Institute. 2014 jedoch hat der Oberste Gerichtshof Indonesiens in einem Grundsatzurteil bestimmt, dass traditionelles Gemeinschaftsland nicht automatisch dem Staat gehört. Drei Jahre später hat die Regierung damit begonnen, den ersten indigenen Gemeinschaften das Nutzungsrecht für die von ihnen genutzten Land- und Waldflächen zu übertragen. Mit der Anerkennung als »Desa Adat« – was in etwa »Dorf unter traditionellem Recht« bedeutet – geht die Pflicht einher, die alte Kultur zu pflegen, aber auch das Land produktiv zu nutzen. »Das ist nun unsere Hoffnung«, erklärt Yanto Soupa, Dorfchef von Tumbang Samui.

Seine Gemeinde bildet mit Tumbang Mantuhe und drei weiteren Dörfern den Landkreis Manuhing Raya. Im Norden erheben sich die Ausläufer des mächtigen Müller-Schwaner-Gebirges, das sich mit seinen knapp 3000 Meter hohen Gipfeln mitten durch die drittgrößte Insel der Welt zieht. Hier gibt es noch Urwälder – in Bergregionen wachsen Ölpalmen nicht so gut – und auch das ein oder andere traditionelle Langhaus sowie Kultstätten der Dayak. Doch die alte Sprache, die Tänze und die sakralen Rituale der alten Stämme beherrschen nur noch wenige ältere Einwohner. »Die Dayak können ohne Wald nicht überleben – genauso wenig wie unsere Kultur, die mit den Bäumen verschwindet«, sagt Soupa, der die Sprache der Dayak Ngaju noch gut spricht. Bei offiziellen Terminen trägt er zur braunen Beamtenuniform einen traditionellen Kopfputz, der über der Stirn spitz zuläuft. »Als ›Desa Adat‹ könnten wir nicht nur unsere Kultur wiederbeleben, sondern auch die Kontrolle über unser Land zurückerhalten«, hofft der 41-Jährige. Auf einer feierlichen Großversammlung Anfang 2020 haben die Gemeinden von Manuhing Raya gemeinsam beschlossen, dass alle Bewohner in einem Referendum darüber abstimmen, ob die fünf Dörfer den Status »Desa Adat« erhalten sollen. Die Veranstaltung selbst entstammt einer langen demokratischen Tradition: Nur rund 50 Kilometer Luftlinie von hier trafen sich einst die Oberhäupter der zerstrittenen Dayak-Stämme aus ganz Borneo, um über ihre Zukunft zu beraten. Drei lange Monate, von Mai bis Juli 1894, diskutierten die Stammesältesten damals, wie sie ihre Zukunft gestalten wollten. Sie kamen zu dem Schluss, dass sie nur gemeinsam gegen die Unterdrückung der Kolonialmächte und andere fremde Einflüsse ankommen konnten. Ihre Stammeskriege legten sie deshalb bei. Dazu mussten sie ihr Nomadenleben ebenso beenden wie die Kopfjagd und andere, weniger martialische Bräuche.

Es ist eine Ironie der Geschichte, dass nun gerade die Rückkehr zum kulturellen Erbe der Dayak die Zukunft in ein neues Zeitalter verheißen soll. Im Jahr zuvor waren die fünf Dorfchefs ins 1000 Kilometer entfernte Bali geflogen, um sich dort Orte anzusehen, die bereits als »Desa Adat« anerkannt worden sind – und waren offenbar beeindruckt. Wieder zu Hause, wurde die Idee zunächst enthusiastisch aufgenommen. Wochenlang zogen engagierte Dorfbewohner von Haus zu Haus, um allen Nachbarn die Hintergründe zu erläutern und die Einladungen für das Referendum persönlich zu verteilen. »Das war sehr aufregend«, erzählt Mama Feri, die bei den Vorbereitungen mitgeholfen hat. »Ich hatte gehofft, dass wir mit der Rückkehr zu unseren alten Traditionen unser Land beschützen könnten. Und keine Angst mehr vor den Palmölfirmen haben bräuchten.« Am Tag des Referendums saß die Gemüsebäuerin freudig aufgeregt als Wahlhelferin hinter den Urnen – sie trug eine dunkelrote Batikbluse, die Haare waren frisch gekämmt. Banner in den Nationalfarben Rot und Weiß hingen quer über der Dorfstraße von Tumbang Mantuhe und kündigten die Abstimmung an. Als Wahllokal dienten mehrere Tische unter einem Zeltdach auf dem Parkplatz. Doch die Stimmung war nicht mehr so positiv, längst nicht alle Dorfbewohner blieben auf ein Schwätzchen. Nach der Auszählung der Stimmen verflog die Freude der freiwilligen Helfer gänzlich: Nur 28,4 Prozent der Einwohner von Tumbang Mantuhe hatten dafür gestimmt, die Gemeinde in ein »Desa Adat« zu verwandeln. Mama Feri weinte vor Enttäuschung. Ein Jahr später kann sie ihre Nachbarn immer noch nicht verstehen: »Wir haben so viel geredet, und jetzt sagen viele, sie könnten sich einfach nicht vorstellen, wieder wie früher zu leben. Dabei geht es doch gar nicht nur darum.« Auffällig viele Nachbarn hätten ihr Land inzwischen an Palmölfirmen verkauft und erledigten nun Aushilfsjobs als Tagelöhner in den Plantagen. »Das ist kein Zeitalter der Traditionen, sondern des Geldes«, sagt sie resigniert.

Im Nachbardorf Tumbang Samui ist die Stimmung unter den Befürwortern nach dem Referendum deutlich fröhlicher, die Zeichen stehen auf Aufbruch: Eine klare Mehrheit hat sich hier für den Status als »Desa Adat« entschieden. Von irgendwo ertönt Trommelmusik, die ersten Pläne schwirren durch die Dämmerung – man wolle ein neues Langhaus bauen, die Kinder sollten wieder rituelle Tänze lernen. Und man wolle wieder zur traditionellen Landwirtschaft zurückkehren, mit Wanderfeldbau, Mischkulturen und natürlichem Dünger. Nur über die verbotene Brandrodung im traditionellen Maßstab herrscht Uneinigkeit: Steht das traditionelle Dorfgesetz jetzt über dem des Staats? Viele finden es ungerecht, dass die strengere Überwachung oft Kleinbauern trifft. Sobald irgendwo ein Feuer brennt, schickt die Lokalregierung jetzt Helikopter, um den Brand zu löschen, dem Verursacher droht eine Gefängnisstrafe. Eine Alternative zur traditionellen Landwirtschaft wird den Bauern aber nicht angeboten – außer dem Verkauf ihrer Felder natürlich. Die Lösungssuche bleibt Nichtregierungsorganisationen und den Betroffenen selbst überlassen. Wenn dagegen in einer großen Plantage ein Feuer ausbricht, wird meist niemand belangt: Die Unternehmen weisen alle Schuld von sich, und die Brandstifter, die nicht selten in deren Auftrag handelten, sind längst über alle Berge. Dorfchef Sapoe zeigt angesichts vieler Unklarheiten Verständnis für die Einwohner, die beim Referendum mit Nein gestimmt haben: Es geht um ein Experiment, dessen Ausgang noch unklar ist. Mittlerweile ist der Antrag von Tumbang Samui auf Anerkennung als »Desa Adat« auf Provinzebene angelangt, Landkreis und Regierungsbezirk haben schon zugestimmt. Das letzte Wort hat am Ende die Zentralregierung in Jakarta. Unklar ist noch, wie viel Land der Dorfgemeinschaft zugesprochen wird, doch Sapoe ist zuversichtlich. »Viele haben Angst vor Problemen mit der Regierung. Andere wollen nicht rückständig sein und in alte Zeiten zurückfallen. Ihnen müssen wir beweisen, dass wir nicht gegen Fortschritt sind, auch nicht gegen Investitionen. Aber es müssen die richtigen sein – und wir wollen selbst entscheiden, was für unser Land und die Zukunft unserer Kinder das Beste ist«, sagt der zweifache Vater.

Doch auch Mama Feri und ihre Mitstreiter aus Tumbang Mantuhe geben die Hoffnung nicht auf. Mithilfe der Aktivisten des Borneo Institute haben sie ihre Landflächen mit Drohnen vermessen und in ein gemeinschaftliches Register eintragen lassen. Einige Bauern beteiligen sich am internationalen Projekt »Eine Million Bäume«, zu dem auch die Albazia-Pflanzung von Großvater Pesi gehört: ein Wiederaufforstungsprogramm, das einerseits Natur und Klima hilft, sich zu erholen, andererseits von der Regierung als produktive Nutzung anerkannt werden muss. Die Teilnehmer haben sich verpflichtet, keinen chemischen Dünger zu verwenden und ihre Felder nicht mehr abzubrennen. Es hat viel Überzeugungskraft gebraucht, den Bauern klarzumachen, dass dies vermutlich die einzige Chance ist, ihr Land zu retten. »Wenn wir uns nicht gegen die Ausweitung der Ölpalmenplantagen wehren, werden wir in Zentralkalimantan am Ende nur noch kahle Erde haben, die Wälder verschwinden, das Wasser ist verseucht, die Luft wird heißer. Ich habe Angst davor, dass wir dann nichts mehr zu essen haben und immer mehr Katastrophen erleben werden«, sagt Mama Feri, deren einziger Sohn in Palangka Raya Informatik studiert. Damit soll er später in der Lage sein, eine bessere Zukunft mitzugestalten, hofft sie. »Natürlich denke ich zuerst daran, dass es meiner Familie gut geht. Aber auch der Rest des Landes, vielleicht sogar die ganze Welt, wird die Folgen spüren, wenn wir unseren Regenwald nicht beschützen können.«

## Zenepa Lika aus Ulcinj, Montenegro
# DIE HEIMATBEWUSSTE

*Von Danja Antonovič*

Montenegro, »Das Land der schwarzen Berge«, ist die Heimat von Zenepa Lika. Das Land hat alles: Hohe Berge, deren schneebedeckte Gipfel in den Himmel ragen und auf deren Hängen Schafe und Ziegen grasen. Täler, in denen Brombeeren, Rosmarin und Salbei wild wachsen und wo aus Reben köstliche Weine werden. Seen, so groß wie der Skutarisee, der mit seinen fast 400 Quadratkilometer Fläche der größte See des Balkans ist, aber auch »Bergaugen«, kleine Seeoasen inmitten der Berggipfel. Und natürlich das sprichwörtliche Blau der Adria: malerische Buchten, uralte, verzweigte Olivenbäume, Oleanderbüsche und Pinienwälder, die bis ans Meer reichen. Vor über 200 Jahren schrieb Lord Byron, als er Montenegro besuchte: »Als unser Planet entstand, muss sich die schönste Begegnung zwischen Meer und Land an der montenegrinischen Küste zugetragen haben. Und als die Perlen der Natur verteilt wurden, wurden sie mit vollen Händen in dieses Gebiet gestreut.«

Montenegro, ein Land, kleiner als Schleswig-Holstein, wird in Prospekten, die an Touristen verteilt werden, gerne »Wild Beauty« genannt, alles echt, alles pur, alles bio und Natur – so die Werbung. »Wer's glaubt, der wird selig«, sagt

Zenepa Lika und klärt mich auf: »Montenegro ist 1991 per Gesetz und in der Verfassung zu einem ›ökologischen Staat‹ erklärt worden, nur ist von Ökologie kaum ein ›Ö‹ vorhanden. Die malerischen Buchten sind in Betonwüsten verwandelt worden, jetzt sind die Berge dran. Auch dort wird heftig abgeholzt und gebaut.« Der Skutarisee, ein Refugium für 250 Vogelarten, sei schon teilweise zubetoniert. »Und die Ulcinjer Saline, ein Refugium für Zugvögel, soll einem Ressort und Golfplätzen weichen.« Auf Zenepa Lika bin ich aufmerksam geworden, als mir 2018 eine Petition zur Rettung genau dieser Ulcinjer Saline in die Hände fällt. Unmittelbar danach treffen wir uns in Zenepas Heimatstadt, einem Adriastädtchen, das unmittelbar vor der albanischen Grenze liegt und zwei Namen hat: Ulcinj auf Montenegrinisch und Ulqin auf Albanisch. Denn drei Viertel der Ulcinjer Bevölkerung sind Albaner, und Albanisch ist die zweite Amtssprache in Montenegro.

Ulcinj kenne ich schon lange. Als Kind habe ich dort bei Verwandten die Sommerferien verbracht, in den 1970-er Jahren, und während des Sommers als Reiseführerin mein Studium finanziert. Damals verströmte Ulcinj den Charme eines verträumten, orientalischen Städtchens: Frauen in Pluderhosen, Moscheen an allen Ecken, geschlängelte Straßen, in denen Silberschmiede in winzigen Läden edle Metalle zu filigranen Kunstwerken hämmerten. Ein Markt, wuselig und bunt, der nach Gewürzen duftete; katholische Albanerinnen, zu erkennen an ihrer Tracht, die Ziegenkäse und Gemüse aus eigenen Gärten verkauften; Esel, bepackt mit Feigen und Trauben, und albanische Männer mit weißem Käppi auf dem Kopf, die lebende Lämmer anboten. Um den Sandstrand in der Stadtmitte thronte auf einer Seite die römische Festung, Ulcinjs Wahrzeichen, auf der anderen Hotels, in purer realsozialistischer Bauweise erbaut.

Als Reiseleiterin war ich für Touristen aus der DDR zuständig. Die auserwählten Genossen durften in Ulcinj Ferien machen, weil die Möglichkeit, von hier aus in den Westen zu fliehen, gering war. Sie waren wissbegierig, an den schon vorausbezahlten Ausflügen durch Montenegro nahmen sie eifrig teil und wussten schon viel, bevor ich ihnen meine Reiseleiterweisheiten unterbreitete. Während meine Kollegin, die westdeutsche Touristen betreute, am Ende jeder Tour Trinkgelder bekam, schenkten mir die DDR-Touristen Bücher. Einer der Ausflüge führte uns immer zur alten Saline, in unmittelbarer Nähe der Stadt. Auf der kurzen Fahrt begegneten wir in den Kanälen riesigen Fischernetzen. Die großen quadratischen Netze, die in der Luft hingen, waren eine Augenweide: Sie werden »Kalimera« genannt und gehören zum traditionellen Fischfang, der frühmorgens stattfindet. In der 1500 Hektar großen Saline glänzte das »weiße Gold« in der Sonne. Außerdem Pumpen, Gleise, auf denen salztransportierende Waggons fuhren, Arbeiter. In besten Zeiten fanden hier bis zu 600 Ulcinjer Arbeit. In den Wasseroasen stolzierende, liegende, fliegende Vögel, so weit das Auge reicht.

Das Salinenareal, das zum Bojana-Buna-Delta gehört, wurde 1935 im Königreich Jugoslawien errichtet. Eine Lagune wurde dafür ausgetrocknet, Dämme, Bassins und Schleusen gebaut. Im Frühling wurde das Areal mit Meerwasser geflutet. Durch Wind und Sonne verdunstete das Wasser – zurück blieb das Salz. Die zur Salzgewinnung umgestaltete Lagune war auch eines der wichtigsten Rast-, Brut- und Überwinterungsgebiete für Zugvögel an der östlichen Adriaküste, aber auch ein »Zuhause« für Flamingos und Pelikane. Besonders die jährliche Flutung und das anschließende, langsame Trocknen des Wassers in den Verdunstungsbecken schaffte wertvolle Feuchtlebensräume für eine Reihe von Wat- und Wasservögeln. Unser Ausflug endete immer mit dem Kauf eines Salzsäckchens, danach kehrten wir auf dem Rückweg in eine Kneipe ein, tranken einen »Slivo« – und ich hatte ein paar Bücher mehr in der Tasche. Das alles war einmal.

Heute gibt es die DDR nicht mehr, die Saline hat seit 2014 ihre Tore geschlossen, montenegrinische Investoren wollten das Naturparadies zähmen und aus dem Feuchtgebiet eine Hotelanlage mit Golfplätzen bauen. Auch eifrige Silberschmiede und lebende Lämmer gehören der Vergangenheit an. Während es früher überall »Zimmer frei« hieß, pflastern heute Betonbauten die breiten Straßen. Pensionen, Hotels, Bed & Breakfasts befinden sich hinter Wänden aus Granit, Glas und Beton. Davor Palmen und Agaven in Kübeln statt in der Erde, um den Stadtstrand herum feine Hotels mit Miniaturpools. Die Straßen sind verbreitert worden, der Markt ist überdacht und eingepfercht. Sogar die realsozialistischen Hotels gibt es nicht mehr. Nur die Festung umrahmt noch immer den Stadtstrand, hinter ihren Mauern residieren jetzt vornehme und teure Restaurants. Das Ulcinj von 2018, dem Jahr, in dem ich Zenepa kennenlernte, habe ich nicht mehr erkannt.

An einem Augustnachmittag treffen wir uns damals im üppigen Garten meiner Cousine Tamara. 30 Grad, die Luft steht. Wir sitzen im Schatten der pink blühenden Bougainvilleen, umgeben von betagten, fleischigen Agaven, über einen Meter hoch. Vor uns der einmalige Blick auf die Festung, die untergehende Sonne färbt das Gemäuer rot, bis sie in den Adriawellen verschwindet. Ein Foto, das ich an diesem Tag aufgenommen habe, zeigt eine schlanke, junge Frau, deren Augen unter der roten Brille lachen. Sie trägt eine Hose, eine bunte Bluse und hat eine Tasche mit der Aufschrift »save salina«, Rettet die Saline, umgehängt. Zenepa Lika ist damals 48 Jahre alt. Ich sage: »Mirë dita«, das heißt »Guten Tag« auf Albanisch. Zenepa sagt: »Dobar dan«, das ist »Guten Tag« auf Montenegrinisch. Wir duzen uns gleich.

»Wer bist du, Zenepa?«, frage ich. »Ich bin Architektin, aber meine Herzensangelegenheit ist der Umweltschutz. 32 Jahre habe ich in Deutschland gelebt, dort studiert und als Architektin gearbeitet, bis ich 2014 nach Montenegro zurückgegangen bin. Ich wollte etwas in diesem Land voller überwältigend schöner Natur verändern, für zukünftige Generationen etwas tun, diese Natur für sie erhalten. Seitdem ist mein Anliegen der Umweltschutz und der Schutz vor Betonisierung meiner alten Heimat.« Just neben Tamaras üppigem Garten steht seit zwei Jahren ein Luxushotel, samt Pool. Zenepa ist entsetzt. Weder ist der vorgeschriebene Abstand zwischen den Grundstücken eingehalten worden noch die Höhe des Gebäudes. Statt der erlaubten drei Stockwerke zählt das Hotel fünf und versperrt dadurch den hinter ihm gelegenen Häusern den freien Blick aufs Meer. »Warum melden Sie das nicht der Behörde«, fragt Zenepa. »Weil das nichts bringt«, antwortet Tamara. »Wahrscheinlich nicht, wenn nur Sie sich beschweren«, glaubt Zenepa. »Wenn aber alle Nachbarn das tun, dann werden sie was erreichen.« Das Prinzip »Gemeinsam sind wir stärker« bestimmt Zenepas Leben und Handeln und auch ihren bislang größten Sieg. Den langjährigen Kampf um die Rettung der Ulcinjer Saline, den sie gemeinsam mit vielen Menschen und Organisationen geführt hat, hat sie 2019 gewonnen: Die Saline ist zum Naturpark und somit zum Schutzgebiet erklärt worden, jedwede Bauarbeiten wurden verboten.

»Aber wer bist du noch, Zenepa?«, frage ich erneut. »Ich bin ein typisches Gastarbeiterkind, aber auch eine Kämpferin. Als Kind war ich schon renitent, kämpfte in der Schule für die Rechte der anderen.« Als ihre Eltern in den 1970er-Jahren nach Deutschland gingen, blieben Zenepa und ihre Schwester bei der Oma. »Es war eine unbeschwerte Kindheit in der mediterranen Sonne.« Zwei pubertierende Schwestern aber waren der Oma irgendwann zu viel, und so wurden beide nach Deutschland geschickt. »Und das war zuerst ein Albtraum. Wir kamen nach Münster und waren erschrocken. Keine Sonne, keine Vögel, alles leise und grau …«

Das war im September 1983, Zenepa ist damals knapp 13 Jahre alt. Sie und ihre 11-jährige Schwester Linda lehnen es ab, Deutsch zu lernen, sie sind einsame Teenager, ohne Freunde. Sie haben nur einander. Ihr Vater führt mittlerweile einen erfolgreichen Balkan-Grill – es ist die Blütezeit der Balkanrestaurants in Deutschland. In den Sommerferien fährt Zenepa nach Ulcinj. »Nach kurzer Zeit war ich nicht mehr ›unsere Zenepa‹, sondern ›Zenepa aus Deutschland‹. Das hat mich zutiefst getroffen, denn ich war in Deutschland Ausländerin und nun auch noch in meiner Heimat eine Fremde.« Damals habe sie beschlossen, Deutschland eine Chance zu geben und Deutsch zu lernen. Das lernt sie schnell, sie ist gut in der Schule. Als Jugoslawien in den 1990ern zerfällt, trauert sie und sagt: »Ich bin als Jugoslawin aufgewachsen, ich war eine stolze Pionierin, und nun ist mir ein Teil meiner Identität gestohlen worden.«

Weil es Jugoslawien nicht mehr gibt, wird Deutschland zu Zenepas Zufluchtsort. Sie studiert Volkswirtschaft, begreift aber kurz vor dem Abschluss, dass ihre Liebe der Architektur gilt. Sie startet neu, zieht nach Köln und beginnt 1997 in Wuppertal das Architekturstudium. »Ich habe studiert und gearbeitet, gearbeitet und studiert. Habe gekellnert, in der Post die ganze Nacht bis morgens um sechs Briefe sortiert. Um acht war ich am Kölner Bahnhof, fuhr nach Wuppertal anderthalb Stunden zur Uni. Doch für mich war das die schönste Zeit meines Lebens, weil ich in dieser Zeit begriffen habe, was Freiheit heißt.« Und: »Die Worte meines Professors habe ich nie vergessen. Er sagte: ›Architektur bestimmt nicht die Umgebung! Es ist die Umgebung, die die Architektur bestimmt.‹« Zenepa arbeitet als Architektin in Köln, als im März 2014 zu Hause das Telefon klingelt. Der Anruf kommt aus Ulcinj. »Sie fragten, ob ich Lust hätte, als stellvertretende Bürgermeisterin von Ulcinj zu arbeiten. Ich habe mich über das Angebot gewundert, da alle wussten, dass ich der montenegrinischen Regierung gegenüber kritisch eingestellt war.« Sie nahm an, sah die Chance, etwas zu verändern, die Chance, ihre grüne Seele sichtbar zu machen. »Am 6. Juli 2014 kam ich nach Ulcinj.«

Zenepa legt gleich los, ihr Ziel: Ulcinj soll die erste »grüne Stadt« in Montenegro werden. Zusammen mit der Ulcinjer Zivilgesellschaft organisiert sie ein Grünes Kulturfest, die Rettung der Saline hat jedoch Priorität. Der einst erfolgreiche Betrieb, der Jugoslawien mit Salz versorgt hatte, darbte vor sich hin. Die Firma »Bajo Sekulić«, benannt nach einem Partisanenheld und im Staatsbesitz, war zunächst privatisiert worden, 2005 kam der Konkurs. Die montenegrinische Investmentgesellschaft Eurofond kaufte die Aktien der Firma »Bajo Sekulić« für einen Schnäppchenpreis von 800 000 Euro. Im Preis waren die Nutzungsrechte, also die Schürfrechte für die Salzproduktion erhalten, das Land aber blieb noch immer im Staatsbesitz. Und dann ging es schnell: 2007 wird die Saline im Raumordnungsverfahren in Bauland umgewandelt. Eurofond sucht nun Investoren, der Verkaufspreis beträgt fast 300 Millionen Euro. Geplant sind ein Luxusressort mit Golfplätzen, einem Jachthafen und Wellness-Anlagen. Dagegen kämpfen die Umweltschützer, sie agitieren, protestieren, wenden sich an ausländische Medien.

Unter dem Druck der Proteste musste das Parlament 2012 die Umwandlung der Saline in Bauland zurücknehmen. Eurofond streitet seither vor Gericht – die Frage, ob 800 000 Euro ein angemessener Kaufpreis für 1500 Hektar Land war und ob sich Eurofond als rechtmäßiger Eigentümer bezeichnen darf, ist im Frühjahr 2021 noch immer nicht geklärt. Seit 2014 ist die Saline geschlossen und verfällt. Pumpen und Waggons wurden an ein Stahlwerk in Nikšić verkauft, alles, was mitzunehmen ist, wird geklaut, die Becken liegen trocken. Regen »versüßt« das Wasser, für Zugvögel ist der lebenswichtige Raum, die letzte Tankstelle vor Afrika, in Gefahr. Die Zahl der Vögel, die die Saline anfliegen, wird immer kleiner.

Als zweite Bürgermeisterin koordinierte Zenepa lange die Schutzmaßnahmen für die geschlossene Saline, begleitete die erste Schutzstudie über ihre Bedeutung für Biodiversität und Vogelschutz. »Für mich waren Bürger von

Ulcinj und die Umwelt, in der sie leben, wichtiger als die Politik.« Das gefiel nicht allen. Nach 22 Monaten verliert sie ihren Job. »Im März 2016 wurde ein Brief unter meine Tür geschoben. Ich war meines Amtes enthoben.« Sie ist trotzdem in Montenegro geblieben. Ihr Kampfgeist ist erwacht. Heute ist Zenepa »nicht mal böse«, dass sie entlassen wurde, sondern es spornt sie an. Sie zitiert ein Motto, das vielen zugeschrieben wird: »Wann, wenn nicht jetzt? Wer, wenn nicht wir?«, und stürzt sich in die Arbeit. Ihre Sprachbegabung zahlt sich immer wieder aus, neben Albanisch und Montenegrinisch spricht sie fließend Deutsch und Englisch. Sie klopft an jede Tür, so auch an die Tür der deutschen, französischen und polnischen Botschaft, kooperiert mit Umweltverbänden – und findet Gehör. Vor allem bei der deutschen Botschafterin Gudrun Steinacker. Sie wird Zenepas größte Unterstützerin, insbesondere bei der Gründung der »Dr. Martin Schneider-Jacoby Association«. Die Gesellschaft, die sich dem Umweltschutz widmet, ist nach dem deutschen Umweltschützer und Ornithologen benannt, der lange Zeit in der EuroNatur – Stiftung Europäisches Naturerbe tätig war und sich für den Schutz der Zugvögel und ihrer Lebensräume eingesetzt hat. Mehr als zehn Jahre lang kam er regelmäßig nach Ulcinj, um über die Vogelwelt in der Saline zu forschen. Zenepa erzählt: »Dr. Schneider-Jacoby starb 2012, da war er gerade 56 Jahre alt. In den zehn Jahren davor hat er so viel für uns getan, wir wollten, dass sein Name nicht vergessen wird.« Dass auch die neu gegründete Gesellschaft und ihre Ziele nicht vergessen werden, darum kümmert sich Zenepa täglich: In unzähligen TV-Sendungen agiert und propagiert sie, Der Spiegel, die NZZ und die Süddeutsche Zeitung haben über sie und ihren Kampf geschrieben. Sie wird nicht müde, jedem zu erklären, dass die Saline für Zugvögel »so was wie der Rhein-Main-Flughafen ist, ein Dreh- und Angelpunkt ihrer Reise von Sibiren und Skandinavien nach Afrika und umgekehrt«.

2018 startete sie eine nationale und internationale Petition zur Rettung der Saline. Die Rückmeldung war gewaltig: Über 110 000 Menschen aus aller Welt unterschrieben die Petition. Genau in dieser Zeit, als die Petition noch lief, traf ich Zenepa unter den Bougainvilleablüten in Ulcinj. Am Abend, als wir durch Ulcinj schlenderten, war das Städtchen trotz Beton und Pools noch immer quirlig, wuselig, laut und bunt. Die Rufe der Muezzins mischten sich mit Discomusik, volle Imbissbuden, Cafés und Restaurants reihten sich aneinander, Straßenhändler verkauften Häkeltischdecken, BHs und Unterhosen, billige Schuhe und günstigen Modeschmuck. Die Stadt lebte. Es war das letzte Mal, das ich Zenepa sah.

Ihre Arbeit verfolgte ich seither weiter, vor allem auf Facebook, wo sie eifrig darüber berichtet. Aber auch über Hochzeiten in der Familie und ihre Eltern, die endlich auch wieder in Ulcinj leben. Mit einem Feuerwerk voller bunter Blitze postete sie im Juni 2019 dann die Worte: »Unsere Saline ist gerettet! Wir, unsere Flamingos und Pelikane freuen uns sehr!« Im Winter 2020, eine Reise zu ihr war wegen der Pandemie unmöglich, telefonierten wir lange. Zanepa war so herzlich wie bei unserem Treffen in Ulcinj. Ich wollte wissen, was seither geschehen war. »Im April 2019 haben wir die 110 000 Unterschriften unserer Petition Duško Marković, dem Premierminister von Montenegro, überreicht«, erzählt Zenepa. »Und am 24. Juni – das Datum werde ich nie vergessen – wurde die Saline als Naturpark zum Schutzraum erklärt. Im September wurde sie mit der Aufnahme in die Ramsar-Liste der geschützten Feuchtgebiete international gewürdigt.«

Ein Körnchen Trauer blieb, denn Eurofond hat nicht aufgegeben. Die Frage, wem die Saline gehört, beschäftigt noch immer die Gerichte. 2020 tut sich in Montenegro etwas, worauf man seit 30 Jahren wartet: der lang ersehnte Regierungswechsel. Eine der Siegerparteien, die »Vereinigte Reformaktion« (URA), führt der 34-jährige Albaner Dritan Abazović aus Ulcinj. Sein Motto: Grenzen ethnischer Herkunft überwinden und nach Europa blicken. Er ist auch ein Vertreter der »grünen Welle«, die langsam, aber sicher die Balkanstaaten erreicht. Zenepa kennt Dritan gut, er war und bleibt ein Mitkämpfer in Sachen Umweltschutz. Jetzt fordern sie gemeinsam ein Moratorium für Kleinwasserkraftwerke in montenegrinischen Flüssen, die unter Nichtbeachtung von Natur und Tierwelt installiert werden. Auch das Klima spielt auf einmal eine Rolle. Ob man die Klimaveränderungen bereits spürt, frage ich Zenepa. »Ja, es wird wärmer. Heute können wir bis Ende Oktober baden, früher war die Sommersaison mit den letzten Augusttagen zu Ende. Wir haben zwar kaum Industrieanlagen, aber immer mehr Autos, neue Autobahnen, gigantische Hotelanlagen. Seit 20 Jahren heißt es hier nur: ›Bauen, bauen, bauen‹.« Dazu kommen Mülldeponien im Freien, Abholzung und Rodung in Berg und Tal. »Unsere große Sorge gilt der Verschandelung der Umwelt – und das, was dafür verantwortlich ist, beschleunigt auch die Klimaänderung.«

Als Leiterin der Dr. Martin Schneider-Jacoby-Gesellschaft hat Zenepa Lika auch nach Rettung der Saline noch viel zu tun. Eines der aktuellen Projekte ist die Rettung der Olivenhaine in der Bucht von Valdanos, in unmittelbarer Nähe von Ulcinj. 80 000 Bäume, manche von ihnen bis zu 2000 Jahren alt, sind hier bedroht, wo bald Wochenendhäuschen und Bungalows eines »Eco-Resorts« gebaut werden sollen. »Die Siedlung suggeriert, dass die Bungalow-Anlagen in einem ökologischen System entstehen, dabei werden uralte Olivenbäume, die in Terrassen angebaut sind, umgepflanzt oder gar einfach entsorgt. So wird ein magischer Ort verändert und eingezäunt, so sterben nicht nur Bäume, eine uralte Tradition stirbt mit. Wir kämpfen dagegen.« Und was noch? »Ach, ich freue mich so sehr, dass mich immer mehr junge Menschen ansprechen und mitmachen wollen. Es ist schön zu sehen, dass eine großartige Generation hier aufwächst, die eines Tages sozialverantwortlich handeln wird. Und dass ich zur Veränderung ihres Bewusstseins beigetragen habe – das freut mich auch.«

Sieben Jahre lang lebt Zenepa nun schon in Ulcinj. Ihre deutschen Freundinnen und Freunde fehlen ihr, ihre Arbeit aber treibt sie an. Über sich sagt sie: »Ich bin weder verheiratet, noch habe ich Kinder, das betrübt mich nicht, mein Leben ist ausgefüllt auch ohne Mann und Kind. Ich bin von einer überwältigend schönen Natur und von überwältigend guten Menschen umgeben – ich liebe das, was ich tue, was will ich mehr?«

Vielleicht ist es kein Zufall, dass Zenepa die Liebe zur Natur so ausfüllt. Ihr Name, der »Senepa« ausgesprochen wird, weist darauf hin. Auf Arabisch bedeutet Zenepa »der Baum, der schön duftet«.

## Jean Rossiaud aus Genf, Schweiz
## DER GELDDRUCKER

*Von Marc Engelhardt*

Der Genfer Finanzplatz ist mehr als ein abstrakter Begriff, er ist ein Ort. Wenn man vom Ufer des Genfer Sees mit seinen Villen aus der Belle Époque in die Innenstadt läuft, ist es unmöglich, die prächtigen Fassaden aus Glas und Stahl zu übersehen, in denen die Institute und Privatbanken residieren. Mehr als einhundert Banken haben ihren Sitz in Genf, Dutzende Filialen der Schweizer Kundenbanken sind da noch gar nicht mitgezählt. Die Bilanzen waren zwar schon mal besser, doch noch immer sind Tausende Bankiers in der Stadt mit nichts anderem beschäftigt als damit, das Geld ihrer Klienten zu vermehren. Exklusive Privatbanken wie Pictet, Lombard Odier oder Rahn et Bodmer sind seit zwei oder drei Jahrhunderten im Geschäft und empfangen in ihren Residenzen Kunden aus der ganzen Welt, die dort ihr Vermögen parken wollen. Jean Rossiaud dagegen haust mit seiner Bank im leicht heruntergekommenen Univiertel und dort im Erdgeschoss eines grauen Siebzigerjahre-Baus aus Beton und Aluminium. Der Konferenztisch im einzigen Büroraum ist zugleich der Schalter, seine grüne, angeschlagene Geldkassette die Kasse. Trotzdem – oder vielleicht gerade deshalb – hat Rossiaud nicht nur den etablierten Banken, sondern auch der Schweizer Nationalbank, der EZB und sogar den verheißungsvollen Kryptowährungen wie dem Bitcoin den Kampf angesagt. Um das Klima und die lokale Wirtschaft zu stärken, druckt Rossiaud sein Geld selbst Und das vollkommen legal.

»Wie viel Geld möchten Sie?«, fragt mich der weißhaarige, tief gebräunte Mann. Ich reiche ihm einen grünen 50-Franken-Schein, den er gegen rote, blaue, grüne und lila Scheine umtauscht: Den Léman – so heißt Rossiauds Währung nach dem französischen Namen für den Genfer See, Lac Léman – gibt es gestückelt zu einem, fünf, 10, 20 und Pi, also 3,14 Lémans. Der Wechselkurs zum Franken beträgt 1:1. »Es gibt Cafés, in denen bekommen Sie einen Kaffee für Pi Léman«, lächelt er. Vermutlich sind dort viele Physiker unterwegs, denke ich mir: Bei ihnen hat die Kreiszahl fast schon Kultstatus. Davon abgesehen sehen die Lémans aus wie echte Geldscheine. Sie bestehen aus Spezialpapier, haben einen QR-Code und ein Hologramm. Und tatsächlich sind die Lémans ja auch echtes Geld, wie mich Rossiaud erinnert, während ich mein Portemonnaie mit den ungewohnten Scheinen fülle. »Der Léman ist eine Währung, die den Franken oder den Euro ergänzt, nicht ersetzt: Dieses Regionalgeld ist nicht für die globale, sondern für die lokale Wirtschaft gemacht.« In Genf, dem Nachbarkanton Waadt und im grenznahen Frankreich gibt es 450 Geschäfte und Firmen, in denen man den Einkauf oder die Dienstleistung mit dem Léman bezahlen kann. »Jeder Léman bleibt vor Ort am Genfer See, in kleinen Unternehmen und ihren kurzen, regionalen Wertstoffketten.« Genau deshalb hat der Soziologe Rossiaud den Léman erfunden: Er soll die lokale Realwirtschaft stärken und nicht internationale Finanzinvestoren, die ihr Geld ein paar Straßen weiter bei den Privatbanken vermehren. »Sie können mit dem Léman nicht spekulieren: Sein Wert ist fest an den Franken gekoppelt, der Gegenwert liegt auf einem Konto bei der Alternativen Bank Schweiz, die ebenfalls nicht mit unserem Geld spekuliert, sondern ökologische und soziale Projekte unterstützt.«

Wenn es um das Klima geht, ist Geld ein häufig unterschätzter Faktor. Nach Berechnungen des Rainforest Action Networks von 2021 haben die 60 größten Banken der Welt in den fünf Jahren seit 2015, als das Klimaschutzabkommen von Paris verabschiedet wurde, mehr als 3,1 Billionen Euro in fossile Energieträger investiert – mehr als in der Zeit davor. Und das, obwohl der Weltklimarat eine Halbierung des Verbrauchs fossiler Brennstoffe bis 2030 zur Voraussetzung macht, die Ziele des Pariser Klimaschutzabkommens zu erreichen. Es spielt also eine große Rolle, auf welches Konto man sein Geld einzahlt.

Doch selbst wenn die eigene Bank klimaschädliche Investitionen ausschließt, bleiben noch die Probleme, die Geld- und Wirtschaftssystem an sich für das Klima darstellen: Denn beide basieren auf ständigem Wachstum. Als Marge für eine gesunde Weltwirtschaft galt lange Zeit ein jährliches Plus von mindestens drei Prozent, was auf 20 Jahre hochgerechnet eine Verdopplung der Wirtschaft bedeutet. Dass aber das Wachstum ebenso wie der Planet begrenzt ist, stellte der Club of Rome schon 1972 fest. Ökonomen wie der Nobelpreisträger Joseph Stiglitz fordern als Konsequenz schon lange neue Messmethoden jenseits des Bruttosozialprodukts, die wirtschaftlichen Fortschritt nicht mit Wachstum gleichsetzen. Ohne Erfolg. Eines der größten

Probleme für das Klima sind die Schulden, auf deren Basis der Großteil des Wachstums generiert wird. Das Abzahlen von Schulden ist nämlich einer der Hauptgründe dafür, dass die Wirtschaft wachsen muss – schließlich müssen Schuldner ihr geliehenes Geld mit Zins und Zinseszins zurückzahlen. Tatsächlich sind Schulden sogar die Basis der Geldwirtschaft, wie wir sie kennen. Ein Kredit, der bei einer Bank aufgenommen wird, stammt im Regelfall nur zu einem kleinen Teil aus Geld, das in irgendwelchen Tresoren liegt. Der Großteil des Kredits ist Geld, das von den Banken durch die Erteilung des Kredits erst geschaffen wird, quasi aus dem Nichts, als Schulden in der Bilanz. Jeder Euro, den wir in der Hand halten, ist so mit einem Wachstumsversprechen verbunden, um die damit gekoppelten Zinsen irgendeines Gläubigers zurückzuzahlen. Es klingt kompliziert, doch die Konsequenz für das Klima ist sehr konkret: Geld, wie wir es überwiegend kennen, heizt den Planeten auf, weil immer mehr verbraucht, immer mehr produziert, immer mehr Wachstum erzeugt werden muss, um den Geldkreislauf in Gang zu halten.

Interessanterweise sahen das schon Wirtschaftswissenschaftler so, die in den 1930er-Jahren Konsequenzen aus der großen Wirtschaftsdepression ziehen sollten. Ihr Chicago-Plan, den Ökonomen des Internationalen Währungsfonds 2012 nach der Finanzkrise wieder hervorholten, sah vor, dass Banken jeden einzelnen verliehenen Euro mit Guthaben absichern müssten. Die Geldmenge würde ausschließlich vom Staat festgelegt. Der Plan wurde beide Male im Großen verworfen, doch im Kleinen funktionieren der Léman und andere Regionalwährungen nach dem gleichen Prinzip, wie Jean Rossiaud bekräftigt. Schließlich liegt für jeden Léman ein Franken auf der Bank, und nicht nur das. »Der Léman basiert auf einem System, das wir wechselseitigen Kredit nennen: Geld wird auf Vertrauensbasis verliehen, ohne dass Zinsen fällig werden.« In der Coronapandemie, in der gerade kleine, lokale Unternehmen kurzfristig in Geldnot gerieten, hat das Rossiaud zufolge vielen geholfen. »Wenn du am Ende des Monats in den roten Zahlen bist, dann nimmst du dieses Minus mit in den nächsten Monat, wo es hoffentlich wieder ausgeglichen wird – das funktioniert, solange es sich um ein Problem des Cashflows handelt und kein Bankrott oder so etwas droht.« Die Summe der Lémans, die verfügbar sind, bleibt auch dann gleich, wenn einzelne der 450 Händler mit ihrem Léman-Guthaben im Minus sind – andere sind dann im Plus. Und die müssen das Geld wieder ausgeben. Weil es keine Zinsen gibt, die andere mit ihren Schulden bezahlen müssten, lässt sich der Léman nicht gewinnbringend anlegen – er ist ein reines Zahlungsmittel. So bleibt das Geld in Bewegung und in der Realwirtschaft und fließt damit auch dorthin, wo vorübergehend ein Minus war. Das Beispiel zeigt allerdings auch die Grenzen der regionalen Währung vom Genfer See: Das Regionalgeld funktioniert überall dort gut, wo lokale Güter, etwa Agrarprodukte, von denen verkauft werden, die wiederum lokal Wein für den Hofladen oder beispielsweise Dienstleistungen von Handwerkern in Anspruch nehmen. Je abstrakter und je globalisierter die Herkunft eines Produkts ist, desto weniger kann es mit dem Léman bezahlt werden.

Ich mache den Praxistest: Von Rossiauds Büro aus radle ich zu einem nahen Fahrradhändler. Seit Wochen ist eine meiner Bremsen kaputt, ich will sie nun endlich reparieren lassen – und mit Lémans bezahlen. Die Werkstatt ist mit Rädern, Ersatzteilen und zwei Werkbänken vollgestellt, ich bekomme mein Rad kaum noch durch die Tür. Das Geschäft läuft gut. Überraschend schnell stellt der Händler nicht nur fest, wie er die Bremse in Ordnung bringen kann – er findet in dem scheinbaren Chaos sogar die nötigen Ersatzteile. »Ich mache Ihnen das bis morgen fertig«, sagt er und wendet sich schon einem anderen Rad zu. »Was soll es denn kosten?«, will ich wissen. »Na ja«, mit der Bremsleitung und der Arbeitszeit – so um die 30 bis 35 Franken.« Für Genf ist das ein Schnäppchen. Aber ich will natürlich wissen: »Kann ich das auch mit Lémans bezahlen?« Und da zögert der Fahrradmonteur merklich und wiegt den Kopf hin und her. »Klar, eigentlich geht das – haben Sie denn so viele Lémans?« Ich zeige ihm mein bunt gefülltes Portemonnaie. Doch er zögert immer noch. »Wissen Sie, für uns funktioniert der Kreislauf leider nicht immer – wenn ich einen Lieferanten anrufe und ein Ersatzteil bestelle, dann muss ich das in Franken bezahlen, da nützen mir die Lémans nichts.« Schließlich kommen die Ersatzteile aus anderen Regionen, aus der Deutschschweiz oder gar dem Ausland.

Zwar kann ich meine Lémans zum Schluss trotzdem loswerden, aber tatsächlich scheint zu stimmen, was Jean Rossiaud mir noch einmal bestätigt: Eine Regionalwährung funktioniert besonders gut bei denen, deren Lieferketten in der Region verankert sind. Für die allerdings gebe es einen Vorteil, den nur der Léman biete: »Man kann den Léman entlang des ganzen Genfer Sees ausgeben, in Frankreich wie in der Schweiz.« Für eine vernetzte Region, wo der Geldwechsel samt Währungsverlusten noch zum

Alltag gehört, ist das ein starkes Argument. Und ein politisches dazu. Da die Schweiz in absehbarer Zeit weder der EU noch der Währungsunion beitreten wird, ist der Léman nicht nur praktisch, sondern auch ein Symbol für die wirtschaftliche Grenzenlosigkeit am Genfer See. Selbst wenn der unterschiedliche Wechselkurs von Euro und Franken bedeutet, dass Rossiaud mit den französischen Händlern einen Wechselkurs von Léman zu Euro festlegen muss, der nicht 1:1 dem zum Franken entspricht.

Dass der Léman in der lokalen und regionalen Wirtschaft verbleibt, ist ein Vorteil, der der Stadt Genf bares Geld wert ist. Als Genf in der Coronapandemie Gutscheine, die sogenannten »Bons solidaires«, ausgab, die nur in Genfer Geschäften eingelöst werden konnten, da entschied sich die Verwaltung, in Lémans einen höheren Betrag als in Franken auszuzahlen. »Für uns war das ein echter Boost«, sagt Rossiaud. Schließlich gibt es den Léman erst seit 2019, und mit jedem Genfer, der künftig auch Lémans im Portemonnaie trägt, wächst die Klientel, die ganz bewusst die lokale Wirtschaft mit ihren kurzen Wegen, gesetzlich garantierten Arbeitsbedingungen und kantonalen Umweltauflagen fördern will. Wer als Händlerin oder Gewerbetreibender dem Léman beitreten will, muss zudem eine Charta unterschreiben, die eine soziale, umwelt- und klimafreundliche Arbeitsweise garantiert. So soll der Léman nicht nur indirekt, sondern auch direkt dem Klima nutzen.

Und natürlich gibt es den Léman nicht nur auf bunten Scheinen, so schön sie auch sind. Es gibt ihn auch digital, als lokale Kryptowährung. »Wir haben unsere eigene, semiprivate Blockchain, die nur Mitgliedern zugänglich ist und auf der die Transaktionen verzeichnet werden.« Beim Aufbau der Blockchain auf Grundlage der Ethereum-Technologie haben einige Genfer Banker mitgeholfen, die sich im Geschäft mit Kryptowährungen gut auskennen und den Léman unterstützen wollen. »Der fundamentale Unterschied zum Bitcoin ist der, dass auch der digitale Léman nicht spekulativ ist – seine Menge ist, anders als die des Bitcoins, nicht verknappt, und der Wechselkurs bleibt immer gleich, da ließe sich besser mit dem Franken spekulieren.« Auch das »Schürfen« von Lémans ist nicht möglich: Wer einen Léman haben will, muss in Franken oder Euro dafür bezahlen. »In unserer Blockchain muss zwar auch jede Transaktion kryptografisch legitimiert werden, aber weil sich damit kein Gewinn erzielen lässt, läuft das sogar schneller ab als beim Bitcoin – im Schnitt braucht eine Transaktion mit dem digitalen Léman 14 Sekunden, bis sie abgewickelt ist.«

Kryptowährungen sind vielleicht noch etwas komplizierter als Geld an sich. Letztlich bezahlt ein Käufer den Verkäufer mit elektronischem Geld, dessen Existenz er mit einem kryptografischen Schlüssel nachweist. In einer dezentralen Datenbank, der Blockchain, werden alle Transaktionen aufgezeichnet. Ebenso dezentral werden die komplizierten Rechenoperationen ausgeführt, die zur Legitimation der Zahlungsvorgänge benötigt werden. Und die sind so kompliziert, dass sie sehr viel Rechnerleistung brauchen. Die Energie, die dafür benötigt wird, lässt sich berechnen: Der niederländische »Digiconomist« Alex de Vries etwa veranschlagt, dass jede einzelne Bitcoin-Transaktion 313 Kilogramm $CO_2$ erzeugt, mehr als ein Einpersonenhaushalt im Monat – pro Jahr ist der Bitcoin damit für 37 Millionen Tonnen $CO_2$ verantwortlich. Die Universität Hawaii kommt mit ihrer Berechnung sogar auf 69 Millionen Tonnen $CO_2$ pro Jahr, die alleine durch den Bitcoin verursacht werden. Welche Zahl stimmt, hängt vor allem davon ab, wie der Strom erzeugt wird, den die Bitcoin-Rechnereien verpulvern. Dessen Menge ist bekannt. Die Universität von Cambridge hat eigens einen Rechner online gestellt, der den Stromverbrauch des Bitcoins tagesaktuell berechnet: Anfang Mai 2021 kam dieser auf 143 Terawattstunden im Jahr, das entspricht dem doppelten Stromverbrauch von ganz Österreich. Darin eingerechnet sind allerdings nicht nur die Transaktionen, sondern auch das sogenannte Mining von Bitcoins, das nach einem ähnlichen Prinzip wie die Transaktionen geschieht. Durch das Lösen immer komplizierterer Rechenoperationen – denn die Menge an Bitcoins ist begrenzt, entsprechend wird es irgendwann keine neuen Bitcoins mehr geben – können diejenigen, die sich daran beteiligen, Bitcoins im Austausch für ihre Rechnerleistung »schürfen«. Eines der Hauptprobleme für das Klima ist dabei, dass sich bisher gut die Hälfte des Minings in China und dort wiederum auch in Regionen abspielte, in denen Kohlekraftwerke besonders billigen Strom produzieren (allerdings auch in Sichuan, das besonders viel subventionierte Wasserkraft bereitstellt). Auch in Russland, Kanada und dem Iran wird kräftig geschürft: Dort sind fossile Energien besonders günstig. Der Stromverbrauch ist derart gigantisch, dass Irans Regierung nach eigenen Angaben 1600 Kryptofarmen – spezielle Rechnerparks zum Bitcoin-Schürfen – schließen ließ, die sie für großflächige Stromausfälle in den Städten des Landes verantwortlich machte. Doch der benötigte Strom und die Art seiner Gewinnung ist nicht das einzige Problem. Weil die Hochleistungsrechner, die für die Rechenoperationen benötigt werden, ständig erneuert werden müssen, um im Kampf der Kapazitäten noch mithalten zu können, erzeugt der Bitcoin auch massenhaft Elektroschrott. Mit einer Bitcoin-Transaktion, so berechnete Alex de Vries 2018, wechseln mindestens 135 Gramm Elektroschrott die virtuelle Hand.

Das größte Problem des Bitcoins aber, da ist sich Jean Rossiaud sicher, besteht darin, dass er mit der realen Wirtschaft vor Ort mindestens so wenig zu tun hat wie die Euros oder Franken, die Banken auf Grundlage von Schulden schaffen. »Mit dem Léman wollen wir gerade verhindern, dass Spekulationsblasen entstehen – wir schaffen eine Solidargemeinschaft, die sich im Krisenfall gegenseitig stützt. Unser Geld gehört den Bürgern, alle Mitglieder unseres Unterstützervereins können mitreden, wie der Rahmen dafür gestaltet wird.« Etwa in Form der Charta, die die Unternehmen unterzeichnen müssen. Der Léman bleibe zudem bis zum letzten Schein in der Region. Und trotzdem, räumt Rossiaud ein, sei es nicht leicht, Unternehmerinnen oder Handwerker vom Léman zu überzeugen. »Das ist ein ungewohntes Konzept, und es ist nicht leicht zu erklären.« Zwar gibt es Regionalwährungen wie den Léman schon lange – der Wörgl, eines der berühmtesten Beispiele, wurde 1932 im gleichnamigen österreichischen Dorf eingeführt. Doch Geld und Währungen infrage zu stellen, gerade in der Schweiz, wo der Franken fast so heilig ist wie die Mark es einst in Deutschland war – das ist den meisten Menschen zu viel des Guten, auch wenn sie die Ziele des Léman eigentlich teilen würden. Vielleicht hilft Rossiaud, dass so viel über den Bitcoin diskutiert wird, der wie der Léman scheinbare Gewissheiten in Sachen Geld infrage stellt. Wenn Tesla-Gründer Elon Musk dem Kryptogeld dann wegen der schlechten Klimabilanz zumindest vorübergehend abschwört, ist das für manche womöglich ein Anlass, über die Klimaauswirkungen der klassischen Geldwirtschaft an sich nachzudenken. Selbst die Coronapandemie sieht Rossiaud nicht nur als Risiko, sondern auch als Chance für Unternehmerinnen und Unternehmer: »Gerade in schweren Zeiten erkennen viele vielleicht auch den Vorteil einer Solidargemeinschaft, die nicht an Dispokrediten verdient, sondern vor allem das Überleben der lokalen Wirtschaft sichern will, bis die Kunden wieder zurückkommen können.«

Und auch Konsumenten wie mir eröffnet der Léman die Chance, das Bezahlen mit neuem Geld auszuprobieren – ganz ohne Spekulationsrisiko. Ein Wochenende nach meinem Gespräch mit Jean Rossiaud besuche ich das biologisch bewirtschaftete Weingut, auf dem ich regelmäßig Rotwein kaufe. Gerade, als ich bezahlen will, sehe ich den Aufkleber an der Tür. »Wir akzeptieren Lémans«, steht darauf. Ich zücke meine bunten Scheine und ernte ein freundliches Nicken. Ich lächle zufrieden. Einen Tesla könnte ich mir ohnehin nicht leisten, egal ob in Franken oder Bitcoin, denke ich mir. Meinen Wein hingegen mit klimafreundlichen Lémans zu zahlen, ist einfach. Und fühlt sich unbezahlbar gut an.

# Seu Fiado aus Taboquinhas, Brasilien
# DER BEKEHRTE

*Von Christine Wollowski*

Pedro Santos, den alle Seu Fiado nennen, hat ein Verbrechen auf dem Gewissen. Ohne zu beschönigen, erzählt der 55-Jährige davon: Er hat seine Heimat zerstört. Längst bereut er, was er vor mehr als einem Jahrzehnt getan hat. Aber wiedergutmachen wird er es in seinem ganzen Leben nicht können, befürchtet der Landwirt.

In Seu Fiados Heimatstadt Taboquinhas war es immer schon heiß. Feucht und heiß, um genau zu sein. Der Ort liegt mitten im großen Kakaoanbaugebiet im Nordosten Brasiliens, im Bundesstaat Bahia. Er drängt sich an das steile Ufer des Rio de Contas, der 30 Kilometer weiter in den Pazifik mündet. Eingeschossige schmale Häuser, die Fassaden in leuchtenden Farben gestrichen, stehen dicht an dicht. Staubige Pkw, Pick-ups und Mopeds rattern hupend über die buckligen Straßen, für die Esel womöglich auch im 21. Jahrhundert noch besser geeignet wären. Theoretisch leben in Taboquinhas rund 6000 Menschen. Die meisten von ihnen sind allerdings nur gelegentlich in der Stadt. Den Hauptteil ihres Lebens verbringen sie auf den Pflanzungen, roça genannt – auf eigenen oder denen eines Gutsherren. Diese Bauern, fast allesamt Nachkommen von Sklaven, träumen von einer eigenen Kakaoplantage. Sie eifern dem Vorbild der weißen Großgrundbesitzer nach, die mit Hunderten Hektar großen Pflanzungen einst Reichtümer ansammelten, bevor eine Pilzplage und der Verfall der Kakaopreise Ende der 1980er-Jahre viele erst in die Pleite und dann aus der Stadt trieben. Nur die Kleinbauern wie Seu Fiado sind geblieben, und mit ihnen ihre Träume. Ihre Realität ist wenig traumhaft. Sie bauen – auf wenigen Hektar und an steilen Hängen – vor allem Maniok an, den sie zu grobem Mehl verarbeiten, das gleichzeitig als Nahrungsgrundlage und Handelsware dient.

Dass hier besonders viele Menschen finanziell schwach und unterprivilegiert sind, erklärt sich aus der Geschichte. Nach Bahia, das als der schwärzeste Bundesstaat Brasiliens gilt, wurden besonders viele in Afrika versklavte Menschen gebracht. Die Bevölkerung von Taboquinhas besteht fast ausschließlich aus ihren Nachkommen. Den schwer zugänglichen Küstenregenwald sollen einst zahlreiche Fluchtpfade durchzogen haben: Die entlaufenen Sklaven konnten sich hier halbwegs sicher fühlen, ließen sich in der Nähe des Flusses nieder, rodeten ein Stück Wald und ernährten sich von Fischen, Maniok und Bananen.

Das ist die Welt von Seu Fiado. Er wuchs als sechster Sohn mit 14 Geschwistern in einer Kleinbauernfamilie auf. Mit 15 konnte er weder lesen noch schreiben, aber er wusste genau, wie er mit der Machete die Rinde rund um den Stamm eines Baumes abschälen musste, um auch Baumriesen absterben zu lassen. Durch diese Methode vertrocknen alle Äste und fallen ab, sodass der Baum anschließend gefahrlos gefällt werden kann. Er konnte abgeerntete Felder abbrennen, ohne dass das Feuer auf die umliegenden Ländеreien übergriff. Er wusste exakt, wie ein Maniokstrunk in die Erde gesteckt werden musste, damit daraus eine neue Pflanze spross. Die Asche diente als Dünger, nur gelegentlich kaufte sein Vater einen Sack Kunstdünger dazu, wenn die Erde allzu ausgelaugt war. Jedes Jahr rodeten sie mehr Wald und brannten das Unterholz nieder, um noch mehr Felder zu schaffen. So betrieb Seu Fiados Vater Landwirtschaft, so machten es die Nachbarn, Onkel, Tanten, Geschwister und Cousins. So machte auch er selbst es, als er sich 2006 ein eigenes kleines Stück Land kaufen konnte. Niemand stellte die Methode infrage.

»Als wir hier ankamen, waren alle Hügel bewaldet«, erzählt Seu Fiado. »Wir haben sie Stück für Stück abgeholzt und kahl gebrannt. Sind losgezogen und haben alles niedergesägt, mehr als hundertjährige Bäume umgelegt.« Auch er träumte von der eigenen Plantage, einem kleinen Abglanz der Welt der Kakaobarone von einst. Der drahtige Mann mit dem akkurat gestutzten Schnurrbart rückt seine Schirmmütze zurecht und schweigt verlegen. Heute sieht er die Folgen. Je mehr Seu Fiado und seine Nachbarn abholzten, desto unbarmherziger brannte die Sonne auf die nackte Erde. Der Bach im Tal wurde im Sommer zum Rinnsal, manchmal trocknete er ganz aus. Außerdem schienen die Sommer länger zu werden, die Regenzeit hingegen kürzer und unvorhersehbar. »Früher hat es im März gleich nach Karneval angefangen zu regnen, im April war fast schon Winter, darauf konnte man sich verlassen – dann war Pflanzzeit«, erinnert sich der Kleinbauer. »Heute weiß man nicht einmal im Juli mit Sicherheit, ob es regnen wird!« Ohne den Begriff zu kennen, beschreibt Seu Fiado damit die Folgen der Klimakrise in seinem Umfeld.

Lesen und schreiben kann Seu Fiado bis heute nicht. Weiter als bis in die 30 Kilometer entfernte Kreisstadt Itacaré ist er nie gereist. Während Taboquinhas mit der Krise des Kakaos in die Bedeutungslosigkeit zurückfiel, wuchs in Itacaré der Tourismus – jedes Jahr kommen ein paar Zehntausend Besucher mehr. Vor allem Wellenreiter aus aller Welt reisen in das Städtchen mit seinen vielen Stränden. In Itacaré wird es nie kälter als 20, kaum heißer als 30 Grad, wobei es wegen der hohen Luftfeuchtigkeit von weit über 80 Prozent meist deutlich heißer wirkt. Warm ist auch der Atlantik, im Durchschnitt hat er 27 Grad. Für Surfer sind das Idealbedingungen.

Für das Klima ist die Lage weniger ideal. Da ist die Abholzung: Im gesamten Bundesstaat Bahia wurden zwischen 2018 und 2019 laut Berechnungen der Umweltorganisation »SOS Mata Atlantica« mehr als 3500 Hektar Küstenregenwald abgeholzt. Geht man davon aus, dass die Abholzung von einem Hektar Regenwald rund 400 Tonnen $CO_2$ freisetzt, ergibt das einen Ausstoß von 1,4 Millionen Tonnen allein in diesem Zeitraum. Der zweite Klimakiller der Region ist der Tourismus: Laut Welttourismusorganisation UNWTO ist jeder Urlauber im Schnitt für drei Tonnen $CO_2$ verantwortlich, bei mehr als 300 000 Besuchern pro Jahr in Itacaré ergibt das eine Million Tonnen. Beides zusammen sollte Seu Fiados Leben von Grund auf verändern. Das geschah vor gut zehn Jahren.

Tatsächlich brachte die roça viel zu wenig ein, um seinem Traum zu gleichen. Die Realität sah so aus, dass das Geld oft nicht reichte, um zum selbst gemahlenen Maniokmehl auch noch gekauftes Fleisch auf den Tisch zu bringen. Zum Überleben der Familie musste er sich regelmäßig bei den Großbauern der Umgegend als Tagelöhner verdingen. Als er von einem Nachbarn hörte, dass ein paar Männer aus der Stadt von Neuigkeiten aus der Landwirtschaft berichten wollten, ging er hin. Er war neugierig. »Wenn es Neues für die roça zu lernen gibt, muss man doch auf jeden Fall ausprobieren, ob das funktioniert, stimmt's?«, fragt Seu Fiado heute und lächelt verschmitzt.

An jenem Abend hörte der Bauer genau zu, was die beiden Männer erzählten. Von Treibhausgasen sprachen sie, die machten, dass es immer heißer werde. Davon, dass mehr dieser Gase freigesetzt würden, je mehr Bäume gefällt würden. Und dass es eine andere Art der Landwirtschaft gebe, bei der es nicht notwendig sei, immer mehr Wald abzuholzen. Agrarökologie nannten sie das. Den Begriff merkte sich Seu Fiado nicht, aber er merkte sich, dass es sich lohnen sollte, keine Klimagase mehr freizusetzen: Eine monatliche Zahlung sollten diejenigen erhalten, die sich auf diese neue Art der Landwirtschaft einlassen wollten. »Zahlung für Umweltdienstleistungen«, kurz PSA, hieß das, und dafür aufkommen sollten die Urlauber und Tourismusunternehmen in Itacaré. Die Urlauber und Hoteliers bezahlten, um den von ihnen verursachten $CO_2$-Ausstoß auszugleichen. Seu Fiado war schnell bereit, auf kohlenstoffneutralen Anbau umzustellen. »Ich hatte schon eine Weile so eine Ahnung, dass diese Methode, alles niederzubrennen, nicht gut war«, erinnert er sich. »Wenn ich schließlich den Maniok geerntet und alle Pflanzen ausgerissen hatte, blieb nur noch Steppe.«

Heute ist das anders. An einem sonnigen Dezembertag, mitten im Tropensommer, schreitet Seu Fiado stolz in Flipflops hügelan: Salvador Ribeiro, einer der Männer, die damals die Treffen organisiert haben, ist zu Besuch gekommen. Er möchte sehen, wie es dem Landwirt und seinen Pflanzungen geht. Seu Fiado deutet mit weiter Geste zum Nachbarhügel, wo sein Schwager weiterhin Maniok in Monokultur anbaut: staubige Pflanzen auf steinhart eingetrockneter Erde, darüber glüht die Sonne. So sah es auch bei ihm selbst einmal aus. »Früher habe ich geschwitzt wie verrückt, wenn ich aufs Feld gegangen bin!«, lacht Seu Fiado zufrieden: »Heute ist das anders!« Mit Unterstützung der »Guardiões do Clima« (zu Deutsch etwa »Die Klimawärter«), zu denen Ribeiro gehört, hat Seu Fiado vor zehn Jahren die Maniokplantage umgegraben und aufgeforstet, gut ein Hektar Land, auf dem jetzt ganz natürlich $CO_2$ in Sauerstoff umgewandelt wird. Im Schatten von stattlichen Bäumen klettert der Bauer den Hang hinauf. Die Brotfruchtbäume tragen bereits Früchte, die schlanken Acaí-Palmen ebenfalls. Der schmale Salvador Ribeiro folgt ihm, und die beiden begrüßen jeden einzelnen Baum wie einen alten Bekannten. Seu Fiado zeigt, wo er Seitentriebe beschnitten hat, Ribeiro gibt Ratschläge, wo Bäume zu dicht stehen und ausgedünnt werden könnten. Die anfangs als Schattenspender dazwischen gesetzten Bananenstauden etwa verkümmern ein wenig, weil sie unter den Baumkronen nicht mehr viel Sonne bekommen. Die Bäume zur Gründüngung, einst zahlreich gepflanzt, weil sie regelmäßig beschnitten werden können und so mit ihren Blättern den Boden düngen, könnten allmählich durch Obstbäume ersetzt werden. Seu Fiado nickt zustimmend, spießt stolz seine Machete tief in den dicht mit Blättern bedeckten Waldboden, und zeigt seinem Besucher, dass in den unteren Schichten aus Humus Regenwürmer leben. »Das war alles kahle Erde«, erinnert er sich. »Jetzt ist hier wieder Leben drin!«

Seit Seu Fiado ein Klimawärter ist, bekommt er jeden Monat 300 Reais aus dem Ausgleichsfonds der »Guardiões do Clima«, den der Tourismus finanziert. Umgerechnet sind das etwa 50 Euro, etwa ein Drittel des gesetzlich festgelegten Mindestlohns. Es reicht für einen Großeinkauf in der Stadt. Im Gegenzug hat Seu Fiado sich verpflichtet, auf seinem Land kein Holz mehr zu schlagen und dort aufzuforsten, wo bereits Kahlflächen entstanden waren. Er jagt keine Wildtiere, achtet auf den regelmäßigen Schulbesuch seiner Kinder und nimmt einmal wöchentlich an gemeinschaftlichen Arbeitseinsätzen teil, die mutirão genannt werden. Dann treffen sich die Klimawärter der Gegend auf einer ihrer roças und arbeiten zusammen, gelegentlich kommt Salvador Ribeiro auch dazu. »Sonst sind wir meist nur zu dritt, aber trotzdem geht beim mutirão die Arbeit viel schneller als allein«, erklärt Fiado. Zum Beweis führt er uns zu einer Eukalyptusschonung mitten im Wald. Sie ist das Ergebnis eines mutirão vor 11 Jahren und soll das Holz ersetzen, das die Bauern früher aus dem Wald genommen haben. Einige der schnurgeraden Stämme liegen am Boden, Sägespäne duften würzig. »Aus den Stämmen habe ich schon eine Trockenanlage für meine Kakaobohnen gebaut, einen Dachstuhl für unser neues Haus und zuletzt Tischbeine und Stützen für die Terrasse.« Salvador Ribeiro lacht zufrieden und kommentiert: »Jetzt musst du kein Edelholz mehr aus dem Wald holen!« Zum Ausruhen lehnt Seu Fiado sich an einen der Eukalyptusstämme und legt vertraut den Arm um ihn. »Hier wäre heute eine Wüste, wenn ich damals nicht mein Leben geändert hätte«, sagt er nachdenklich und blickt liebevoll auf die Bäume, die ihn umgeben.

Klimawärter wie Seu Fiado kämpfen gleichzeitig gegen die Klimakrise und die ländliche Armut. Das Programm, das sie finanziert, richtet sich vor allem an traditionelle Kleinbauernhaushalte, deren Mitglieder oft nicht in der Schule waren und von weniger als drei US-Dollar pro Person und Tag leben müssen. Von touristischen Aktivitäten sowie von lukrativen Absatzmärkten ausgeschlossen, sehen viele von ihnen kaum einen anderen Ausweg als den illegalen Holzhandel, die Jagd auf Wildtiere und die Rodung des Regenwaldes. Auf einen grünen Zweig kommen sie so wahrhaftig nicht. Vielmehr geraten sie in einen Strudel, in dem Armut und Umweltzerstörung sich gegenseitig verstärken.

Anfangs mag die monatliche Zahlung für Seu Fiado das wichtigste Argument für den Anschluss an die Klimawärter gewesen sein. Heute, so sagt er, sei er ein anderer Mensch geworden. Die Pflanzen seien so etwas wie seine Zöglinge. Er könne sich nicht mehr vorstellen, etwas anderes als Baumschnitt und ein bisschen Kalk zur Düngung zu verwenden. »Inzwischen weiß ich, dass Kunstdünger unter anderem aus Erdöl hergestellt wird. Und die weiten Wege, die er in Lkw transportiert wird, sind auch nicht gerade gut fürs Klima.«

Dieses Umdenken einzelner Menschen, erklärt Salvador Ribeiro, mache einen wichtigen Unterschied der »Guardiões do Clima« zu anderen Kompensationsprogammen aus. Sind in umstrittenen Projekten zuweilen Großunternehmen damit beschäftigt, in Monokultur Bäume zu pflanzen, um dadurch das Gewissen von Tourismuskonzernen zu erleichtern, schaffen die »Guardiões do Clima« eine direkte

Verbindung zwischen Reisenden und Kleinunternehmen einerseits und den Kleinbauern andererseits. Diese werden von Umweltschädigern zu Umweltschützern und damit zum Vorbild für andere.

Seu Fiado setzt seinen Rundgang hügelaufwärts fort. Ein paar Meter weiter beginnt ein undurchdringlicher Wald. Der war bereits da, als Seu Fiado 2006 das Land billig kaufte. »Damals hatte ich den Plan, alles plattzumachen. Ich dachte, die Bäume hier, das bringt doch nichts«, erinnert er sich und schüttelt sich bei dem Gedanken. »Jetzt wird das nie wieder abgeholzt! Von mir nicht, und von meinen Söhnen auch nicht!« Sorgsam biegt er Zweige zur Seite, um Salvador Ribeiro einen Schössling zu zeigen, den er kürzlich am Straßenrand entdeckt und hierher versetzt hat: ein Pequi roxo genannter Nussbaum, dessen Edelholz gegen Pilzbefall und Schädlinge resistent ist. Von dieser Art hat er in seinem früheren Leben sicher diverse Exemplare ausgelöscht.

Der Lebensunterhalt der Familie kommt auch heute vor allem aus dem Wald. Da ist einmal die bescheidene Kakaoplantage, deren Bohnen ein Biosiegel auszeichnet. Im Jahr erntet Seu Fiado rund 150 Kilo davon. Außerdem hat er in seinem Tropenmischwald rund 50 Cupuaçu-Bäume gepflanzt, die bereits seit einigen Jahren Früchte tragen. Musste er früher fast jeden Tag unter der prallen Sonne in der roça arbeiten – entweder Maniok pflanzen, ihn mit der Hacke jäten oder ernten und verarbeiten –, konzentriert sich die Arbeit jetzt auf die Erntemonate. Die kiloschweren, pelzigen Cupuaçu-Früchte fallen von allein ab, wenn sie reif sind. Dann hilft die Familie mit: Ehefrau Nelma ebenso wie die erwachsenen Kinder Deborah und Pedro.

Sie schlagen die Früchte auf, schaben das Fruchtfleisch mit den Kernen heraus, schneiden es mit scharfen Scheren von den Kernen ab und füllen es in Plastikbeutel zum Einfrieren. »Wir sitzen dabei abends manchmal bis zehn, elf Uhr«, erzählt Deborah. Nelma pflegt zudem einen Gemüsegarten, aus dem sie gelegentlich Überschüsse verkauft. Die PSA-Zahlungen bessern die Haushaltskasse zusätzlich auf.

Nach dem Rundgang bittet Seu Fiado die Besucher zu seinem 30 Quadratmeter großen Holzhäuschen ganz oben auf dem Hügel. Es illustriert seinen Sinneswandel perfekt: Die rohen Planken, aus denen es gezimmert ist, stammen noch aus seinem Wald. Das Dach halten schon Eukalyptusstämme. Zum Mittagessen versammeln sich mehr als ein halbes Dutzend Menschen auf der Veranda – der 92-jährige Schwiegervater Bila, die Kinder samt Schwiegersohn, der Sohn eines Nachbarn. Seu Fiado hat viele mit seinem Enthusiasmus angesteckt. Auch Nachbar Valmir hat die Idee überzeugt, aber er konnte selbst nicht bei den Klimawärtern mitmachen, weil er offenes Weideland für seinen Esel behalten wollte. Doch er fand eine andere Lösung: Er überschrieb seinem Sohn Gleisinho ein Stück Land, das dieser seitdem aufforstet, mit Cupuaçu bepflanzt und dadurch Ausgleichsflächen schafft. Immer wieder kommen auch Besucher, um Seu Fiados Arbeit kennenzulernen: neugierige Tourismusunternehmer aus Itacaré, die sehen wollen, was mit ihren $CO_2$-Ausgleichszahlungen konkret passiert, Studierende der Universitäten in der Umgebung, die praktische Erfahrungen suchen, und eine Zeit lang sogar Studenten aus Frankreich, Schweden und Spanien, die für jeweils zwei Wochen bei den Bauern lebten, um deren Lebens- und Arbeitsweise hautnah kennenzulernen. »Das war eine tolle Zeit! Hier waren manchmal so viele Leute auf einmal, dass sie kaum auf der roça Platz fanden«, berichtet Seu Fiado stolz. Und seine Frau Nelma bringt eine weitere Karaffe Cupuaçusaft für die Gäste, die beim Essen den Blick über die zwei so unterschiedlichen Landschaften schweifen lassen: auf der einen Seite Seu Fiados Wald, auf der anderen die Maniokpflanzung des Nachbarn.

20 Tonnen $CO_2$ werden auf aufgeforsteten Waldflächen im Schnitt pro Hektar und Jahr gebunden. Das Land von Seu Fiado ist nur wenige Hektar groß, aber je mehr Bauern sich von ihm und seinen Kollegen inspirieren lassen, desto spürbarer wird der Unterschied. »22 Kleinbauern der Gegend haben wir bis zum Jahr 2019 als Klimawärter registriert«, erzählt Salvador Ribeiro. Mehr als umgerechnet 60 000 Euro seien ihnen aus dem Tourismus in Itacaré über die letzten zehn Jahre zugeflossen. Mit der Unterstützung konnten viele ihr Einkommen fast verdreifachen. 183 Touristikunternehmen gleichen durch die Zahlungen ihre $CO_2$-Emissionen aus. Durch ihre Teilnahme am Klimawärterprogramm bekommen die Klimawärter außerdem in lokalen Unternehmen Preisnachlässe von 5 Prozent – und fördern durch ihre lokalen Einkäufe auch die Wirtschaft vor Ort. Das Programm »Turismo legal – guardiões do clima« wurde inzwischen sogar mit einem Preis geehrt. Unter anderem, weil es leicht zu reproduzieren ist und den Tourismus in ein Mittel für lokale und globale Nachhaltigkeit verwandelt, wie die Stiftung Ashoka die Auszeichnung begründete.

Vor dem Abschied will Fiado uns noch einen ganz besonderen Baum zeigen: einen Gindiba, der mehrere Hundert Jahre alt sein muss – ein Überlebender in einem Waldstück am höchsten Punkt der Gegend. »Den haben wir damals stehen gelassen.« In seinem Schatten wird der Bauer beinahe ehrfürchtig. Er schweigt eine lange Weile, dann kommen zögernd die Worte: »Wenn wir vor 25 Jahren schon so gedacht hätten wie heute, wären wir nie mit der Motorsäge hierhergekommen – das war ein Verbrechen! Wenn ich die Zeit zurückdrehen könnte, würde ich alle Bäume, die ich je abgeholzt habe, wieder einpflanzen! So einen Wald, wie wir hier zerstört haben, werden wir nicht mehr wachsen sehen, nicht einmal meine Söhne oder Enkel werden das erleben.«

# Gidon Bromberg aus Tel Aviv, Israel, Nada Majdalani aus Ramallah, Palästinensische Autonomiegebiete, und Yana Abu Taleb aus Amman, Jordanien – **DIE GRENZGÄNGER**

*Von Tania Krämer*

»Das ist wirklich ein unglaublich trauriger Zustand für einen heiligen Fluss.« Gidon Bromberg schaut mit besorgtem Blick auf den Jordan. Das bräunliche Wasser, in dem sich die warme Nachmittagssonne dieses Frühlingstages spiegelt, steht mehr, als dass es fließt. Bromberg verfolgt das Schicksal des Jordan seit den 90er-Jahren, die Umwelt ist seine Berufung und sein Beruf. Der Israeli ist einer der drei Direktoren der Umweltorganisation EcoPeace Middle East. An seiner Seite stochert Nada Majdalani, palästinensische Co-Direktorin der Nichtregierungsorganisation, mit einem Stück Schilfgras im kniehohen Uferwasser. »Ich habe ihn noch nie so niedrig gesehen – und dann schau, der ganze Schlamm dort, den gab's vor einem Jahr noch nicht.« Der Jordan ist ein Grenzfluss. Am anderen Ufer weht die jordanische Flagge im leichten Wind. Fast meint man, sich die Hand reichen zu können, so nah ist das andere Ufer. Der nur noch wenige Meter breite Jordan trennt hier Jordanien vom besetzten Westjordanland, dessen Grenzen von Israel kontrolliert werden. Israel sieht das Jordantal als einen wichtigen Sicherheitsgürtel.

Kasr al Yahud heißt die Stelle hier am unteren Jordanfluss. Sie gilt in der christlichen Tradition als einer der möglichen Orte, an denen Jesus von Nazareth getauft worden sein soll, und ist ein wichtiger Pilgerort im Heiligen Land. Breite Holzstufen führen auf beiden Seiten hinunter ins Wasser – sogar ein Rettungsring hängt in der Nähe. Aber den braucht man schon lange nicht mehr. Vor dem Ausbruch der Pandemie tauchten hier Gläubige in den Fluss, manchmal in weißen Gewändern, beobachtet von israelischen und jordanischen Grenzsoldaten, die den Zugang auf beiden Seiten des Jordan immer im Blick haben.

Der geschichtsträchtige Fluss gleicht heute einem trüben Bach. Er hat nichts mehr mit dem Strom gemein, den die Bibel beschreibt. Träge schlängelt er sich vom See Genezareth bis zum Toten Meer und verläuft an vielen Stellen durch militärisches Sperrgebiet. Auch der Wasserspiegel des Toten Meeres sinkt immer weiter. Israel und Jordanien haben lange vom Wasser des Jordan profitiert, aber auch andere Anrainerstaaten von den Nebenflüssen. »Dieser Wettbewerb um sein Wasser hat ihn in einen Abwasserkanal verwandelt«, sagt Bromberg. Über die Hälfte der Biodiversität sei bereits verloren. »Und das noch vor den Folgen der Klimakrise.« Die Klimaschützerinnen und Klimaschützer von EcoPeace Middle East versuchen seit Jahren zu retten, was noch übrig ist – über staatliche Grenzen hinweg. Das macht die nicht staatliche Organisation zu etwas ganz

Besonderem im Nahen Osten, wo die Fronten seit Langem verhärtet sind. Nada Majdalani leitet das Büro in der palästinensischen Stadt Ramallah, die Jordanierin Yana Abu Taleb das Büro in der jordanischen Hauptstadt Amman und der Israeli Gidon Bromberg, einzig verbliebener Leiter der Gründerriege von EcoPeace, führt das Büro in Tel Aviv. Alle drei arbeiten als gleichberechtigte Partner. Die gemeinsame Bedrohung hat sie zusammengeführt, denn der Klimawandel macht der Region zu schaffen. Der von den Vereinten Nationen ins Leben gerufene Weltklimarat stufte die östliche Mittelmeerregion schon früh als »Klima-Hotspot« ein. Wissenschaftler sagen in verschiedenen Szenarien einen weiteren Anstieg der Temperatur voraus: Eine Studie des Israelischen Wetterdienstes (IMS) erwartet einen Temperaturanstieg um bis zu vier Prozent bis Ende des Jahrhunderts im östlichen Mittelmeerraum. Gleichzeitig soll es noch weniger Niederschlag und längere, extrem heiße Sommermonate geben. Eine Studie der Universität Tel Aviv etwa prognostiziert eine deutliche Verlängerung der Sommer bis Ende des 21. Jahrhunderts. Nada Majdalani befürchtet eine »Katastrophe« in der Region, die wegen des Wassermangels schon heute sehr fragil sei. Dazu komme der ungelöste politische Konflikt. Gidon Bromberg fügt hinzu: »Politiker können viel über den Bau von Zäunen und Mauern sprechen, aber die Umwelt respektiert keine dieser menschengemachten politischen Grenzen. Die Natur hat ihre eigenen, natürlichen Grenzen.« Und weder der Klimawandel noch Wasserknappheit kümmern sich um solche Barrieren: Sie stellen vielmehr eine Herausforderung an alle Menschen in der Region dar.

Dieses Ziel, über die eigenen Grenzen zu schauen, eint

die Klimaaktivisten bei EcoPeace. Aber in einer Krisenregion ist es nicht einfach, sich dafür einzusetzen. Alleine die Ausgangsvoraussetzungen der drei Länder sind völlig unterschiedlich – die Palästinenser etwa haben noch immer keinen eigenen souveränen Staat. Und doch sehen die Aktivisten die Klimakrise nicht nur als Bedrohung für alle, sondern auch als Chance, gemeinsam zu handeln. Frieden ist Teil des Namens der Organisation, spielt aber längst nicht mehr die Hauptrolle. Natürlich glaube man an Frieden. Aber das Wort würde Leute eher abschrecken, sagt Bromberg. »Wenn man kommt und sagt, lasst uns einander gernhaben, uns umarmen und Hummus miteinander essen, dann kann man wenig beeinflussen.« Die Angst vor dem Klimakollaps biete hingegen die Chance, wieder mehr Menschen zu erreichen. »Denn in der Klimakrise betrifft all das, was mein Nachbar tut, auch mich. Die Zusammenarbeit ist eine Notwendigkeit, kein Privileg.«

Bromberg, Majdalani und Abu Taleb machen Lobbyarbeit bei Regierungen und lokalen Behörden, erstellen wissenschaftliche Studien, Bildungsprogramme und Projekte. Dabei kümmern sie sich unter anderem um Wasserrechte für die palästinensische Bevölkerung sowie die Rehabilitierung des Jordan und des Jordantals. Gezielt wenden sie sich auch an junge Menschen, die zu »Wasserdiplomaten« in ihren Gemeinden ausgebildet werden. Im Dezember 2020 stellten die drei einen weitreichenden Masterplan für die Region vor: Die grün-blaue Vereinbarung für den Nahen Osten, Green-Blue Deal for the Middle East, der die regionale Wasser- und Energieversorgung sichern soll. Dafür wollen sie auch wieder einen Dialog zwischen Israelis und Palästinensern anschieben.

Der Veteran des Trios ist Gidon Bromberg, der die Organisation vor 27 Jahren gegründet hat. Angefangen hatte alles mit einer Studienarbeit für seinen Master in Umweltrecht in Washington, D. C. »Es gab damals all diese Treffen zwischen den Israelis und der PLO. Und es war großartig, auf Frieden hoffen zu können«, erinnert er sich heute. »Aber alle wirtschaftlichen Vorschläge ließen völlig die Auswirkungen auf die Umwelt außer Acht.« So gab es zum Beispiel Pläne, neue Hotels mit 5000 Zimmern am Toten Meer zu bauen, oder eine mehrspurige Autobahn durchs Jordantal, die Kairo mit Istanbul verbunden hätte. Bromberg, der auch in Australien aufgewachsen ist, ließ sich nicht von der allgemeinen Aufbruchsstimmung beirren. »In meiner Hausarbeit empfahl ich, dass sich Umweltschützer aus Israel, aus Palästina, Jordanien und Ägypten zusammentun und eine regionale Organisation gründen sollten, um so vielleicht Umweltthemen auf die Agenda des Friedensprozesses setzen zu können.«

1993 unterzeichneten der damalige israelische Ministerpräsident Jitzhak Rabin und der Vorsitzende der palästinensischen Befreiungsorganisation PLO, Jassir Arafat, das Friedensabkommen. Im Zuge des Prozesses wurde auch die Kooperation bei der Wasserversorgung zwischen der Autonomiebehörde und Israel vorläufig festgelegt – nach der demografischen Realität der frühen 1990er-Jahre. Erst bei Friedensverhandlungen über den permanenten Status, die es seit Jahren nicht mehr gegeben hat, würden palästinensische Wasserrechte abschließend festgeschrieben. Bromberg schrieb unterdessen Briefe und Faxe an potenzielle Geber, um ein Treffen für Umweltschützer zu finanzieren. »Die meisten sagten: Das ist nett, aber komm wieder, wenn du etwas älter bist,« erinnert sich Bromberg. Eine positive Antwort gab es dann doch. Und Ende 1994 war es so weit: Erstmals traf sich eine Gruppe von Umweltschützerinnen und Umweltschützern aus Israel, Ägypten, Jordanien und den palästinensischen Gebieten im ägyptischen Taba. Daraus entstand EcoPeace, die später auch unter »Friends of the Earth – Middle East« firmierten.

In den ersten Jahren bestand das Team aus vier Programmdirektoren: ein Israeli, ein Jordanier, ein Palästinenser und ein Ägypter – bis 1998, als Ägypten sich aus politischen Gründen aus dem Projekt zurückzog. Die Begeisterung über den Frieden von Oslo verflog schon bald. »Wir hatten ein paar gute Jahre, in denen solide Freundschaften entstanden«, sagt Bromberg. »Und allein die Tatsache, dass wir eine regionale Institution gegründet haben, hat uns geholfen, Gewalt, Umbrüche und Konfrontationen der letzten 27 Jahre durchzustehen.«

Nada Majdalani hat die letzten Jahre der sogenannten Osloer Zeit als Teenager miterlebt. In der Schule schon hatte eine engagierte Lehrerin sie für Umweltthemen begeistert. Dazu kamen israelisch-palästinensische Jugendcamps, bei denen sie erstmals das Konzept von ökologischer Friedensarbeit kennenlernte. »Das Interesse für die Umwelt hat mich mein ganzes Leben lang begleitet. Ich habe deshalb Biologie studiert, um dem Bereich verbunden zu bleiben, und meinen Master in Umweltmanagement an der Universität von Oxford gemacht«, sagt die 36-Jährige. Heute muss sie anderen erklären, wie sehr die Zeit drängt. »Die Klimakrise ist sicherlich für viele Palästinenser noch abstrakt, weil sie einfach mit zu vielen bereits vorhandenen, alltäglichen Problemen fertigwerden müssen«, glaubt Nada Majdalani.

Aber es gebe auf Ebene der palästinensischen Autonomiebehörde mittlerweile ein Bewusstsein, das Thema stärker anzugehen, zum Beispiel auch im Bildungssystem. »Es hilft sehr, eine Generation heranzuziehen, die sich darum kümmert. Aber das allein reicht nicht. Seit ich 14 bin, habe ich über Recycling und Mülltrennung gelernt. Aber ich kann mein Wissen bis heute nicht anwenden, weil es die Infrastruktur dafür nicht gibt.« Plastikmüll am Straßenrand oder auf den pittoresken Olivenbaum-Feldern sind keine Seltenheit. Noch schwieriger ist die Lage im von Israel und teils auch von Ägypten abgeriegelten Gazastreifen. In dem kleinen Gebiet am Mittelmeer, das von der militanten Hamas regiert wird, ist die Wasser- und Energieversorgung seit vielen Jahren ein Problem. Das meiste Wasser aus dem Wasserhahn ist untrinkbar und der Küstenaquifer überlastet und zunehmend verschmutzt. Die rund zwei Millionen Einwohner müssen aufbereitetes Trinkwasser dazukaufen – wenn sie es sich überhaupt leisten können. In mehreren Kriegen und militärischen Auseinandersetzungen zwischen Hamas und Israel wurde auch die Infrastruktur immer wieder beschädigt.

Majdalani schaut mit ihrem Team in Ramallah mit besonderem Augenmerk auf das Jordantal und die Situation im südlichen Teil des besetzten Westjordanlands. Dort ist die Wasserkrise für die palästinensische Bevölkerung bereits jetzt eine Realität, besonders in den Sommermonaten. Für die Einwohner ist die Wasserfrage vor allem mit dem politischen Konflikt, der Kontrolle Israels und der Siedlungspolitik verbunden. Im Unterschied zu anderen einkommensschwachen Ländern »kommt hier noch die israelische Besatzung hinzu«. Die palästinensische Autonomiebehörde, die im Zuge der Osloer Abkommen Verwaltungsaufgaben übernahm, verfügt trotz ihres Namens in Teilen des besetzten Westjordanlands nur über begrenzte Autonomie. Besonders deutlich wird dies im sogenannten C-Gebiet, das rund 60 Prozent des Westjordanlands ausmacht und unter direkter israelischer Militärverwaltung steht. Für jeden Bau von Infrastruktur oder Reparaturen etwa wird die Genehmigung der israelischen Behörden benötigt. Sich vorzustellen, dass sich die Situation durch die Klimakrise in den nächsten Jahrzehnten weiter verschlechtern wird, sei im Alltag deshalb noch wenig ein Thema.

Im benachbarten Jordanien ist der chronische Wassermangel Teil des Alltags. Auch Yana Abu Taleb und ihr Team in Amman arbeiten mit Jugendlichen auf lokaler und nationaler Ebene, um noch mehr Bewusstsein für die Gefahren der Klimakrise für die wenigen verbliebenen Wasservorräte zu schaffen. »Jeder Jordanier weiß, dass es nicht genug Wasser gibt. Wir bekommen einmal die Woche Wasser nach Hause gepumpt, das dann in Wassertanks für den Rest der Woche aufbewahrt wird«, sagt Abu Taleb, die seit 2010 fest bei EcoPeace in Amman arbeitet. Abu Taleb, die einige Jahre als Kind in den USA verbracht und in Jordanien Archäologie studiert hat, beschreibt sich selbst als Naturmensch. »Wenn ich wandern gehe, bin ich diejenige, die an jeder Pflanze stehen bleibt und sich für alles verantwortlich fühlt.« Nach ihrer Rückkehr nach Jordanien sei der arabisch-israelische Konflikt für sie noch mehr in den Vordergrund gerückt. »Als ich die Organisation kennengelernt habe, die sich mit Umwelt und Friedensbildung beschäftigt, war für mich klar: Das ist es.«

Dabei ist die Arbeit bei EcoPeace in der heutigen Atmosphäre, in der sich politisch wenig zu bewegen scheint, eine Herausforderung. Besonders Nada Majdalani und Yana Abu Taleb sehen sich nicht selten mit harter Kritik konfrontiert, die Beziehungen mit Israel durch ihre Arbeit zu »normalisieren«. Israel hat die palästinensischen Gebiete 1967 erobert und militärisch besetzt. Die Klimaaktivistinnen müssen sich den Vorwurf gefallen lassen, mit ihrem Engagement einem Narrativ Vorschub zu leisten, in dem Palästinenser und Israelis auf Augenhöhe handeln. Auch in Jordanien gilt eine enge Zusammenarbeit mit Israelis häufig noch als schwierig. Trotz des Friedensvertrags von 1994 werden die Beziehungen zwischen beiden Völkern oft als ein »kalter Friede« beschrieben. Das schlägt sich konkret auf die Arbeit nieder, die von politischen Entwicklungen abhängt. »Sagen wir es so: Es gibt keinen Moment, der nicht kompliziert ist«, meint Abu Taleb. Trotzdem sieht sie selbst das Glas eher halb voll als halb leer an. »Was es einfacher macht, ist unsere Überzeugung, wie wichtig unsere Arbeit ist. Wir begründen sie mit Zahlen, Fakten und Lösungsvorschlägen und erklären, warum es Sinn macht, daran gemeinsam zu arbeiten.«

Beim Renaturierungsprojekt des Jordanflusses etwa habe es zunächst Vorbehalte von ansässigen Organisationen wegen der israelischen Beteiligung gegeben. Aber geduldige Arbeit mit Anwohnern und lokalen Behörden führte letztlich zu einer Entscheidung der damaligen jordanischen Regierung, das Vorhaben als nationale Priorität anzuerkennen – und zur Bereitschaft, sich mit den Nachbarn darüber auszutauschen. »Viele würden wahrscheinlich denken, das ist doch alles ganz einfach. Aber nein, ist es leider nicht. Es hat viele Jahre langer, harter Arbeit gebraucht, viel Recherche, das Engagement der Betroffenen und der Entscheidungsträger, um alle davon zu überzeugen, warum es so wichtig ist.« Der Schlüssel sei es, auf Veränderungen zu setzen, die jedem nutzten. »Wir fokussieren uns also zunächst auf das lokale oder das nationale Interesse und überlegen dann, welchen gegenseitigen Nutzen die andere Seite davon hat«, sagt Nada Majdalani, die sich hauptsächlich mit palästinensischen Wasserrechten beschäftigt. »Man muss sich so oft erklären und rechtfertigen, und manchmal bekomme ich Zweifel, wenn ich das Radio morgens anmache auf dem Weg zum Büro und höre, was alles passiert ist: Die Situation in Gaza hat sich wieder verschlechtert, es gab eine Schießerei, oder es wurde ein Haus abgerissen.« Manchmal fühle es sich für sie so an, als sei sie Einzelkämpferin in einer Gesellschaft, die den Glauben an eine positive Entwickelung der Dinge verloren hat. »Aber dann komme ich ins Büro, sehe all unsere engagierten Mitarbeiter und denke: Hey, wenn Leute wie wir aufgeben, wo bleibt dann die Hoffnung?« Auch Gidon Bromberg ist mit Kritik nur allzu gut vertraut und setzt sich damit fast täglich auseinander. »Wir versuchen immer, die Leute zu erreichen, die nicht mit uns übereinstimmen. Und dazu verwenden wir in jedem Land eine etwas andere Strategie.« In Israel liege der Fokus auf nationaler Sicherheit. »Wir sind noch immer mitten in einem Konflikt, und Israels Denkweise ist geprägt vom Sicherheitsdenken. Wir sagen, lasst uns nicht nur auf militärische Sicherheit schauen, sondern auch auf Umweltsicherheit.«

Ein Beispiel sei der benachbarte Gazastreifen, der von Israel und immer wieder auch von Ägypten abgeriegelt wird, seit die Hamas 2007 dort die Macht übernommen hat.

Der Bau eines von ausländischen Geldgebern finanzierten Klärwerks zog sich über Jahre hin, weil Israel die Einfuhr von Rohmaterial blockierte, das beispielsweise auch für den Bau von Tunneln hätte genutzt werden können. Wenn deshalb Unmengen ungefilterten Abwassers direkt ins Mittelmeer fließen und von der Strömung an den Strand der israelischen Stadt Ashkelon geschwemmt werden, sodass dort zeitweise die Meerwasserentsalzungsanlage gestoppt werden muss, wird das verschmutzte Wasser auch zu einem Problem für Israel, weiß Bromberg. In Israel hat sich die Situation aufgrund der Entwicklung neuer Technologien dramatisch verändert. »Mindestens 70 Prozent des Wassers, das in die Haushalte und Städte fließt, kommt schon jetzt aus Meerwasserentsalzungsanlagen, und es wird mehr werden«, sagt Bromberg. Durch die Entsalzung von Meerwasser kann Israel mit der natürlichen Wasserknappheit besser umgehen. Auch in der Landwirtschaft kommen mittlerweile innovative, smarte und wassereffiziente Technologien zum Einsatz, wie zum Beispiel die Wiederverwertung von aufbereitetem Grauwasser oder die vor Jahren in Israel entwickelte Tröpfchenbewässerung. Die Fortschritte sind enorm, haben es aber auch komplizierter gemacht, Menschen die Dringlichkeit der Klimakrise nahezubringen, da das Land widerstandsfähiger geworden ist. »Es gibt das Gefühl auf israelischer Seite, dass Israel über die technologischen Mittel verfügt, um einige Folgen der Klimakrise zu bewältigen. Und es fehlt manchmal das Verständnis, das die Nachbarn nicht so weit sind«, beklagt Bromberg.

Genau dort wollen er und seine Partnerinnen aus Jordanien und dem Westjordanland ansetzen. Solarenergie und Anlagen zur Entsalzung von Meerwasser könnten demnach eine neue Basis schaffen für mehr Gleichheit und Stabilität. Der von ihnen entwickelte »grün-blaue« Masterplan sei aber kein »holistisches« Programm, das alle Klimaprobleme der Region zu lösen versuche, versichern die drei gleichermaßen. Dennoch könnte er die Dynamik grundlegend verändern: Jordanien könnte seinen Überschuss an Solarenergie an Israel und die Palästinenser verkaufen und in ein regionales Netz einspeisen, im Gegenzug würde das Land ohne Zugang zum Mittelmeer entsalztes Wasser erhalten. Auch die Verteilung der Wasserressourcen, einer der Verhandlungspunkte im israelisch-palästinensischen Konflikt, könnte schon jetzt neu geregelt werden, da Israel durch die Meerwasserentsalzung kaum mehr mit Wassermangel zu kämpfen hat und Wasser exportieren kann. Auf jordanischer Seite könnten im Jordantal mit smarten Lösungen in der Landwirtschaft und im Tourismus Jobs entstehen.

Und es gehört auch dazu, die junge Generation für das Thema zu begeistern. Im Jahr der Coronaviruspandemie hat man dabei auf die virtuelle Arbeit gesetzt. »Wir haben eine virtuelle Welt rund um das Jordantal entwickelt, und junge Israelis, Jordanier und Palästinenser können sich als Avatare durch das Tal bewegen«, erzählt Bromberg. Das sei einfacher als im richtigen Leben, wo sie ein Boot, einen Reisepass oder – für einige Palästinenser – eine Reisegenehmigung der israelischen Behörden benötigen. »Sie können so das Leben der jeweils anderen Seite kennenlernen ohne die Komplikationen im reellen Leben.«

Yana Abu Taleb, Gidon Bromberg, Nada Majdalani und ihre Teams brauchen viel Ausdauer. Auf jeden Schritt nach vorne folgt oft ein Schritt zurück. Aber der Grundoptimismus bleibt. »Unsere Generation und die davor haben sicherlich nicht genug getan«, sagt Bromberg. Aber es sei bewegend, dass mitten in einem verheerenden Konflikt junge Palästinenserinnen, Israelis und Jordanier auf einer Bühne gemeinsam über die Angst vor dem Klimawandel sprechen und den Wandel einfordern. »Wenn wir nicht weitermachen, wird sich die Situation nur weiter verschlechtern«, glaubt auch Yana Abu Taleb in Amman. »Und das möchte ich nicht für die kommende Generation, für unsere Kinder. Das lässt mir keine Ruhe und treibt mich weiter an.« Auch Nada Majdalani in Ramallah hat ihre ganz persönliche Motivation: »Ich habe zwei Töchter, und ich möchte nicht den Tag erleben, an dem sie mich fragen: Was hast du getan? Ich möchte ihnen dann zumindest sagen können: Ich habe mein Bestes gegeben und habe es zumindest versucht.«

## Isabella Dalla Ragione aus Città di Castello, Italien
# DIE OBSTARCHÄOLOGIN

*Von Christiane Büld Campetti*

Isabella Dalla Ragione, Isabella von der Vernunft. Wer so heißt, hat im Leben etwas Besonderes zu leisten. Und tatsächlich scheut die Agrarwissenschaftlerin aus der mittelitalienischen Region Umbrien keine Mühen, um ihr Lebenswerk voranzubringen. Gemeinsam mit ihrem mittlerweile verstorbenen Vater hat sie mehr als 150 alte Obstsorten vor dem Verschwinden bewahrt und denkt nicht daran, ihren privaten Feldzug für den Erhalt der heimischen Sortenvielfalt zu beenden. Erst recht, seitdem als bewiesen gilt, wie wichtig Biodiversität für unser Ökosystem ist, um der Klimakrise etwas entgegenzusetzen.

Samstagmorgen, kurz nach zehn. Erst nach mehreren Anläufen gelingt es Isabella Dalla Ragione, das Holzportal der kleinen Kapelle, die zu ihrem Landhaus nahe dem Städtchen Città di Castello gehört, aufzuschieben. Die sportliche Mittsechzigerin mit den kurzen, schlohweißen Haaren über dem faltenfreien Gesicht nutzt den freskengeschmückten Raum, um die Früchte ihres jahrzehntelangen Einsatzes für mehr Sortenvielfalt in ihrer Nachbarschaft zu lagern. Jetzt im Winter sind es vorwiegend Äpfel und Birnen, die sich in Kisten an den Wänden stapeln oder in Körben auf dem steinernen Altar und an langen Tischen stehen. Für den Vormittag hat sich die Fachfrau für Obstsorten vorgenommen, besonders schrumpelige und fleckige Exemplare auszusortieren. Anschließend will sie Obstessig daraus machen.

Isabella Dalla Ragione hat sich dick eingepackt, in der Kapelle ist es bitterkalt. Für Obst sei das jedoch die optimale Voraussetzung, sagt sie. »Äpfel und Birnen, die kühl und dunkel aufbewahrt werden, bleiben länger frisch. Daneben gibt es Sorten, die erst nach langer Lagerung ihr volles Aroma entfalten.«

Sie beginnt die Auslese bei den Körben und nimmt dabei jeden Apfel, jede Birne einzeln in die Hand. Sie kennt sie alle beim Namen, obwohl es Dutzende Sorten sind. Mal ist es ein roter San Giovanni, leicht säuerlich im Geschmack und für den Sofortverzehr geeignet, mal ein grünlich-gelber Kastanienapfel mit festem Fruchtfleisch, den sie im Oktober bei abnehmendem Mond geerntet hat und der sich bis Mai hält; dann die Birne Bianchina, die im Mund zergeht oder die Birne Rosano, die einen zarten Rosenduft verströmt. Die meisten Sorten hat sie selbst gezogen, umgepflanzt und gepflegt, um zu verhindern, dass sie verloren gehen. »Sortenvielfalt ist die Garantie für unsere Zukunft. Nur mit ihrer Hilfe können wir auf die Veränderungen des Klimas reagieren.«

Das gelagerte Obst stammt von der Archeologia Arboreo, wie Isabella Dalla Ragione die terrassenförmig angelegte Streuobstwiese mit rund 600 Bäumen hinter ihrem Haus nennt. Zu Deutsch heißt das: Baumarchäologie. Ganz praktisch bedeutet es, dass 150 verschiedene Varietäten auf einer Wiese wachsen, darunter 20 Feigenarten, ein Dutzend Kirschen, fünf Mandel- sowie 30 Birnen- und

40 Apfelsorten, die außer ihrem Gattungsnamen oft nur wenig gemeinsam haben, wie Isabella erklärt. So gibt es unter den Äpfeln solche, die nicht größer sind als Pflaumen, und Sorten, die den ersten Schnee brauchen, um süß zu schmecken. Wieder andere sind nur gesotten genießbar oder haben, wie der Apfel, den Isabella Dalla Ragione gerade in der Hand hält, die Form einer Birne, nur eben mit dem Stiel auf der gegenüberliegenden Seite.

Vielfalt war in der Vergangenheit beim Obst überlebenswichtig, setzt Isabella Dalla Ragione ihre kurze Einführung in die Geschichte ihres Obstgartens fort. Es existierten passende Arten für jedes Mikroklima, jeden Boden, jede Jahreszeit. Gewissenhaft achteten die Bauern darauf, dass in ihren Gärten und Olivenhainen sowohl Sommer- als auch Wintersorten wuchsen, die zeitlich versetzt reif wurden. So hatten sie auch in Zeiten ohne Überseeware das ganze Jahr über frisches Obst vorrätig. »Man konnte es sich einfach nicht erlauben, dass ein später Frost sämtliche Apfelblüten zerstörte oder in langen Trockenperioden alle Birnen vom Baum fielen. Und wir haben eben versucht, möglichst viele dieser heimischen Sorten zu retten.«

Wir, das war zu Beginn der umbrischen Privatinitiative vor allem ihr Vater Livio Dalla Ragione. Er kaufte 1963 in dem Weiler San Lorenzo im Tibertal ein verlassenes Pfarrhaus, zu dem auch die Kapelle gehört. Zu Beginn ging es dem Philosophie- und Kunstlehrer keinesfalls um den Erhalt heimischer Sortenvielfalt. Noch nicht. In einer Zeit, als sich das Bauernland Italien in eine Industrienation verwandelte, wollte er seinen beiden Töchtern Isabella und Laura eine Art Anschauungsunterricht in Sachen Bauernkultur ermöglichen.

Noch bis nach dem Zweiten Weltkrieg herrschte in Mittelitalien das Mezzadria genannte mittelalterliche Halbpachtsystem vor. Grund und Boden gehörte den Großgrundbesitzern, die Bauern erhielten Haus, Land und Arbeitsmittel in Pacht, mussten aber im Gegenzug die Hälfte ihrer Erträge an den Grundbesitzer, den Padrone, abgeben. Mit der aufkommenden Industrialisierung zogen viele Pächter mit ihren Familien in die Städte. Sie erhofften sich dort ein einfacheres Leben. Die alten Höfe waren indes dem Verfall preisgegeben, das Land lag brach, und im Nu holte sich die Natur zurück, was ihr der Mensch über Jahrhunderte abgerungen hatte. »Die Mezzadria war in vieler Hinsicht überholt«, kommentiert Isabella die Umwälzungen jener Jahre. »Wir verdanken ihr allerdings, dass in ländlichen Gebieten das Prinzip der Selbstversorgung noch lange zum Alltag gehörte und dass die Zersiedlung der Landschaft vielerorts verhindert werden konnte.«

Mit den Bewohnern verschwanden dann aber die Traditionen und typischen Anbaukulturen und somit leider auch viele der hochstämmigen Apfel-, Birnen- und Kirschbäume, die als locker bepflanzte Obstwiesen, als Alleen oder prächtige Einzelbäume einst die Landschaft geprägt hatten. Sie fielen nicht zuletzt Fahrbahnerweiterungen, Intensivlandschaft und Stauseen zum Opfer. Damit diese Welt seiner Kindheit nicht in Vergessenheit geriet, trug Isabellas Vater zunächst nur zurückgelassene Objekte zusammen: Weinpressen und Webstühle, Ölpresskörbe und Mühlsteine. In der Kapelle richtete er ein privates Bauernmuseum ein. Das meiste davon steht heute im städtischen Museum für volkstümliche Traditionen in Città di Castello.

Schon bald begnügte sich Livio Dalla Ragione nicht

mehr damit, Gegenstände zu sammeln. Er wollte für seine Töchter auch den Geschmack, den Geruch, die Gebräuche und die Geschichten der untergegangenen Bauernwelt bewahren. Eine Welt, in der man sein Obst noch aus dem Garten holte anstatt vom Markt. Er legte hinter seinem Landhaus den terrassenförmigen Obstgarten an und fuhr an den Wochenenden durch das obere Tibertal, auf der Suche nach den hochgewachsenen heimischen Obstbäumen. Seine Tochter begleitete ihn, sooft es ging. Fündig wurden sie in Klostergärten oder in der Nähe verlassener Bauernhöfe, erinnert sich Isabella. Sie entdeckten Feigen, die ein halbes Kilo wogen und bis dahin für das Fantasieprodukt eines alten Gärtnermönchs gehalten wurden, weil kaum jemand sie zuvor gesehen hatte. Sie entdeckten die betrunkene Birne, eine Sorte, die Livio Dalla Ragione als Kind bei Nachbarn stibitzt hatte und die er für verloren hielt; daneben weiße Kirschen, blutige Pfirsiche und knallrote Jesus-Christus-Äpfel. Ohne unser Eingreifen existierten einige Sorten wohl nur noch als Fußnote der Botanik, kommentiert sie nicht ohne Stolz. »Dabei waren viele Bäume regelrecht überwuchert. Wir mussten sie erst freilegen, bevor wir Früchte und Zweige mitnehmen konnten.«

Bei ihrer Suche gingen Vater und Tochter eher unsystematisch vor. »Wir haben erst gerettet und zu Hause dann geschaut, um welche Sorte es sich handelte. Wir wollten nicht riskieren, dass ein Baum bei unserem nächsten Besuch nicht mehr da war.« Anfangs lebten noch ältere Menschen in ihrer Nachbarschaft, die sie befragen konnten. Später mussten sie zur Bestimmung der Sorten immer häufiger Bücher zurate ziehen oder Archive konsultieren. »Das hat uns die Bezeichnung Obstarchäologen eingebracht.« Erst im Lauf der Jahre wurde deutlich, wie weitsichtig Livio Dalla Ragione gewesen war. Was als Rettung kultureller Traditionen begonnen hatte, entwickelte sich zu einem wesentlichen Beitrag, die genetische Erosion in seiner Heimatregion vielleicht nicht aufzuhalten, aber doch zu verlangsamen.

Isabella fischt eine kleine, selbst nach drei Monaten Lagerung noch feste Birne aus einem der Körbe vor sich. Die Pera Fiorentina, stellt sie ihre Lieblingsfrucht vor, eine geschmackvolle Winterbirne, die gegart werden muss, bevor sie genießbar wird. Noch in der Renaissance durfte sie auf keiner Festtafel fehlen, geriet dann jedoch in Vergessenheit. Isabella kannte sie ebenfalls nur aus Archiven oder von Gemälden, hatte angenommen, sie sei ausgestorben. Doch dann führte eine befreundete Bäuerin die beiden Obstarchäologen zu einem vollkommen überwucherten Baum. Gerade noch rechtzeitig, wie sich herausstellte. Kurz darauf war die Mutterpflanze abgestorben.

In ihrem »Kinderhort« an einer windgeschützten Stelle hinter dem Haus pfropften sie den mitgebrachten Trieb auf einen wilden Baum und pflanzten die Klone der geretteten Birnenart nach drei Jahren in den terrassierten Obstgarten um, der da schon längst zu einem Baumarchiv geworden war. Seitdem hat auch die Pera Fiorentina neben schmackhaften Früchten zahlreiche Ableger geliefert, die an Interessenten verkauft wurden. »Das ist der Vorteil von Obstbäumen: Es genügt ein Edelreiser, und mit etwas Geschick und Geduld entstehen Klone, die das gleiche Erbgut haben wie die Mutterpflanze. Manchmal frage ich mich allerdings, ob wir diese Großzügigkeit der Natur wirklich verdient haben.«

Seit dem Tod von Livio Dalla Ragione im Jahr 2007 kümmert sich die Tochter alleine um das Baumarchiv. Im Gegensatz zu ihrem Vater, einem Autodidakten, hat sie Agrarwissenschaft studiert und über Birnen promoviert. Sie ist heute eine renommierte Fachfrau für Obstanbau, reist mal nach Palästina, um Datteln zu retten, sorgt im Libanon dafür, dass man beim Anbau von Aprikosen den Einsatz von Chemikalien reduziert und berät in Russland die Gärtner bei der Restaurierung von Tolstois Obstgarten, einem Nationalmonument. In ihrer Freizeit betätigt sich Isabella weiterhin als Obstarchäologin. Oft wird sie auch von Gartenbesitzern oder Klosterbewohnern kontaktiert. Wenn die ihr von einem alten Obstbaum erzählen, schnappt sie sich ihre Schere und ihren Fotoapparat und fährt los. Anschließend sitzt sie abendelang über Reisebeschreibungen oder Kunstbüchern und sucht nach Hinweisen für die Sortenbestimmung. »Ich bin fasziniert davon, wie realistisch das Obst auf alten Stichen und Ölgemälden dargestellt ist«, sagt sie und verrät, dass sie bereits mehrere Schriften über das Verhältnis von Obst und Kunst verfasst hat.

Isabella beschließt, das Aussortieren der überreifen Früchte für heute zu beenden. Stattdessen macht sie, trotz des eisigen Windes, der durch das Tal peitscht, ihren täglichen Kontrollgang, um die Hüfte einen Gürtel mit Schere, Säge und Schnur. Zwar sind die Pflanzen momentan in der Winterruhe, erklärt sie, bei 150 Arten ist aber trotzdem immer bei einer gerade der richtige Zeitpunkt, um einen Baum zu pflegen oder zu beschneiden. Kälte macht Isabella zudem nichts aus. Im Gegenteil: Sie freut sich über den Frost zur rechten Zeit. »Er tut den Bäumen gut und dezimiert die Schädlinge.« Denn natürlich betreibt sie in ihrem Baumarchiv biologischen Obstanbau, verzichtet daher auf chemische Helfer. Das kommt Bienen und anderen Insekten zugute, erklärt sie, während sie eine Plane festzurrt, die ein frostempfindliches Verbindungsstück ihrer Bewässerungsleitungen bedeckt. Darüber hinaus sind die alten Apfel-, Birnen und Pflaumenbäume von Natur aus wenig anfällig für Schädlingsbefall oder Pilzerkrankungen, so Isabella weiter. Und bieten auch noch Nistplätze für Singvögel. »Meine wichtigsten Schädlingsbekämpfer sind daher die Rotkehlchen.« Für sie ist der Erhalt von Biodiversität gleichbedeutend mit Natur- und Umweltschutz.

Isabella bleibt erneut stehen. Dieses Mal hat der Wind das Hinweisschild neben einem ihrer Bäume umgeweht und sie richtet es wieder auf. »Pera briaca« und »Gerard Depardieu« ist darauf zu lesen. Der französische Schauspieler ist einer der Baumpaten des Baumarchivs. Schon Livio Dalla Ragione hatte seine geretteten Obstbäume zur Adoption freigegeben. Seitdem können Interessenten für 100 Euro im Jahr im Herbst die Früchte ihres »Patenkindes« ernten. Durch einen Zeitschriftenartikel hatte auch Depardieu von der privaten Initiative zum Erhalt regionaler Sortenvielfalt erfahren. »Erwartungsgemäß hat er sich für die ›betrunkene Birne‹ entschieden«, kommentiert Isabella augenzwinkernd. »Zum Ernten ist er leider nie gekommen.« Bis heute finanziert Isabella mit dieser Aktion anfallende Instandhaltungsarbeiten. Weitere finanzielle Hilfe hat es bisher nicht gegeben. Nicht einmal von der Kommune Città di Castello oder der Region Umbrien, obwohl es sich, findet zumindest Isabella, bei den alten Obstsorten um schützenswertes Kulturgut handelt. Stattdessen haben früher der Vater und bis heute die Tochter neben ihrer Freizeit jeden verfügbaren Cent in das Projekt gesteckt. Mittlerweile hat Isabella sich damit abgefunden. Allerdings hadert sie noch mit dem mangelnden Interesse ihrer Berufskollegen. »Viele belächeln mich nach wie vor als Romantikerin.«

Dabei ist ihrer Meinung nach das Engagement von Wissenschaft und Forschung gerade heute besonders wichtig. Schließlich gilt es längst als bewiesen, dass der Verlust biologischer Vielfalt und die Klimakrise untrennbar miteinander verbunden sind. Unbestritten ist auch, dass Agro-Biodiversität als essenzielle Grundlage für die weltweite Ernährungssicherung unter anderem dazu beiträgt, für eine ungewisse Zukunft mit variablem Klima vorzusorgen. Trotzdem gibt es bisher kaum ernsthafte Studien darüber, was Arten- und Sortenvielfalt konkret leisten kann, um zum Beispiel den Boden bei immer häufiger auftretenden extremen Wetterereignissen wie Starkregen, Dürre oder Überschwemmung zu schützen. Stattdessen wird weitergemacht wie bisher und die industrielle Landwirtschaft mit ihren großflächigen Monokulturen favorisiert, kritisiert Isabella. Das wirke sich nicht zuletzt im Obstanbau negativ auf die Sortenvielfalt aus. Da die intensive Nutzung nur durch massiven Einsatz von Pestiziden und Insektiziden funktioniert, wird zudem der Boden ausgelaugt. Schließlich beeinträchtigt der einseitige Anbau sowohl die Bodenfauna als auch den Humusgehalt negativ, obwohl gerade Humus ein wichtiger Binder von Treibhausemissionen ist.

Selbst Italien, wo gesunde Ernährung gerne als Kulturgut zelebriert wird, habe immer noch keine Ernährungsstrategie für die Zukunft, beanstandet Isabella. Dabei liegen für die Verfechterin des biologischen Anbaus die alternativen Lösungen auf der Hand: Ertragssicherheit statt Ertragshöhe, mehr Arten und Sorten statt immer weniger

Hochleistungsfeldfrüchte sowie der Ausbau regionaler und saisonaler Produkte in der Landwirtschaft, Obstanbau eingeschlossen. Selbst die Verbraucherinnen und Verbraucher bleiben von ihrer Kritik nicht verschont. »In den Supermärkten greifen sie weiterhin zu den makellosen Produkten aus konventionellem Erwerbsobstbau. Dass dies nur mit Chemie zu erreichen ist, blenden sie aus.« Für Isabella gibt es daher nur einen Weg, um das Arten- und Sortensterben aufzuhalten: »Wir müssen umgehend sämtliche Energien bündeln und gemeinsam nach Lösungen suchen. Denn was weg ist, ist weg, und zwar unwiderruflich.« Interessanterweise sieht sie gerade in der Coronapandemie eine Chance, die notwendige Zeitenwende einzuläuten. Die Pandemie, so ihre These, hat ins kollektive Bewusstsein gebracht, dass der Verlust von Biodiversität gepaart mit der Klimakrise das Risiko neuer Infektionskrankheiten erhöht. »Unser bester Schutz gegen solche Viren sind daher gesunde Ökosysteme und gesunde Wälder, gerade vor der eigenen Haustür.«

Isabella macht bei ihrem Rundgang noch einmal Halt, dieses Mal vor einem Pera Fiorentina-Baum. Für die Wissenschaftlerin ist diese Sorte aus der Renaissance das beste Argument dafür, warum das Verschwinden weiterer Obstbaumsorten unbedingt gestoppt werden muss. Denn mit den alten, hochstämmigen Bäumen in Gärten, an Wegrändern und auf Wiesen verschwinden nicht nur besondere Düfte und Geschmacksnoten. Auch die Informationen, die in ihren Genen gespeichert sind, gehen verloren. »Diese alte Birnensorte hat im Laufe von Jahrhunderten Trockenheit, Kälteperioden, Unwetter miterlebt, hat sich immer wieder angepasst und dies alles in ihrem Erbgut gespeichert. Sie ist somit der Beweis, dass Obstbäume sehr wohl in der

Lage sind, auf Klimaveränderungen zu reagieren, späten Frost auszuhalten oder ohne künstliche Bewässerung auszukommen. Im Erwerbsobstbau dagegen macht man sich schon Sorgen, wenn ein Obstbaum bei Wetterschwankungen zweimal blüht. »Dabei ist das eine normale Reaktion bei Pflanzen, doch nur, wenn sie über ein reiches Erbgut verfügen.« Genau da liegt für Isabella jedoch das Problem. Moderne Obstsorten, die für die Massenproduktion gezüchtet werden, brauchen genau festgelegte Bedingungen. Ohne künstliche Bewässerung zum Beispiel, ohne Kunstdünger und Insektenvernichtungsmittel gehen sie ein. »Mit anderen Worten: Die alten Sorten sind viel härter im Nehmen, und das wird in Zukunft von sämtlichen Pflanzen erwartet werden.«

Isabella ist überzeugt, dass ihr Einsatz für die Sortenvielfalt, die viele Arbeit und die finanziellen Opfer genau aus diesem Grund nicht umsonst waren. Irgendwann wird ihr Baumarchiv an Bedeutung gewinnen, als eine Art Datenbank für die Überlebensstrategie von Obstsorten. Mithilfe der dort zusammengetragenen Geninformationen ließen sich dann robuste Sorten züchten, die an die veränderte Umwelt angepasst seien. »Noch wissen wir allerdings nicht, was wir im Einzelnen brauchen, um in Zukunft genügend Obst zu haben. Wenn wir jetzt dafür sorgen, dass die verbliebenen alten Sorten mit ihrem reichen Erbgut erhalten bleiben, finden wir dort vielleicht irgendwann die richtige Antwort.«

Ihr Handy klingelt. Ein junges Paar wartet vor der Kapelle auf sie. Es hat im Sommer bei der Obstarchäologin einen Kurs über Baumschnitt und Veredelung belegt und will jetzt im Winter dreijährige Ableger kaufen, um sie im eigenen Garten einzupflanzen. Es freut Isabella, dass auf diese Weise in ihrer Nachbarschaft wieder eine Pera Fiorentina oder eine San Giovanni heranwachsen wird. Denn obwohl der unverbesserlichen Naturliebhaberin klar ist, dass ganz andere Anstrengungen notwendig sind, um das Ruder noch herumzureißen, groß angelegte, grenzübergreifende und gemeinsame Projekte der europäischen Landwirtschaftspolitik zum Beispiel, glaubt sie an eine Politik der kleinen Schritte. Dazu gehört für sie ebenfalls, dass die Welternährungsorganisation FAO in ihrem Bericht über Biodiversität endlich Tacheles redet. Dort wird anhand konkreter Beispiele aufgezeigt, wie stark empfindliche Ökosysteme durch den übermäßigen Einsatz von Chemikalien, Monokulturen oder negative Effekte der Globalisierung, etwa Luft- und Gewässerverschmutzung, bereits belastet werden. Gerade lokale Arten- und Sortenvielfalt leiste hingegen einen wichtigen Beitrag dazu, Ökosysteme gegen äußere Schocks, wie beispielsweise durch den Klimawandel verursachte Extremwetterverhältnisse, abzuhärten. Als positives Signal wertet sie es auch, dass einige italienische Regionen mittlerweile die gesetzliche Grundlage geschaffen haben, um Biodiversität zu fördern. Das alles motiviert sie, ihr Baumarchiv, das ihr Vater und sie innerhalb eines halben Jahrhunderts zusammengestellt haben, weiterhin zu pflegen sowie nach gefährdeten Sorten zu suchen und in Schulen Vorträge zu halten, um zukünftigen Generationen die alten Obstsorten ans Herz zu legen und so ihre Zukunft zu sichern.

Im Moment bereitet Isabella jedoch etwas ganz anderes Sorgen. Pflege, Instandhaltung und Finanzierung der Archeologia Arborea lasteten bisher allein auf ihren Schultern. Nun nähert sie sich dem Rentenalter und weiß nicht, wer sich in Zukunft um ihr Baumarchiv kümmern wird. Ihre beiden erwachsenen Töchter zeigen wenig Interesse. Daher hat sie vorsichtshalber eine Stiftung ins Leben gerufen und hofft, auf diese Weise junge Leute für ihr Lebenswerk zu begeistern – vielleicht sogar Interessentinnen und Interessenten zu finden, die die Pflege des Baumarchivs zum Beruf machen wollen. Eine erste Erleichterung hat ihr diese Entscheidung bereits gebracht. Denn die Stiftung ermöglichte es Isabella, endlich ein automatisches Bewässerungssystem für die Jungpflanzen anschaffen zu können. Sie muss im Sommer nun nicht mehr in aller Herrgottsfrühe aufstehen, den Trecker anschmeißen und zum Auffüllen der Tanks zum Nachbarn fahren, bei dem sich die einzige öffentliche Wasserstelle in der Gegend befindet. Das Baumarchiv wird sie vorerst noch selbst weiterführen. Denn eins ist sicher: »Die Natur mit ihrer Vielfalt an Arten und Sorten kommt ohne uns aus, wir aber nicht ohne sie.«

## Maxim Borodin aus Mariupol, Ukraine
## DER ATEMLOSE

*Von Thomas Franke*

Menschen, so weit das Auge reicht. Der Platz am Lenindenkmal ist gefüllt mit Tausenden Bürgern Mariupols. Weit reicht das Auge allerdings nicht, denn Mariupol ist an diesem Tag im November 2012 in dichten Smog gehüllt. »Wir wollen atmen!«, rufen die Demonstrierenden, »Stop Smog!«. So steht es auch auf ihren Transparenten. Einige Menschen tragen Atemschutzmasken.

»Als ich 2012 demonstrierte, wusste ich längst, wie gefährlich die Lage ist«, erzählt Maxim Borodin, Umweltaktivist und Unternehmer. Damals war er 34 Jahre alt, seine Frau war schwanger. »Bis dahin hatte ich immer gedacht, dass sich schon irgendjemand anderes um das Problem kümmern wird. Doch mit einem Mal wurde mir klar: Niemand wird kommen und für bessere Luft sorgen. Und ich begriff: Entweder meine Frau und ich verlassen die Stadt, oder wir müssen selbst etwas tun.« Da er nicht wusste, wohin er hätte ziehen sollen, blieb ihm nur die zweite Option. Borodin trat der landesweiten Bewegung »Sdelaem Ukrainu chistoj! (»Machen wir die Ukraine sauber«), Let's do it« bei und übernahm deren Leitung in Mariupol. Außerdem gründete er die Umweltgruppe »Dajte kisloroda!« (»Gebt uns

Sauerstoff«), der er bis heute vorsteht. Er begann, Unterstützer zu werben, organisierte Kundgebungen. Zwischendurch wurde sein Sohn geboren. »Er hat diverse Allergien, die Ärzte finden nicht heraus, worauf er reagiert. Das ist bei Kindern in Mariupol häufig so.« 2015 kandidierte Borodin für den Stadtrat von Mariupol und wurde prompt gewählt.

Anfahrt auf Mariupol. Ostwind. Je dichter man der Stadt und dem Meer kommt, desto dunstiger wird es. Hinter Wiesen und Büschen ragen Schornsteine auf. Schwarz ist der Rauch, der aus ihnen quillt, um dann waagerecht abzuknicken und sich in einer immer breiter werdenden Wolke Richtung Westen über die Landschaft zu legen. Die Luft ist grau, das Licht gebrochen, auch Braun- und Grüntöne mischen sich dazwischen. Schwefelgeruch macht sich im Auto breit. Die Fahrt wird von wuchtigen Betonklötzen mit vier Ausbeulungen gestoppt. Sie heißen Tetrapoden, sind etwa drei Meter groß und dienen normalerweise als Wellenbrecher, um Küsten zu schützen. Etwa sechs Tonnen wiegt so ein Klotz. Soldaten mit Helmen, Splitterschutzwesten und Gewehren kommen zum Auto. Sie kontrollieren jeden, der in die Stadt möchte, wollen das Einsickern russischer und prorussischer Kämpfer nach Mariupol verhindern. Seit 2014 herrscht im Osten der Ukraine Krieg. Die Industriezentren in der Region sind de facto besetzt. Nur Mariupol wird von der Ukraine kontrolliert.

Am Ortseingang grüßt ein mehrere Meter hoher Stahlarbeiter von einer kleinen Rampe. Das Visier hat er hochgeschoben. Er blickt entschlossen in die lichte Zukunft sowjetischer Stahlproduktion. Mariupol ist eine Stahlstadt: Asowmasch, Asow-Stahl, Ilyich Iron & Steel Works sind die wichtigsten Arbeitgeber. Alle Werke stammen noch aus Sowjetzeiten. Vom Hafen aus wurden die Erzeugnisse über das Asowsche und das Schwarze Meer auf den Weltmarkt gebracht. Wie auf der ganzen Welt spielte Klimaschutz beim Aufbau der Industrie damals keine Rolle. Doch anders als in westlichen Industrieländern wurden die Werke später meist nicht ausreichend nachgerüstet, nicht in der Sowjetunion, und auch nicht nach deren Ende 1991. Die wieder unabhängige Ukraine hatte, wie die meisten Nachfolgestaaten der UdSSR, zunächst andere Probleme, vor allem eine kaputte Wirtschaft, zerstörte Produktionsketten. An Klimaschutz, damals noch ein junges Thema, dachte kaum jemand. Erst recht nicht diejenigen, die sich Anfang der 1990er-Jahre die Sahnestücke der Industrieanlagen unter den Nagel rissen und zu Oligarchen aufschwangen.

In Mariupol war das Rinat Achmetow. Sein Vermögen wird heute auf mehrere Milliarden US-Dollar geschätzt. Oligarchen wie Achmetow bestimmen maßgeblich das Leben und die Politik in der Ukraine. Ihnen geht es um Gewinn. »Achmetow hatte nie Interesse, die Umwelt- und Klimabelastung, die seine Unternehmen verursachen, wirklich transparent zu machen«, klagt der Aktivist Borodin. Mit Kriegsbeginn 2014 rückten zudem andere Probleme in den Vordergrund. Im Sommer des ersten Kriegsjahres zogen plötzlich schwarze Wolken durch Teile der Stadt. Diesmal waren es jedoch nicht die Abgase der maroden Fabriken, sondern der Rauch von Geschossen, von brennenden Autos, brennenden Häusern. Im Winter 2013/2014 hatten engagierte Bürger in vielen Städten der Ukraine, nicht nur auf dem Maidan in Kiew, begonnen, sich einzumischen, hatten gegen die alten korrupten Eliten aufbegehrt. Der

Krieg war eine Folge dessen, er wurde von Russland in die Ukraine getragen, um ein Übergreifen der Reformbewegung auf Russland zu verhindern. Kurzzeitig war auch Mariupol umkämpft, es gab Dutzende Tote, Hunderte menschliche Tragödien.

Angesichts dessen scheint die Frage, in welchem Maß ein Krieg, und speziell dieser Krieg, das Klima schädigt, nahezu vermessen-akademisch. Tatsächlich gibt es bisher keine größeren Untersuchungen zur Klimaschädlichkeit kriegerischer Auseinandersetzungen. Zuverlässige Erhebungen wären auch schwierig, denn Kriegsparteien verschleiern ihre tödlichen Aktivitäten und deren Folgen. Friedensforscher schätzen den Anteil von Kriegen an den globalen Treibhausgasemissionen auf unter ein Prozent. Die Umweltschäden vor Ort hingegen sind furchtbar. Krieg zerstört Ökosysteme. Wälder werden vernichtet, fruchtbares Land wird verunreinigt. Zurück bleibt chemisch und nuklear kontaminierter Kriegsschrott, der das Grundwasser und den Menschen vergiftet. »Das ist auch bei uns ein wirklich großes Problem«, sagt Borodin. »Aber wie groß es ist, können wir erst ermessen, wenn der Krieg vorbei ist. Erst dann werden wir wissen, wie toxisch die Böden wirklich sind.« Vor allem sorgen Kriege dafür, dass sich der Blick der Menschen verengt, sie konzentrieren sich nur noch auf die unmittelbaren Bedrohungen. So geschah es auch in Mariupol. Wenn hier schon vor 2014 nur wenige Menschen über das Ausmaß der Klimabelastung durch die maroden Industrieanlagen nachgedacht hatten, so rückte das Thema angesichts der Bedrohung durch den Nachbarn Russland noch weiter in die Ferne.

Erst 2018, der Krieg gehörte mittlerweile zum Alltag,

gingen die Menschen in Mariupol wieder für bessere Luft auf die Straße. Schätzungsweise 10 000 Teilnehmer kamen. Wieder trugen einige Atemschutzmasken. Eine breite Bewegung wurde nicht daraus. »Wenn die Menschen in Mariupol demonstrieren, dann geht es meist um die militärische Sicherheit der Stadt«, sagt Wladislaw Zajcew und hat dafür Verständnis. Er steht am Strand von Mariupol, kurze schwarze Haare, markantes Brillengestell. Zajcew zeigt auf eine schon von Weitem sichtbare riesige Abraumhalde direkt am Meer. Sie gehört zu den Stahlunternehmen. Träge schlappen die Wellen gegen den Schaum an der Wasserkante. Das Wasser ist grau, erinnert an flüssigen Staub. »Die Wasserqualität ist nicht die beste«, sagt Zajcew und lächelt ironisch. Ein paar Leute baden. »Ich tue das auch. Am Meer zu leben und nicht zu baden, finde ich ein bisschen seltsam.« Er fahre dazu allerdings ein paar Kilometer aus der Stadt hinaus, hinter den Hafen.

Zajcew findet es bemerkenswert, dass Menschen in Mariupol sich überhaupt noch öffentlich äußern, die Regierung kritisieren, ihre Apathie überwinden. Als im Winter 2013/2014 in der gut 700 Kilometer entfernten Hauptstadt Kiew Tausende Menschen für Reformen und die EU-Orientierung der Ukraine demonstrierten, saß Zajcew gebannt in Mariupol. Er war noch in der Ausbildung, studierte Personalwesen. Als dann die Kämpfe in Mariupol abebbten, begann er, sich zu engagieren. Er dockte an die »Kiewer Gespräche« an, ein deutsch-ukrainisches NGO-Netzwerk, das die reformorientierten und demokratischen Kräfte in der Ukraine stärken will. Umweltschutz wurde eines seiner Hauptthemen. Auch bei ihm war die Motivation persönlich: »Einige Mitglieder meiner Familie haben Probleme mit der Lunge und den Atemwegen.« Zajcews Großmütter sind gestorben: »Beide an Lungenkrebs.« Deshalb fordert er, Alternativen zur Stahlindustrie in Mariupol zu entwickeln, kämpft für eine Zukunft ohne die belastenden Umweltgifte. »Ich denke, jede zweite Familie hat damit zu tun. Vielleicht nicht persönlich, aber über Freunde, Bekannte, Verwandte. Das ist in Mariupol schon seit vielen Jahrzehnten normal.« In einem der Stahlwerke seien mittlerweile neue Filter eingebaut worden. Aber das reiche nicht, sagt Zajcew. »Das Niveau der Emissionen ist auf dem des Ruhrgebietes in den 60ern. Einige Teile der Produktion wurden so gebaut, dass dort prinzipiell gar keine Filter vorgesehen sind. Vor 60 oder 70 Jahren wurde in der Sowjetunion nicht daran gedacht, dass es vielleicht nicht gesund sein könnte, alles einzuatmen, was die Fabriken ausspucken. Außerdem rechnen sich Filter nicht.«

»Mariupol ist historisch industriefreundlich eingestellt«, erläutert Zajcew. »Die Leute hier, nicht alle, aber die kritische Masse, hat immer so gestimmt, wie es ihnen in den großen Fabriken gesagt wird.« Er dreht sich um und zeigt auf die verwaisten Hafenanlagen. Die Kräne im Hafen stehen still, wie Vögel haben sie ihre Ausleger zum Wasser geneigt. Sie sind fast trotzig in Blau-Gelb gestrichen, den Nationalfarben der Ukraine. Nur ein Schiff liegt an diesem Vormittag im Hafen, dabei war Mariupol einer der wichtigsten Häfen der Ukraine. Mittlerweile beschränkt Russland mit einer Seeblockade den Zugang. Immer mehr Menschen verlieren ihre Arbeit. Alternativen gibt es vorerst nicht. Klimaschutz erscheint vielen als ein Luxus. Bewegungen wie »Fridays for Future« oder »Extinction Rebellion« sind in Mariupol noch nicht angekommen.

Überhaupt hätten sie bei ihrem Kampf gegen die Klimakiller in Mariupol echte Personalprobleme. »Russland führt einen hybriden Krieg«, sagt Zajcew. »Der Krieg ereignet sich an der Front, in den Medien, in der Wirtschaft, im Sozialen, überall. Und das macht es so schwierig.« Das Brett, dass die Klimaaktivisten in Mariupol bohren, ist noch dicker als in anderen Teilen der Welt, in der Klimaschützer längst in Parlamenten, Gremien und Verwaltungen sitzen. Und so verliert die Bewegung immer wieder Aktivsten. Mittlerweile hat sich auch Wladislaw Zajcew zurückgezogen. »Ja, es ist hart«, unterstreicht Maxim Borodin. »Klimaschutz bringt keinen schnellen politischen Erfolg. Da brauchst du einen langen Atem. Viele springen deshalb wieder ab.« Außerdem hätten viele seiner Mitstreiter aus der Umweltbewegung nach 2014 die Seite gewechselt und sich den Separatisten angeschlossen. »Sie sind auf die russische Propaganda hereingefallen«, sagt Borodin, »für sie zählt nur, was das Fernsehen sagt.« Die Fronten zwischen den Kriegsparteien sind verhärtet.

Die Umweltprobleme im Osten der Ukraine aber könnten nur gemeinsam angegangen werden, quasi frontübergreifend. Doch eine Kooperation über die Frontlinie hinweg, mit dem Ziel, die klimaschädlichen Industrieanlagen im Donezkbecken zu modernisieren, ist zurzeit unmöglich.

Der Aktivist Borodin hofft, dass die Annäherung der Ukraine an die EU den Klimaschutz voranbringt. Im Rahmen des Assoziierungsabkommens hat sich das Land zu einer Reihe von Klimaschutzmaßnahmen verpflichtet. »Die Fabriken bekommen Geld von europäischen Banken«, sagt Borodin und lächelt ein wenig verschmitzt. »Da können wir ansetzen. Für die Kredite brauchen die Unternehmen einen halbwegs guten Ruf. Wir versuchen, öffentlichen Druck aufzubauen, vor allem über die Presse.«

Immerhin hat Achmetow mittlerweile erste Modernisierungsmaßnahmen umgesetzt – auch auf Druck von ihm und seinen Mitstreitenden, glaubt Borodin. »Das hat sie umgerechnet ungefähr 160 Millionen US-Dollar gekostet.« Es seien auch Geräte installiert worden, die die Emissionen messen. »Leider veröffentlicht das Unternehmen diese Daten nicht«, sagt Borodin. Bisher messen er und seine Mitstreiter die Luftverschmutzung deshalb selbst nach, von Hand, mehrmals täglich an verschiedenen Orten in der Stadt. »Wir haben eine Menge Fragen. Manchmal sehen wir eine Art Rauch und wissen nicht, was er enthält. Wir bräuchten die Daten von ihren Messgeräten. Aber an die kommen wir nicht ran.« Nun kämpfen die Klimaschützer in Mariupol dafür, dass in der Stadt feste Messstationen installiert werden, die Werte online publiziert und damit öffentlich einsehbar werden. Als Nächstes will Borodin erreichen, dass bei Überschreitungen einheitliche Bußgelder verlangt werden. »Wir könnten die derart öffentlichen Messergebnisse an unsere internationalen Partner weitergeben, auswerten lassen und die Fabriken mit den gewonnenen Fakten unter Druck setzen«, meint er. »Und wir brauchen technologische Unterstützung.« Von den großen internationalen Umwelt- und Klimaschutzorganisationen fühlt er sich ein wenig alleingelassen. »Die glauben offensichtlich, dass wir hier kein so großes Problem haben und kümmern sich lieber um die Rettung von Walen. Dabei können die Partikel, wenn sie in die oberen Schichten der Atmosphäre aufsteigen, auch andere Teile Europas erreichen, so groß sind die Emissionen hier.« Die Auswirkungen fürs Klima seien dramatisch. Und dann sagt er etwas, das für den weltweiten Kampf gegen den Klimawandel nichts Gutes hoffen lässt: »Es gibt eine gewisse Ignoranz bei den wichtigen ökologischen und grünen Organisationen. Sie meinen, das hier sei ein Problem der Ukraine. Ich stimme ihnen zu, es ist unser Problem. Die Folgen aber sind international. Natürlich muss jeder die Probleme in seinem eigenen Land lösen. Aber es ist sehr schwer.« Das liegt auch an der immensen Korruption und Vetternwirtschaft in der Ukraine und der Übermacht der Oligarchen. Korruption ist ein natürlicher Gegner von Klimaschutz.

Rinat Achmetow ist nicht nur der Besitzer der Fabriken in Mariupol und der größte Arbeitgeber – er besitze die Stadt, lästern seine Kritiker. Vadim Bojtschenko, der Bürgermeister von Mariupol, war selbst einmal als Personalchef bei einem von Achmetows Unternehmen angestellt. Das legt eine gewisse Verbundenheit nahe, auch wenn er selbst seine politische Unabhängigkeit betont. Sein Stellvertreter gibt zu, mit den Emissionen und dem Krieg komplett überfordert zu sein: »Woher soll ich denn wissen, was wir tun sollen, ich bin Wasserbauingenieur.« Dann lacht er laut und ein wenig verlegen.

Bürgermeister Bojtschenko gibt sich glatt und optimistisch. Wenn er über seine Arbeit redet, hebt er den Daumen. Ansonsten gestikuliert er nicht, sein Scheitel sitzt, ebenso seine Brille, sein blauer Anzug, seine Krawatte mit einem Stich ins Lila. Im Interview redet er ausführlich über die wirtschaftlichen Probleme Mariupols, ausgelöst durch den Krieg. Das tut er gern. Er fordert eine bessere Anbindung der Stadt an den Rest der Ukraine und neue Straßen.

In Bojtschenkos Büro gibt es eine Art Gabentisch. Ganz vorn ein Modell des Maschinengewehrs mit der großen runden Trommel, das die Rote Armee im Zweiten Weltkrieg benutzt hat. Wandteller, Wimpel, blau-gelbe Schleifen. Daneben ein weiterer Tisch mit einer Bibel und Ikonen. Er sieht das Heil der Stadt in der Besinnung auf die Vergangenheit, nicht die sowjetische, er spricht von der griechischen. Die Griechen kultivierten diese Gegend mehrere Hundert Jahre vor Christus. Bojtschenko warnt davor, dass die Menschen abwandern, weil sie in Mariupol keine Perspektive hätten. Er will Mariupol zu einem Ort machen, an den die Menschen von der anderen Seite der Front kommen: »Die Leute werden mit den Füßen abstimmen, wenn sie sehen, dass wir hier erfolgreich sind.« Dann hebt er wieder den Daumen und lobt seinen ehemaligen Arbeitgeber Achmetow: »Sein Herz blutet für die Entwicklung der Stadt, er ist zuerst Landsmann, dann Geschäftsmann. Seine Stiftung hat die Lage hier stabilisiert. Das war lebensnotwendig, wie ein großer Schluck Luft in schwieriger Zeit.« Über den Mangel an frischer Luft und die Rolle von Achmetows Fabriken für die Emissionen redet er nicht: »Der Herr Bürgermeister hat jetzt keine Zeit mehr«, interveniert die Pressesprecherin. Dabei sind noch 15 Minuten vorgesehen. So steht es im Terminkalender, der offen auf Bojtschenkos Schreibtisch liegt.

Maxim Borodin kennt das Gefühl, gegen eine Wand zu rennen. »Als Aktivist allein kannst du nichts erreichen«, glaubt er. Deshalb ist er in den Stadtrat gegangen. »Klimaschutz braucht Institutionen. Wir brauchen unabhängige Mechanismen, die zum Beispiel Bußgelder verhängen.« Im Stadtrat haben Borodin und seine Mitstreiter fünf von

53 Sitzen, die überwältigende Mehrheit der Abgeordneten gehören der Partei des Bürgermeisters an. Für mehrere Projekte hat Borodin dennoch bereits eine Mehrheit erkämpfen können. Sie hatten allerdings nicht unmittelbar mit Klima zu tun. Wenn seine Vorstöße in der Umwelt- und Klimapolitik den Mächtigen zu weit gehen, schrecken sie hingegen nicht vor Gewalt zurück, um ihn einzuschüchtern. Borodin wurde im Park von fünf Männern angegriffen, konnte sich aber mithilfe eines Freundes erfolgreich verteidigen und die Polizei rufen. »Danach haben sie damit aufgehört. Jetzt versuchen sie, über ihre Medien meinen Ruf zu beschädigen.« Dort wird er als Homosexueller bezeichnet, in der Ukraine ein Tabu. Auch Pädophilie wird ihm unterstellt. Gewalt und Einschüchterung sind in der Ukraine ein Gradmesser für Erfolg. Borodin gibt nicht auf, er setzt seinerseits auf Öffentlichkeit. »Die meisten Leute sehen, wie ich lebe. Ich verstecke mich nicht. Und jeder, der mit mir in Verbindung treten will, kann meine Telefonnummer haben und mit mir sprechen oder sich mit mir treffen. Das macht es sehr schwer für sie, meiner Reputation zu schaden.«

»Wir kämpfen mit einem oligarchischen Regime«, bilanziert Borodin, »gegen Rinat Achmetow, den Besitzer der Fabriken, die die Bevölkerung ernähren. Er hat die Mehrheit im Stadtrat. Er hat den Bürgermeister. Unsere Gegner kontrollieren die Polizei, die Sicherheitsdienste und andere staatliche Organe.« Trotzdem bleibt er optimistisch. Und stellt dabei klar: »Es geht nicht darum, Fabriken zu schließen. Sie müssen profitabel bleiben.« Allerdings nicht um den Preis von Umweltzerstörung und Klimakrise, wie Borodin betont. »Es geht darum, die Balance zu wahren.«

## Und jetzt noch die Welt retten: Wie du selbst zum Klimahelden werden kannst

Wie machen die das eigentlich? Das ist eine Frage, die wir Weltreporterinnen und Weltreporter uns beim Recherchieren und Aufschreiben der Geschichten der in diesem Buch vorgestellten Klimakämpferinnen und Klimakämpfer immer wieder gestellt haben. Schließlich haben wir bei unseren Besuchen keine Superheldinnen kennengelernt, die über den Dingen stehen und mit dem normalen Leben nichts zu schaffen haben. Im Gegenteil: Die von uns Porträtierten sind ganz normale Menschen. Manche sind, wie Anuna de Wever, gerade einmal zwanzig, andere, wie Florence Nishida, über achtzig Jahre alt. Die einen sind studierte Ingenieure wie Stephan Wrage, die anderen Kleinbauern ohne Schulbildung wie Seu Fiado. Viele, nicht alle, haben den Kampf gegen die Klimakatastrophe inzwischen zu ihrem Beruf gemacht, aber zumindest angefangen haben fast alle in ihrer Freizeit, neben der Arbeit, dem Studium oder der Schule, zusätzlich zu Familie, Haushalt und Alltagsproblemen. Es gibt also keine Ausrede, es ihnen nicht nachzumachen. Wenn wir jetzt noch die Welt retten wollen, dann sollten, dann müssen wir alle Klimaheldinnen und Klimahelden werden. Aber wie?

Vielleicht hilft zum Anfang erst einmal die nötige Motivation. »Ich würde jeder Leserin und jedem Leser den Tipp geben: Versuchen Sie doch einfach, Freude zu bekommen am Klimaproblem, sodass wir das nicht als etwas Hässliches, was uns bedroht, betrachten, sondern als eine tolle Herausforderung«, rät der Schweizer Gletscherforscher Felix Keller. Was beim ersten Hören ein wenig bizarr klingen mag – die Klimakrise als Challenge akzeptieren –, ist für Keller ganz entscheidend, um vom Wissen zum Handeln zu kommen. »Wir wissen oft schon, was wir tun könnten, nur haben wir häufig keine Lust, es zu tun.« Das geht übrigens auch Felix Keller so, wie er sagt. Aber wenn wir nur alle für uns herausfinden, welchen Beitrag wir mit Freude leisten können, dann würde aus lauter gern erbrachten Beiträgen fürs Klima ein sehr großer Beitrag entstehen. Auch Nicolas Gerlier, der die Beautyindustrie vom Plastik befreien möchte, glaubt, dass jede und jeder eine ganz eigene Rolle für das Klima spielen kann. »Da ist der Journalist, der aufklärt, der Politiker, der versucht, Gesetze zu schaffen, der Dorfbewohner, der in der Wüste einen Baum pflanzt – wenn jeder nur einem anderen dabei hilft, besser zu werden, entsteht daraus eine Kette, die am Ende einen großen positiven Einfluss auf die Umwelt erzeugen kann.«

Wichtig ist sicher, sich verlässlich zu informieren. Gerade in den sozialen Medien wird das Klimathema oft entweder zur Katastrophe hochstilisiert, der wir scheinbar hilflos ausgeliefert sind, oder es wird bezweifelt, dass es überhaupt eine Klimakrise gibt. Tatsächlich gibt es Unternehmen, die es sich sehr viel Geld kosten lassen, diese Scheindebatte in Gang zu halten, schlicht weil sie an klimaschädlichen Gütern (allen voran fossile Brennstoffe) viel verdienen. Populistische Politiker (es sind überwiegend Männer, so wie der frühere US-Präsident Donald Trump oder Brasiliens Regierungschef Jair Bolsonaro) übernehmen dieses Narrativ, um kurzfristige Wettbewerbsvorteile für ihre Volkswirtschaften zu erzielen. Die palästinensische Klimaschützerin Nada Majdalani rät deshalb, sich unbedingt selbst zu informieren: »Wissenschaft, Daten und Prognosen lügen nicht. Wir haben gesehen, was die Wissenschaft in der Vergangenheit prognostiziert hat und was passiert ist. Wir sollten das ernst nehmen und uns dafür bereit machen, was kommt – und es nicht als Fiktion verstehen.« Möglichkeiten dafür gibt es genug. Der Weltklimarat, der in diesem Buch mehrfach zitiert wurde, veröffentlicht seine aus allen Bereichen der Forschung zusammengetragenen Berichte auch auf Deutsch. Viele Qualitätsmedien leisten sich inzwischen Klimaredakteure oder sogar Klimaredaktionen. Auf der Webseite der Klimareporter (mit den Weltreportern weder verwandt noch verschwägert) berichten Fachjournalistinnen und Fachjournalisten mit einem großen Hintergrundwissen über aktuelle Entwicklungen.

»Ich glaube, das Wichtigste, das man tun kann, ist, sich mal seinen Alltag anzuschauen«, rät die Stadtplanerin Camilla van Deurs aus Kopenhagen. »Wo sind die ganz kleinen – manchmal vielleicht banal wirkenden – Änderungen, die man sich in seinem Alltag vornehmen kann? Wo kann man Verantwortung übernehmen, sowohl in seiner Wohnung, zu Hause mit seiner Familie, aber auch am Arbeitsplatz oder in der Freizeit?« Supermarktangestellten etwa rät van Deurs, sich mit der Verpackung von Waren auseinanderzusetzen; Lehrenden, mit Schülerinnen und Schülern über das Klima zu sprechen. »Also denkt über euer Privatleben nach, aber auch über euer Berufsleben. Ich glaube, dass sich dort alle auf ihre Art und Weise für eine grünere Zukunft einsetzen können.« Yana Abu Taleb von EcoPeace sieht das ganz ähnlich: »Wir müssen wirklich die Dringlichkeit der Klimakrise verstehen, dass sie jeden Aspekt unseres Lebens betrifft und dann einfach das beitragen, was jede und jeder Einzelne dazu beitragen kann.« Was bedeutet das für sie im heute schon wasserarmen Jordanien? »Man sollte das Wasser nicht laufen lassen, wenn man sich die Hände wäscht oder die Zähne putzt. Oder wenn man im Garten etwas anpflanzt, sollte man überlegen, welche Art von Pflanze man nimmt. Wir nehmen zum Beispiel Pflanzen, die nur wenig Wasser brauchen. Auch wenn das nur kleine Maßnahmen sind, dann ist es doch etwas, was Menschen verstehen und was sie tun können, um auf ihre Weise etwas zum Klimaschutz beizutragen.«

In Deutschland verbraucht jede und jeder Einzelne im Jahr durchschnittlich mehr als elf Tonnen $CO_2$. Wie die ganz persönliche Bilanz aussieht, kann man mit dem $CO_2$-Rechner des Umweltbundesamtes online ausrechnen. Dort erfährt man dann auch, wo die persönlichen Stellschrauben sind, um die eigene Bilanz auf eine Tonne zu reduzieren, die jede und jeder von uns rechnerisch pro Jahr verbrauchen darf. Wenn der Strom zu Hause noch aus fossilen Energien stammt, das Heizsystem veraltet und die Wohnung schlecht gedämmt ist, liegt der Treibhausgasausstoß oft zehnmal höher, als er nach einer Modernisierung oder bei einem ökologischen Stromanbieter wäre (dabei dauert der Anbieterwechsel online gerade einmal zehn Minuten). Mobilität mit öffentlichen Verkehrsmitteln oder dem Fahrrad verschlankt die $CO_2$-Bilanz erheblich, gerade, wenn bisher viele Strecken mit einem großen, spritschluckenden

Fahrzeug zurückgelegt wurden. Zwei Flugreisen im Jahr, einmal kurz, einmal lang, schlagen mit mehr als vier Tonnen $CO_2$ zu Buche, während Bahnreisen nur einen Bruchteil davon verbrauchen. Wer im Urlaub wandern geht, lebt natürlich noch klimabewusster. Zenepa Lika aus Montenegro fasst ihre Empfehlungen so zusammen: »Plastikflaschen verbannen, weniger oder gar nicht Auto fahren, weniger Energie verbrauchen, Bäume pflanzen, Strände säubern. Und immer wieder Druck machen.«

Zum klimafreundlichen Leben gehört sicher auch die Ernährung. Fleisch ist eines der Nahrungsmittel mit einem großen Klimafußabdruck. Brian Spears, der in Berkeley an der Zukunft des Fleischs forscht, rät deshalb: »Probieren Sie einmal die alternativen Proteine, im Restaurant oder im Supermarkt! Die existierenden pflanzlichen Produkte sind ziemlich gut, auch wenn sie die Fleisch-Erfahrung nicht genau reproduzieren. Und all diese Alternativprodukte sind deutlich nachhaltiger als alles, was von einem toten Tier stammt.« Tofu schmeckt anders als Seitan, Soja anders als Grünkern, Tempeh anders als Jackfruit, von Kichererbsen, Bohnen und Linsen ganz zu schweigen. Ein Test lohnt sich. Aber egal, was auf den Tisch kommt, allem voran sollten wir schonender und rücksichtsvoller mit Nahrungsmitteln umgehen, sagt die spanische Sozialunternehmerin Mireia Barba: »Wir müssen Lebensmittel wieder so schätzen, wie das unsere Großeltern gemacht haben. Sie haben nie einfach irgendetwas weggeworfen, sondern aus einem überreifen Apfel noch schnell Kompott gemacht.« Jede und jeder solle sich zudem darüber klar werden, woher die Lebensmittel im Einkaufskorb stammen, und gezielt auf saisonale Produkte aus der Region setzen. »Indem wir Bauern aus dem Umland unterstützen, reduzieren wir nicht nur Umweltkosten, sondern garantieren auch das Überleben der Landwirte.« Viele Biolandwirte bieten Gemüsekisten im Abo an, den saisonalen Waren aller Formen und Arten sind oft sogar die passenden Rezepte beigefügt. Für alles andere rät Barba: »Wer planvoll einkauft und seinen Kühlschrank richtig organisiert, verlängert die Lebenszeit von Nahrungsmitteln und schont so unsere Ressourcen. Natürlich müssen bei diesem Wandel auch die Unternehmen mitziehen. Aber als Konsumentinnen und Konsumenten haben wir Macht und können Druck auf sie ausüben.« Florence Nishida, die Gartenaktivistin aus Los Angeles, rät dazu, zumindest einen Teil der Nahrungsmittel selbst anzubauen. »Das kostet weniger, als sie im Laden zu kaufen, und die Produkte müssen nicht quer durch die ganze Welt transportiert werden. Außerdem schmeckt es gut, und es macht Spaß, den Pflanzen beim Wachsen zuzusehen.« Wer keinen eigenen Garten hat, kann sich in vielen Städten in Schrebergärten einmieten oder sich an einem der »Urban farming«-Projekte beteiligen, von denen es auch in Deutschland immer mehr gibt.

Insgesamt trägt der Konsum bei den meisten von uns erheblich zur Klimakrise bei, oft im Umfang mehrerer Flugreisen. Florence Nishida, die ihren Garten seit vielen Jahren mit einem einzigen, langlebigen Qualitätswerkzeug beackert, empfiehlt, selbst bei kleinen Anschaffungen schrittweise vorzugehen: »Erst mal kann man sich überlegen, was man wirklich braucht, welche Kleidung, welche Schuhe, welche Möbel und so weiter.« Als Nächstes solle man dann darüber nachdenken, ob man diese Dinge selbst machen oder gebraucht finden könne. »Und wenn das nicht geht, kann man schauen, wo kommt das her, was ich kaufe? Wie gut ist es gemacht? Kann es ein Leben lang halten, oder ist es nach ein paar Monaten kaputt, und ich schmeiße es weg und kaufe etwas Neues?« Nach mehr als acht Jahrzehnten Lebenszeit weiß Nishida aus eigener Erfahrung, dass Dinge lange halten, wenn sie gut gepflegt werden. »Ich sehe das außerdem so: Mein Sonnenhut, mein Auto, mein Gartenmesser, die helfen mir sehr in meinem Leben, machen es leichter. Ich schulde ihnen einfach, dass ich sie gut behandle.« Die niederländische Klimaadvokatin Marjan Minnesma fasst ihren Rat in einer einzigen Frage zusammen. »Frag dich bei allem, was du tust oder anschaffst: ›Was ist die nachhaltigste Variante?‹ Und wenn du es dir leisten kannst, dann solltest du dich für die auch entscheiden – und zwar nicht nur im Supermarkt, sondern auch an der Wahlurne!«

Denn so wichtig die privaten Entscheidungen im Alltag für das Klima sind: Sie ersetzen nicht, Druck für die richtigen Rahmenbedingungen zu machen, für sozial gerechte Klimagesetze und politische Vorgaben, die wirklich helfen, die Zukunft der Menschheit in der Klimakrise zu sichern. Mitreden und einmischen ist dabei der erste Schritt, glaubt der Wirtschaftsingenieur und Energiepionier Stephan Wrage: »Über die drohende Klimakatastrophe zu sprechen und so zu einem Bewusstseinswandel beizutragen, ist wichtig. Denn dieser Bewusstseinswandel ist notwendig, damit Deutschland – dieses große, industrialisierte und wohlhabende Land – sich mit einer extremen nationalen Kraftanstrengung auf den Weg macht, komplett klimaneutral zu werden, nicht erst im Jahr 2045, sondern bereits im Jahr

2030.« Das, so meint Wrage, hätte eine weltweite Signalwirkung und könnte viele andere Staaten motivieren, Ähnliches zu erreichen.

Nicht nur für Staaten ist es wichtig, gemeinsam gegen die Klimakrise vorzugehen. Nur zusammen kann politischer Druck entstehen, der Veränderung erzeugt. Das gilt für das Einsparen von Treibhausgasen genauso wie für Anpassungsmaßnahmen an eine andere, von der Klimakrise gezeichnete Welt. Seu Fiado, der bekehrte brasilianische Kleinbauer, formuliert das so: »Ich finde, alle Menschen sollten wieder aufforsten und auf Brandrodung und Kahlschlag verzichten, so wie ich. Diejenigen, die in Städten leben oder für die das aus anderen Gründen nicht möglich ist, können ja Initiativen wie unsere unterstützen.« Zenepa Lika aus Ulcinj ruft dazu auf, »sich zu vernetzen, laut zu werden, Briefe an Regierungen zu schreiben, zu agieren und propagieren und so zu begreifen, dass jeder Einzelne etwas tun kann«. Und auch der israelische Klimaschützer Gidon Bromberg fordert: »Man sollte seine Stimme erheben, dem Beispiel von Greta Thunberg in Schweden folgen und Aktivistin werden, zu den Freitagsdemos gehen oder die Schule bestreiken.« Bündnisse wie »Fridays for Future« oder Campact und Umweltverbände wie der Bund für Umwelt und Naturschutz Deutschland, Greenpeace, der Naturschutzbund oder der WWF sind erste Anlaufstellen, um mehr über Protestaktionen in der Nähe des eigenen Zuhauses zu erfahren. An einem bunten Protestzug teilzunehmen, das erscheint dem einen oder der anderen vielleicht nicht ganz so wichtig. Welchen Unterschied macht es schon, ob eine mehr oder einer weniger für das Klima streikt, mögen einige denken, schließlich sind es doch schon so viele. Die Frage beantwortet sich natürlich von selbst. Denn wenn alle so denken würden, wäre niemand mehr auf der Straße. Und den Einfluss, den alleine »Fridays for Future« in den vergangenen Jahren bis in die Chefetagen internationaler Konzerne, das Kanzleramt oder die Europäische Kommission hatte, hätte es nie gegeben.

Larch Maxey, der in seiner britischen Heimat auf Bäumen und in Tunneln für die Umwelt kämpft, glaubt sogar, dass Demonstrieren wichtiger ist als alles andere, was man für das Klima tun kann. »Der Schwerpunkt muss auf dem Systemwechsel liegen, nicht auf dem persönlichen Lebensstil: Wenn vor dreißig Jahren alle Veganer geworden wären, genügend Menschen keine fossilen Brennstoffe genutzt und aufgehört hätten zu fliegen, dann hätten wir die derzeitige Krise vielleicht vermeiden können. Aber dafür ist es jetzt viel zu spät.« Maxey findet es wohlgemerkt gut, wenn Menschen klimafreundlicher leben. »Solange es sie nicht von der wichtigeren Aufgabe ablenkt, das System zu verändern. Wenn es also die Wahl gibt zwischen Recycling und Protest, dann lässt man das Recycling lieber sein und geht auf die Demo. Es ist dringend nötig – wir haben keine Jahre oder Jahrzehnte, um die Klimakrise abzuwenden: Es geht um Monate.«

Selbst zum Klimaheld oder zur Klimaheldin zu werden, ist also gar nicht so schwer. Niemand von uns muss aus dem Stand ein von Bürgerkrieg und Terror gezeichnetes Land aufforsten, den Permafrostboden mithilfe von Wollhaarmammuts retten oder E-Bikes aus alten Laptopbatterien basteln. Aber dass es Menschen gibt, die das und noch viel mehr schaffen, sollte uns allen Mut machen. Den Mut, sie zu unterstützen, und zugleich den Mut, es ihnen auf unsere eigene Weise nachzumachen. Auf den ersten kleinen Schritt folgt ein größerer, und im Nu sind wir selbst Klimaheldin oder Klimaheld geworden. Und die Welt, fast nebenbei, ein besserer Ort.

## Autorinnen und Autoren

Die Reise nach Ulcinj, der südlichsten Küstenstadt Montenegros, steht jedes Jahr an, wenn **Danja Antonovič** ihre montenegrinischen Verwandten besucht. Denn die Familienbande sind in Montenegro auch heute noch von großer Bedeutung. So traf sie Zenepa Lika, noch vor der Pandemie, im üppigen Garten ihrer Cousine. Aus dem mehrstündigen Interview entwickelte sich eine tiefe Freundschaft.

Kontakt: antonovic@weltreporter.net

Auf dem Arbeitsweg zum EU-Ratsgebäude im Brüsseler Europaviertel begegnete **Eric Bonse** zum ersten Mal den belgischen Klimaaktivistinnen und -aktivisten, die dort öffentlichkeitswirksam protestierten. Für die Recherche musste er nicht weit reisen: Anuna de Wever arbeitet bei den Grünen im Europaparlament, die großen Demos fanden alle in Brüssel statt.

Kontakt: bonse@weltreporter.net

Vor mehr als 20 Jahren besuchte **Christiane Büld Campetti** den umbrischen »Garten der verlorenen Früchte« zum ersten Mal und war nachhaltig beeindruckt von der Privatinitiative zum Erhalt antiker Obstsorten des Kunstlehrers Livio Dalla Ragione. Und es freut sie natürlich, dass seine Tochter Isabella mit der gleichen Leidenschaft und Konsequenz weitermacht, obwohl bis heute jedwede Unterstützung von offizieller Seite fehlt.

Kontakt: bueld@weltreporter.net

Als **Christoph Drösser** sein Kinderbuch »Es geht um die Wurst – Was du wissen musst, wenn du gern Fleisch isst« schrieb, beschäftigte er sich erstmals mit klimafreundlichen Alternativen zur konventionellen Fleischproduktion. Es traf sich gut, dass rund um seinen Wohnort San Francisco etwa 30 Firmen an solchen Konzepten arbeiteten. Das Interview mit Brian Spears musste er wegen der Coronapandemie per Zoom führen.

Kontakt: droesser@weltreporter.net

Auf der als UNESCO-Welterbe geehrten Albula-Bahnstrecke fuhr **Marc Engelhardt** ins Oberengadin, um sich dort von Felix Keller im Schneetreiben auf 3000 Metern über Meer seine Pläne zur Rettung schmelzender Gletscher erklären zu lassen. Zurück in Genf, setzte er sich mit den deutlich nüchterneren Alternativen zu energieintensiven Kryptowährungen auseinander und bezahlt jetzt immer öfter mit dem Regionalgeld Léman.

Kontakt: engelhardt@weltreporter.net

**Thomas Franke** recherchierte für seine beiden Kapitel coronabedingt klimaneutral. Orte und Menschen waren ihm von früheren Reisen vertraut. Als er in Mariupol in der Ukraine war, erinnerte ihn das Meer an flüssigen Staub, die Luft nahm ihm den Atem. In Sibirien sah er Häuser aufgrund des tauenden Permafrostbodens auseinanderbrechen. Weit im Nordosten experimentieren zwei Russen mit eiszeitlicher Flora und Fauna, um den Klimawandel aufzuhalten. Spinner oder Visionäre?

Kontakt: franke@weltreporter.net

**Philipp Hedemann** ließ sich als Jugendlicher gerne von zugkräftigen Lenkdrachen über Felder und Strände schleifen. Leider kam er nie auf die geniale Idee, mit der Kraft des Drachens Ökostrom zu erzeugen. Beim Besuch des SkySails-Power-Werkes in Seevetal bei Hamburg lernte er, dass Drachensteigen nicht nur Spaß macht, sondern auch helfen kann, das Klima zu schützen.

Kontakt: hedemann@weltreporter.net

Den Berghang über Hobart, an dem Hannah Moloneys Familie lebt und die Welt verbessert, kannte **Julica Jungehülsing** seit Jahren vom Goodlife-Permaculture-Blog. Dass sie sich schließlich selbst davon überzeugen konnte, dass Moloneys Ziegen den besten Blick der Stadt haben, verdankte sie einem Reportage-Auftrag für das Magazin Werde.

Kontakt: jungehuelsing@weltreporter.net

Gleich drei Klimaheldinnen und -helden konnte **Tania Krämer** treffen – eine davon allerdings nur virtuell, da das Reisen in der Coronapandemie noch eingeschränkt war. Bei den Recherchen fuhr sie auch ins Jordantal im besetzten Westjordanland. Hier wechseln sich grüne Plantagen mit weiten ariden Flächen ab. Die Fahrt durch das Grenzgebiet zu Jordanien erinnerte sie daran, wie kostbar die Ressource Wasser in der Region ist.

Kontakt: kraemer@weltreporter.net

Lange Anfahrtswege musste **Julia Macher** für ihre Recherche über die Verwertung von Lebensmitteln in Katalonien nicht auf sich nehmen. Für das Interview mit Mireia Barba in El Prat de Llobregat fuhr sie von ihrer Heimatstadt Barcelona aus vier Stationen mit der Regionalbahn. Zum eigentlichen Ernteeinsatz nahmen sie andere Freiwillige im Pkw mit.

Kontakt: macher@weltreporter.net

**Leonie March** hat das Mezimbite Forest Center bei einer Recherche nach dem verheerenden Zyklon Idai entdeckt und lernte dort auch Gründer Allan Schwarz kennen. Die knapp 1700 Kilometer von Durban nach Beira legte sie mit dem Flugzeug zurück, denn Alternativen dazu gab es so gut wie nicht. Ein zweiter Besuch fiel pandemiebedingt wegen Grenzschließungen aus, aber die beiden stehen in regelmäßigem Kontakt und tauschen sich auf virtuellen Wegen aus.

Kontakt: march@weltreporter.net

Seit ihrem Umzug nach Paris im Jahr 2003 fährt **Barbara Markert** in der französischen Hauptstadt Fahrrad. Damals gab es keine Radwege, und die Journalistin galt mit diesem Transportmittel als »lebensmüde Exotin« – heute möchte Paris zur Fahrradmetropole werden, und Radfahren ist »in«. Dass sie auch zum Interview mit Nicolas Gerlier, dem Anti-Plastik-Kämpfer in der Beautyindustrie, »radeln« würde, lag deshalb auf der Hand.

Kontakt: markert@weltreporter.net

Um Radgeber Lincoln Wamae und Alchimist Dominic Wanjihia zu treffen, musste **Bettina Rühl** nicht weit fahren: Beide wohnen in der Nähe der kenianischen Hauptstadt Nairobi. Ein öffentliches Nahverkehrsnetz gibt es allerdings in Kenia nicht. Immerhin fuhr Bettina Rühl nicht mit dem